Karl Heinz Haag
Der Fortschritt in der Philosophie

Karl Heinz Haag (1924–2011) war freier Wissenschaftler. Nach dem Studium der Philosophie sowie theologischer und anderer Disziplinen promovierte er 1951 bei Max Horkheimer in Frankfurt am Main. 1956 habilitierte er sich dort mit einer Arbeit über die neuere Ontologie. In den folgenden Jahren lehrte Haag zunächst als Privatdozent und später als Professor in den klassischen Fächern der Philosophie. Seit 1972 widmete er sich ausschließlich der philosophischen Forschung.

Karl Heinz Haag

Der Fortschritt in der Philosophie

HUMANITIES
ONLINE

Bibliografische Information Der Deutschen Bibliothek
Die Deutsche Bibliothek verzeichnet diese Publikation in der Deutschen Nationalbibliografie; detaillierte bibliografische Daten sind im Internet über http://dnb.ddb.de abrufbar.

Neuausgabe

Frankfurt am Main
www.humanities-online.de
info@ humanities-online.de

Zweite Auflage 2018
ISBN 978-3-941743-76-2

Gesetzt vom Verlag aus der Stempel Garamond
Umschlaggestaltung: Uwe Adam
Printed in Germany

Dieses Buch ist auch als E-Book (PDF) erhältlich:
www.humanities-online.de

Inhalt

Ganz allein durch Aufklärung der Vergangenheit
läßt sich die Gegenwart begreifen.

J. W. von Goethe, Annalen

Durch die Geschichte der Philosophie von der Antike bis in die Gegenwart zieht sich ein Problem, das sie in ihren klassischen Zeiten als die fundamentalste aller Wissenschaften definiert hat, das aber nie gelöst worden ist. Manche Epochen haben seine Berechtigung geleugnet, es für ein Scheinproblem gehalten, andere haben Lösungen präsentiert, die in der späteren Entwicklung zu bloßen Hilfskonstruktionen herabsanken. Es ist das Problem der objektiven Möglichkeit von erscheinender Natur, der metaphysischen Grundlage der Phänomene, die Gegenstand menschlicher Erkenntnis sein können. Seine unwiderlegbare Auflösung liegt in der Natur verschlossen. Ihre mannigfachen Gebilde – die einfachsten ebenso wie die komplexesten – gleichen »gelösten Aufgaben ohne Auflösung«[1]. Ein jedes enthält den Plan seiner Genesis, die gestaltende Form seines Werdens, in der seine objektive Möglichkeit gründet. Diese Möglichkeit ist nicht reduzierbar auf die Gesetze, durch welche die physikalischen Wissenschaften seit den Anfängen der Neuzeit die Natur zu bestimmen suchen. Sie bestimmen die Mannigfaltigkeit gegebener Phänomene stets unter einem einzigen Aspekt, der in ihren Gesetzen begrifflich fixiert ist: etwa dem der Gravitation. Die Erkenntnis anderer Aspekte der Natur verlangt neue Bestimmungen in Gestalt neuer Gesetze. Keiner dieser Aspekte noch die auf sie gegründeten Vereinheitlichungen der Natur sagen etwas aus über die innere als die konstituierende Form der empirischen Dinge. Ihre Feststellung erheischt, was naturwissenschaftliches Denken nicht leisten kann: den »Schritt ins Metaphysische«[2]. Sein positiver Vollzug würde

1 E. Mach, Erkenntnis und Irrtum, 6. Aufl. Darmstadt 1968, S. 269.
2 M. Planck, Sinn und Grenzen der exakten Wissenschaften, in: Vorträge und Erinnerungen, 7. Aufl. Darmstadt 1965, S. 374.

auf ein Prinzip »von so bedeutsamem Inhalt«[3] führen, daß sich sagen ließe, worin das Wesen der Gegenstände exakter Wissenschaft besteht. Die erscheinende Natur wäre in ihrem Ansichsein erkannt. Dessen Annahme – von der großen europäischen Philosophie nur selten in Zweifel gezogen – ist aber eine Forderung des empirisch Gegebenen selber. Es geht nicht auf in seiner Wirklichkeit, sondern weist durch seine – aus ihr selbst nicht abzuleitende – Möglichkeit zurück in die Dimension der konstituierenden Grundlage von Natur. In sie hatte philosophisches Denken einzudringen, wenn es das Problem der objektiven Möglichkeit von empirisch Gegebenem lösen wollte. Das für die physikalischen Wissenschaften unerreichbare Wesen der erscheinenden Natur war philosophisch zu bestimmen. Schon die ersten Versuche einer solchen Bestimmung, die in der Antike unternommen wurden, weisen auf das Kommende: das Telos, dem die abendländische Metaphysik zustrebte. Ihr Ziel war die völlige Lösung jenes Problems durch die Erreichung eines absoluten Wissens. Sie wollte definitiv sagen, worin das Ansichsein aller Dinge besteht. Die Verwirklichung dieses Programms geschah durch die Absolutsetzung von Inhalten, die aus der Sphäre der Erscheinungen stammen, also jenem Bereich der Natur angehören, dessen Möglichkeit es zu erklären galt. Das heißt aber: ihr Ideal einer affirmativen Bestimmung des Ansichseins von Welt ließ die europäische prima philosophia von Anbeginn einem geheimen Positivismus verfallen. Der moderne Positivismus, der von transzendenten Dingen an sich nichts wissen will, fängt nicht erst mit dem antimetaphysischen Denken des neuzeitlichen Empirismus an; er hat seine Vorgeschichte in der klassischen Metaphysik. Sie war zu Subreptionen gezwungen, zu tautologischen Bestimmungen der essentiae rerum. Aus ihnen ist die moderne positi-

3 l.c., S. 363.

vistische Verwerfung der Dinge an sich hervorgegangen, die seither als die gelungene Erledigung eines Scheinproblems gilt. Durch ihre Verwerfung wurde an der alten Intention festgehalten: der Herstellung von reiner Immanenz: einer platonischen Höhle – diesmal aber ohne Ausgang.

Über den Theorien, die aus der experimentellen Erforschung und technischen Beherrschung der Natur gewonnen werden, gerät ihr Ansichsein in Vergessenheit. Unbewältigt bleibt das echte Problem hinter den Scheinlösungen der prima philosophia. Richtig war ihre Erkenntnis, daß es formae rerum geben: Natur als Gegenstand physikalischer Forschung aus geformten Entitäten bestehen muß. Auf ein falsches Gleis hat dann jedoch der Versuch geführt, das Ansichsein empirischer Dinge positiv zu bestimmen. Es sollte nicht sowohl nur die Notwendigkeit von formae rerum aufgezeigt als vielmehr auch die Struktur aller Phänomene aus einer obersten forma formarum abgeleitet werden. Die moderne Wissenschaftslogik hat bloß das Falsche an der Metaphysik gesehen. Weil kein metaphysisches System ein Prinzip liefern kann, aus dem die »Elemente einer physi-kalischen Theorie« oder gar Elemente der »wahren Natur der Körper« zu deduzieren wären, gilt ihr Metaphysik als schlechthin steril[4]. Wie in der abendländischen prima philosophia selber fehlt auch in dieser modernen Folgerung die Erkenntnis, daß metaphysische Welterklärung nur eine negative sein kann. Positiv bestimmbar an stofflichen Dingen ist einzig ihr funktionales Verhalten – aber nicht das, worin sie ontologisch gründen: das Prinzip ihrer Genesis. Ihm gegenüber haben die von den physikalischen Wissenschaften erkannten Gesetze nur partikuläre Bedeutung: wie die stofflichen Prozesse, die ihnen gehorchen, sind sie bloße

4 P. Duhem, Ziel und Struktur der physikalischen Theorien, Nachdr. d. Aufl. von 1908, Hamburg 1978, S. 17.

Mittel zur Hervorbringung des totum – einer res naturalis. Erst die Koordination einer Reihe ganz bestimmter Naturgesetze führt zu Wirklichem. Solcher Koordination sind sie selbst nicht mächtig: keines von ihnen impliziert eine Beziehung auf das Ding, bei dessen Genesis sie mitwirken. Bezogen auf ein Telos kann ein Prozesse steuerndes Prinzip nur sein, wenn es das Ziel virtuell in sich enthält. Insofern muß jenes Prinzip mehr besagen als die Summe der Gesetze, die es auf ein bestimmtes Telos hin koordiniert. Als die gestaltende Form stofflicher Dinge gehört es einer anderen Dimension an: dem für menschliches Erkennen begrifflich nicht fixierbaren Bereich des intelligiblen Ansichseins von Welt. Diese negative Seite an metaphysischer Erkenntnis läßt Metaphysik nur als negative Metaphysik zu. Ohne das von ihr visierte Ansichsein empirischer Dinge würde physikalische Forschung zu etwas völlig Imaginärem: einem Vorgang, der keine ontologische Grundlage hätte. Daher ist für die moderne Wissenschaftslogik, die das nicht reflektieren wollte, nur eine instrumentalistische Deutung physikalischer Theorien noch möglich. Sie sollen dem Schema entsprechen, aus dem sie resultieren: Reduktion einer großen Menge von experimentell erprobten »Gesetzen« auf eine kleine Zahl von »grundlegenden Hypothesen«[5]. Als eine derartige Kondensation von Naturgesetzen haben physikalische Theorien lediglich einer Ökonomie des Denkens zu dienen – nicht einer »der Wirklichkeit entsprechenden Erklärung der physikalischen Erscheinungen«[6]. Nur ein irrationaler Glaubensakt bringt menschliches Denken dazu, die logische Ordnung, in der es »experimentelle Gesetze« und durch sie »Erfahrungstatsachen« darstellt, als den »Reflex einer ontologischen Ordnung« anzusehen[7]. Von solchen Glau-

5 l.c., S.23.
6 l.c., S.22.
7 Vgl. l.c., S.30f.

bensakten wollten aber die radikal positivistischen Vertreter moderner Wissenschaftslogik nichts wissen. Glauben kann man ihnen zufolge einzig an wahre oder falsche Sätze, nicht dagegen an sinnlose Wortreihen, zu denen sie alle metaphysischen Aussagen rechnen[8]. Für sie ist Metaphysik der bloße Ausdruck menschlichen »Lebensgefühls«[9]. Es allein manifestiere sich in ihren Scheinsätzen – aber leider auf inadäquate Weise. Adäquaten Ausdruck finde die gefühlsmäßige Einstellung der Menschen zur Umwelt in der Kunst: vornehmlich in der Musik. So gelange das »harmonische Lebensgefühl, das der Metaphysiker in einem monistischen System« ausdrücken möchte, ganz allgemein »in Mozartscher Musik« zur Darstellung. Suche er aber sein dualistisch-heroisches Lebensgefühl in einem dualistischen System zu offenbaren, dann vielleicht nur deshalb, weil ihm die Fähigkeit abgehe, jenes Gefühl wie Beethoven zu äußern[10]. Zugestanden wird dem verfehlten Musiker einzig die Neigung zu theoretischer Arbeit: dem »Verknüpfen von Begriffen und Gedanken«. Statt nun einerseits diese Neigung in den exakten Wissenschaften zu realisieren und andererseits seinen Emotionen künstlerischen Ausdruck zu geben, vermenge er beides und produziere ein Gebilde, das für das Lebensgefühl etwas völlig Unzulängliches und »für die Erkenntnis gar nichts« leiste[11]. Beim Lebensgefühl handelt es sich demnach um eine positive Tatsache. Merkwürdigerweise strebt es nach Selbstdarstellung in sinnleeren Sätzen. Kein Wunder, daß hier der Musik eine Erlöserrolle zukommt.

Die physikalischen Wissenschaften sind auf positive Erkenntnis ausgerichtet: die Bestimmung relationaler Eigen-

8 Vgl. R. Carnap, Überwindung der Metaphysik durch logische Analyse der Sprache, in: Erkenntnis, 2. Bd. 1932, S. 232.

9 l.c., S. 238.

10 l.c., S. 240.

11 l.c., S. 240.

schaften empirischer Dinge. Nur zu solcher Bestimmung taugt ihre Methode des experimentellen Forschens – nicht zur Erschließung eines Ansichseins irgendwelcher Phänomene. Diese methodische Ausrichtung ist nicht identisch mit Positivismus als philosophischer Weltanschauung. Erst die Einschränkung des Wirklichen auf seine physikalisch faßbaren Eigenschaften läßt aus positiver Wissenschaft eine positivistische Seinslehre entstehen. Kennzeichnend für sie ist die Verwerfung der Dimension des Metaphysischen: eines ontologischen Grundes von sich aus erkennbarer Phänomene. Damit würde physikalische Erkenntnis zu einem Problem reiner Methodologie: der Deduktion spezifischer Prognosen aus Hypothesen vom Charakter allgemeiner Naturgesetze und den singulären Bedingungen des jeweiligen Falles. Konzedieren die physikalischen Wissenschaften die positivistische Aushöhlung ihres Gegenstandes, so treten sie in Widerspruch zu dem, was sie um der eigenen Möglichkeit willen voraussetzen müssen: eine Welt, die von sich aus erkennbar ist. Dieses »von sich aus« bedeutet, daß alle Gegenstände physikalischer Forschung ein intelligibles Ansichsein besitzen, in dem ihre Erkennbarkeit gründet. Stünden die Phänomene nicht durch ihre ontologische Beschaffenheit in gesetzmäßigen Zusammenhängen, so besäße menschliches Denken keinen Ansatzpunkt, auch nur eines – vom Stand des tradierten Wissens her – physikalisch zu bestimmen. Eine chaotische Mannigfaltigkeit wesenloser Singularitäten schlösse Gesetzmäßigkeiten und damit auch deren experimentelle Erforschung aus. Zwar wollen die Naturwissenschaften keine Philosophie sein; aber sie sind auf ein philosophisches Denken aufgespannt. Durch ihre Voraussetzung einer von sich aus erkennbaren Welt ist es ein metaphysisches Denken, das sie implizieren, keine positivistische Seinslehre. Sie sind objektiv nur möglich auf der Basis einer negativen Metaphysik: unterstellt ist die Notwendigkeit eines intelligiblen Ansichseins der erscheinenden Natur. Der negative Schritt ins Metaphysische ist vermöge dieser Unterstellung ein rationaler Schritt.

Ebenso wie einer positivistischen Weltreduktion widersetzt negative Metaphysik sich auch dem reduktiven Denken der affirmativen Metaphysik. Das Leitmotiv ihrer Reduktion der Welt auf begrifflich Faßbares liefert bereits die antike Philosophie in dem Spruch des Parmenides: Denken und Sein sind dasselbe. Nur was gedacht werden kann, gehört in den Bereich des Seins. Es gilt als ungeworden und unvergänglich. Ihm gegenüber sollen die veränderlichen Objekte der Sinne kein reales Sein besitzen. Diese eleatischen Thesen bilden den Anfang eines Weges, auf dem die abendländische Metaphysik durch Abstraktion von der individuellen Erscheinung stofflicher Entitäten ein ewig Wahres zu fixieren suchte. Je mehr ein Begriff der Sphäre des Singulären entrückt war, für desto seinsmächtiger wurde er gehalten. Das abstrahierende Denken ist so von der empirischen Gegebenheit zu immer blasseren Imitationen dieses seines Ausgangspunktes gelangt – bis zum inhaltlich leersten Begriff. Aus ihm aber läßt keines der darunter vermeinten Gebilde sich ableiten: genera und species sowenig wie Einzeldinge. Das Motiv jener via abstractionis war absolute Einheit: reines Sein als das Göttliche. In ihm sollte alles enthalten sein; andererseits schloß seine Reinheit jeden Inhalt aus. Durch ihr Verfahren der Abstraktion betrieb affirmative Metaphysik so von Anbeginn ihre eigene Widerlegung: sie ist, auf ihr geistiges Zentrum besehen, ein Nichts – gegenüber negativer Metaphysik nicht sowohl reicher als vielmehr um ihren Inhalt betrogen.

I

Für das szientifische Denken der Neuzeit zerfällt die Natur in beherrschte und noch nicht beherrschte, jedoch unter der naiven Voraussetzung, daß beide »gegeben« seien. Seine Arglosigkeit lebt von der Unterdrückung der metaphysischen Frage: wieso und wodurch gegeben? Mit dem methodologischen Verbot einer solchen Frage ist die Richtung des Weiterdenkens vorgeschrieben. Gegeben sein soll auch die Gleichartigkeit aller Natur. Erst diese Unterstellung erlaubt das Teilen und die Subsumtion des Geteilten unter immer höhere Einheiten nach dem Vorbild der Mathematik. Wissenschaftliche Theorien, die immer radikaler die Natur quantifizieren, werden zum Alibi des Geistes für sein auslaugendes Vorgehen. Es führte in der Philosophie vom geheimen Positivismus der Antike zum unverhüllten der Moderne. Bedeutung auf diesem Wege fortschreitenden Denkens erlangten stets die Entwürfe, die den Prozeß der Reduktion von Natur auf Einheit beschleunigten, indem sie die vorangegangenen von hemmenden Faktoren befreiten. Nur in seltenen Augenblicken der philosophischen Geschichte kommt es zu kritischer Besinnung, zu der Reflexion, worin das Wesen der empirischen Dinge bestehen könnte. Dominierend in allen entscheidenden Phasen blieb die Verwerfung des nicht positiv Bestimmbaren durch die philosophierende Abstraktion. Sie stiftet die Prinzipien der Naturbeherrschung, mit denen schon das antike Denken beginnt, unmittelbar Gegebenes auf eine willkürliche Wesenheit zu reduzieren: auf Wasser oder Luft oder Feuer oder unsichtbare Atome. Immer abstraktere Entitäten werden in der Nachfolge der ersten Weltvereinfachung durch Thales – Erhebung des Wassers zum Ursprung und Wesen aller Dinge – als die innere Substanz einer in unzähligen Gebilden erscheinenden Natur ausgegeben. Wie für Heraklit alles Entstehende und Vergehende im »Austausch des Feuers«[12] gründet, die »Welt« also »ein ewig lebendiges Feuer« immer »war« und »ist« und »sein«[13] wird, so ließ vor ihm Anaximenes alle Dinge aus den ständig wechselnden Zuständen der Luft hervorgehen: aus Prozessen ihrer kontinuierlichen Verdichtung und Verdünnung[14]. Für solche Deduktionen mußten die überlieferten Weltentstehungsmythen zu bloßen Phantasmagorien verblassen. Das mythische Denken, das von jeher nach Erklärungen des Seins und Werdens von konkreter Natur suchte, hatte in seinen späten Phasen jede stoffliche Erscheinung auf einen Gott bezogen. Seine zu denkenden und handelnden Personen gewordenen Götter waren nicht mehr, wie in den frühen Stadien mythischer Kosmologie, mit Natursphären identisch: sie standen über ihnen. Es gab nichts in der Natur, das von sich aus eine bestimmte Gestalt besaß, nichts, das sich bewegte, ohne daß ein Gott es ihm befahl. Das Leben aller entia naturalia – der irdischen wie der überirdischen – gründete im Walten menschenähnlicher Götter. Sie verhielten sich zu den stofflichen Elementen wie das Höhere zum Niederen: wie das bestimmende Prinzip zur bestimmbaren Materie. Dieser Vorstufe ontologischer Welterklärung wurde von der philosophischen Kritik des Mythos niemals Beachtung geschenkt. Stets blieb unerkannt, was in seinen menschenähnlichen Gottheiten heranreifte: die Darstellung ordnender und bewegender principia mundi. Unter dem Verdikt des Anthropomorphismus verfällt der ontologische Gehalt mythischen Denkens – in eins mit seiner äußeren Erscheinung – der abstrakten Verneinung und die Natur der Verkürzung auf Stoffliches. Ohne ordnende Prinzipien soll

12 Herakleitos, fr. 90. Übers. von W. Capelle, Die Vorsokratiker, Stuttgart 1968, S. 142.
13 Herakleitos, fr. 30.
14 Vgl. Hippolytos I 7,3 = 13 A 7, W. Capelle, S. 94.

eine Welt wahrnehmbarer Phänomene rein mechanisch aus sich bewegender Materie entstanden sein.

Das ist in aller Strenge von der Philosophie vertreten worden, in der die antike Rückführung der Natur auf Materie und Bewegung sich vollendete: der atomistischen von Leukipp und Demokrit. Der Finis ihres Denkens war die Auffindung stofflicher Weltprinzipien von höchster Allgemeinheit. Für die materialistischen Vorläufer von Leukipp und Demokrit gehörte das Allgemeine, in dem alles Besondere zu gründen hatte, noch der Sphäre empirisch gegebener Einzeldinge an. Elemente wie Wasser oder Feuer waren Bestandteile alltäglicher Erfahrung, selber singuläre Phänomene also, in denen eine vage Spekulation das allgemeine Substrat der erscheinenden Natur vermuten wollte. Die Suche nach ihm hat vom Anschaulichen zu unanschaulicher und in ihrer Substanz von sinnlichen Qualitäten freier Materie geführt: zu stofflich indifferenten Bausteinen der sichtbaren Welt. Durch ihre Annahme verwirklichten Leukipp und Demokrit das immanente Ziel des antiken Materialismus. Die von ihm intendierte Allgemeinheit urstofflicher principia mundi erheischte die Tilgung dessen, was sie wahrnehmbaren Einzeldingen zugehören ließ: die Tilgung ihres qualitativ begrenzten Seins. Deren konsequente Durchführung nahm Wasser und Luft und Feuer ihre sinnliche Gegebenheit: sie reduzierte das qualitativ Verschiedene auf indifferenten Stoff. Ihn verbindet keine Qualität mehr zu essentieller Einheit – durch keine mehr ist das Weltganze ein inhaltliches Kontinuum. Das unsichtbare Substrat der erscheinenden Natur besteht aus unendlich vielen quanta discreta: in sich lückenlosen und daher unteilbaren Korpuskeln, den primär für seiend geltenden Atomen, die in leerem Raum planlos sich bewegen. Frei von jeder stofflichen Differenz unterscheiden die atomaren Bausteine der konkreten Einzeldinge sich einzig durch ihre Größe und ihre Gestalt. Alle Unterschiede in der empirischen Welt sollen aus ihrer Anordnung und Lage resultieren, in letzter Instanz also aus ihrer Bewegung, deren Richtung allein auf ihrem zufälligen Impuls – ihrem Stoß und Gegenstoß – beruhe[15]. Sie haben schon im antiken Materialismus die Funktion von Universalien: abstraktesten principia rerum. Jedes empirische Ding kommt für Leukipp und Demokrit zustande durch ein »Haften« der Atome aneinander, das aufhört, wenn »irgendein stärkerer Zwang ... aus der äußeren Umwelt« auf ihre Verbindung »einwirkt«[16]. Kein Ding ist insofern mehr als die Agglomeration seiner Teile: keines eine »wirkliche Einheit«[17]. Die Möglichkeit von konkreter Einheit war in den Prämissen des antiken Materialismus nicht enthalten. Die allein realen Atome verboten ihm die Annahme eines anordnenden Prinzips: des ideellen Grundes, der die materiellen Prozesse auf ein Telos bezieht und so aus »zwei oder mehr Dingen ... ein einziges«[18] entstehen läßt. In einem materialistischen System der Wirklichkeit hätte auch ein solches Prinzip nur ein Produkt sein können aus der Bewegung von Atomen. Was seine Prämissen für die Genesis von sinnlich Gegebenem verbieten, ist aber für die Atome selber vorauszusetzen: ein von ihnen verschiedener Seinsgrund ihrer Gestalt. In ihrer Vielgestaltigkeit sind sie constituta, nicht weniger als ihre vielgestaltigen Produkte. Wie anschauliche Dinge weisen auch sie zurück auf konstituierende Ursachen ihres Materie und Form umfassenden Soseins. Für dessen Erklärung war der verschleiert im Mythos enthaltene Gedanke eines materielle Prozesse ordnenden Prinzips – begrifflich geläutert – in die Philosophie aufzunehmen.

15 Vgl. Alexander von Aphrodisias 36, 21 H, W. Capelle, S. 297 f.
16 Simplicius zu Aristoteles, Vom Himmel, W. Capelle, S. 397.
17 l. c., S. 397.
18 l. c., S. 397.

Die Verschiedenheit der Atome in Gestalt und Größe war notwendig nur zur Deduktion der Elemente, welche die Materialisten bereits als zusammengesetzt erkannt hatten: Wasser, Luft und Feuer. Die spezifisch bestimmten entia naturalia zwangen Leukipp und Demokrit zu der Annahme, daß von den sich bewegenden Atomen die heterogenen voneinander abprallten, während die homogenen sich miteinander verbanden und so die sichtbare Natur konstituierten. Diese Annahme verschiedener Atome und ihrer Eignung zu größeren Gebilden, in der Leukipp und Demokrit die Welt erklärt sahen, haben Platon und Aristoteles als die zentrale Schwäche des materialistischen Systems erkannt. Sie besteht in dem Bruch zwischen Zweitem und Erstem: den vielgestaltigen Atomen und ihrer stofflichen Identität. Wenn das materielle Substrat für alle Atome das gleiche war, so drängte die Annahme verschiedener Formen zu der Frage nach ihrer Genesis: der Ableitung des Zweiten aus einem Ersten. Ein indifferenter Urstoff konnte sich nicht selber zur Differenzierung vielgestaltiger Entitäten bestimmen. Sie hätte auch keine ziellose Bewegung hervorbringen können. Ziellose Bewegung enthält sowenig einen Grund für das Sosein dessen, was unter ihrer Einwirkung entstehen soll, wie unterschiedsloser, von ihr umgetriebener Stoff[19]. Im absoluten Gegensatz zur materialistischen Reduktion der Welt nach unten ist nach Platon zum Ursprung aller Dinge in ihrem Sosein einzig aufsteigend zu gelangen – auf dem steilen Wege zu transzendenten Wesenheiten: materielle Dinge besitzen Struktur und Gestalt nur durch Partizipation an ihren ideellen Urbildern. Die unvergänglichen ideae rerum konnten Vergänglichem nicht innewohnen: sie mußten jenseits von ihm existieren in einer überirdischen Sphäre. Zu ihnen hatte der Mensch sich zu erheben durch die abstrahierende Verneinung alles Diffusen und Nichtbegrifflichen an den Dingen.

19 Platon, Phaidon 97-99 und Timaios 48-51.

Es war als täuschender Schein zu erkennen, dem allein die trügerischen Sinne Realität zusprechen. Die Erhebung zu den Ideen sollte – nach Platons berühmtem Gleichnis – aus der »Höhle« führen, das heißt aus der Welt der sinnlichen Wahrnehmung[20]. In ihr sind die Menschen angeschmiedet, die an die Wahrheit der Sinne glauben. Sie gleichen Gefangenen in einer höhlenartigen Behausung unter der Erde: Gefangenen, die so gefesselt sind, daß sie nur in eine Richtung blicken können. Wie solche Gefangene durch ein hinter ihnen brennendes Feuer an der Wand, auf die sie starren, von der eigenen Person und all dem, was hinter ihnen vorgeht, nur die Schattenbilder wahrnehmen, so sieht das auf bloß Empirisches gerichtete Denken der Menschen in den erscheinenden Dingen auch nur die Schatten der ideae rerum als des wahrhaft Seienden. Von der Scheidung beider, des Ansichseienden und des sinnlichen Phänomens, geht seit Platon die Faszination aus, durch welche die große europäische Philosophie sich konstituierte. In dem Begriff des Wesens hatte Platon das Prinzip einer immer gleichbleibenden Gestaltung für jede Art von Dingen postuliert[21]. Dieses Prinzip suchte sein auf definierbare Einheit von Mannigfaltigem gerichtetes Denken in dem einen intelligiblen Urbild individuell verschiedener Phänomene: der idea rerum[22]. Weder reines Bild noch reiner Begriff ist die platonische Idee, sondern bildhaft und begrifflich zugleich findet sich die in ihr zusammengefaßte Vielheit sinnlicher Wahrnehmungen als ideelle Einheit angeschaut[23]. Ihr anschaulicher Charakter grenzte die ideae rerum ein auf kleinste Gattungen und Arten: etwa die des »Bettes« oder des »Tisches«[24]. Zwischen der empirischen und der ideellen

20 Platon, Staat 516d-518a.
21 Platon, Parmenides 134e-135c.
22 Platon, Staat 507b.
23 Platon, Phaidros 249b-d und Staat 596a.
24 Platon, Staat 596a-c.

Sphäre: den spezifisch bestimmten Dingen und ihrem eigentümlichen Wesen, bestünde also keine inhaltliche Differenz. Jedes sichtbare Ding wäre die leibhafte Repräsentanz seines sinnlich nicht wahrnehmbaren Eidos. Durften in Raum und Zeit existierende Dinge über ihre spezifische Bestimmtheit hinaus auch »schön« noch und »groß« genannt werden, so machte nichts anderes sie »schön« und »groß« als die Ideen des »Schönen« und »Großen«[25]. Alles Besondere besaß im übergeordneten Allgemeinen seinen bestimmenden Grund, das Fundament seines Seins. Das galt auch für die Ideen selber: wie die Bestimmtheit sinnlich wahrnehmbarer Gegenstände in Ideen gründete, so bezog auch jede besondere Idee ihr bestimmtes Sein von Ideen übergeordneter Arten und Gattungen. Die niedere Idee ist definiert durch ihre Teilhabe an allgemeineren Ideen, die selbst wieder umfassenderen Ideen unterstehen. Das seinsmäßig Höchste, zu dem ein Hinaufsteigen aus dem unterirdischen Gefängnisse schattenhaften Daseins in die nur durch die Vernunft erkennbare Welt ewiger Wesenheiten führen könnte, erblickte Platon in der »Idee des Guten«[26]. Sie ist für ihn die causa prima aller Regelmäßigkeiten und Schönheiten in den Reichen des Ideellen und Materiellen – weil sie das an sich selber Vollkommene ist. Zugleich stellte sie das Allgemeinste dar in der Hierarchie der Ideen, die gut waren durch ihre propria: ihren für menschliches Dasein bedeutsamen Inhalt. Der allgemeinere Begriff ist der leerere Begriff, der immer weniger anschauliche, dem immer weniger ein Phänomen entspricht. Daher war die Reinheit des höchsten Guten erkauft mit der Dreingabe jeden Inhalts. Durch keine Deduktion hätte sich zeigen lassen, daß und wie alle erkennbaren Dinge von diesem Postulat das Sein und die Wirklichkeit empfangen. Unvollziehbar für ein menschliches Denken bliebe der erste

25 Platon, Phaidon 100b-e.

26 Platon, Staat 517b-d.

Schritt in der Genesis des besonderen Eidos aus übergeordneten Ideen: jenen in der Hierarchie des Allgemeinen, die zur Konstitution letzter unteilbarer Arten in Verbindung treten können. Erst die für das Eidos sichtbarer Einzeldinge konstitutiven Gattungsideen, die konkreten Inhalt besitzen, korrespondieren mit der sinnlich bekannten Welt: sie sind erkennbar rein für sich im dialektischen Aufstieg und Abstieg des reinen Gedankens[27]. In ihrer Unmittelbarkeit bedürfen sie keiner induktiven Forschung. Die inhaltliche Bestimmung des Wesens empirischer Dinge ergibt sich aus rein apriorischer Erkenntnis von Ideen.

Dieser idealistische Anspruch auf erfahrungsfreie Erkenntnis war möglich nur vermöge einer unbezweifelten Vorstellung von geordneter Natur. Seine Voraussetzung ist ein aus der Vorzeit herkommender geschichtlicher Prozeß: in ihm haben die Menschen sich über das hic et nunc erhoben und das Wahrgenommene eidetisch bestimmt. Ohne das Resultat dieses Prozesses: die konstante Ordnung der empirischen Dinge nach Gattungen und Arten, hätte Platon weder die Welt als Abbild ewiger Ideen noch wahre Erkenntnis als ein Erfassen des Unveränderlichen fixieren können. Erkennbar durch die Schau des im Besonderen abgebildeten Allgemeinen wurden die empirischen Dinge erst, nachdem die Menschen in den Jahrtausenden ihrer Vorgeschichte die natürliche Mannigfaltigkeit geordnet, Erfahrungen gemacht und dadurch auch selber ihre eigene feste Bestimmtheit gewonnen hatten. Nur in einer solchen Welt der Identität ließen in scheinbar erfahrungsfreiem Denken die Inhalte sich finden, die von den niederen zu den höheren und von den höheren zu den niederen Gattungsideen sinnlich wahrnehmbarer Dinge führten. Sie ist die geschichtliche Basis von Platons idealistischem System. Dieses System verklärt den empirischen Stufenbau aus Artung und Gattung zur Hierarchie

27 Platon, Phaidon 65 a-67 b.

transzendenter Wesenheiten. Die sichtbaren Dinge hatten erkenntnistheoretisch keine andere Funktion als an das transzendente Urbild zu erinnern, an dem sie durch ihre Nachbildung partizipierten. Anamnesis wurde zum inneren constituens menschlichen Erkennens. Sie ist wörtlich gemeint: keine Metapher, sondern ein mythischer als ein realgeschichtlicher Prozeß, welcher die Möglichkeit von Erkenntnis begreifbar machen soll. Jeder Schritt des Denkens nach oben und nach unten in der Hierarchie der Ideen gründet für Platon in der Erinnerung der menschlichen Seele an die Sphäre ihrer Herkunft: das überhimmlische Reich ewiger Wesenheiten. Dort sah sie, bevor sie – von der sinnlichen Schönheit materieller Gebilde betört – einen erdigen Leib annahm, ungetrübt das ideelle Wesen von jedem Dinge[28]. Diese mythische Lehre von der Präexistenz der menschlichen Seele ist dem platonischen Idealismus nicht äußerlich, keine unvermittelte Reminiszenz an pythagoreischen oder orphischen Seelenglauben, sondern eine immanente Forderung seines Anspruchs auf inhaltliche Erkenntnis des wahren Seins. Einzig durch Wiedererinnerung an das ewige Eidos kann beim Anblick seiner vergänglichen Abbilder gesagt werden, worin das reine Sein eines jeden Dinges besteht.

Platons idealistische Metaphysik erstrebt in der Lehre von der Anamnesis ihre erkenntnistheoretische Legitimation. Die transzendente Idee löst durch die Gegenstände, die an ihr partizipieren, in der präformierten menschlichen Seele ihre eigene Erkenntnis selber aus. Das ist die geheime Struktur von idealistischer Metaphysik schlechthin: sie kann, was Platon mit der krassen Gewalt des Mythos verkündete, bis in die Moderne hinein nur variieren. Stets muß der Aufstieg philosophischen Denkens von unten nach oben von oben her vermittelt: jede Erkenntnis endlicher Subjekte in Wahrheit eine Manifestation des Absoluten selber sein. Vom göttlichen

28 Platon, Phaidros 246 a-250 e.

Schein solcher Vermitteltheit ernährt sich die suggestive Kraft idealistischer Systeme. Worauf in ihnen menschliche Vernunft den Blick zu richten hat, ist das ewig Wahre und Seiende[29]. Dessen innere Ordnung wollte Platon darstellen. Auf der Suche nach dem Grund für eine immer gleichbleibende Gestaltung einer jeden Art von Dingen erhöhte er in den ideae rerum das Gemeinsame der Einzeldinge zu ihrem konstitutiven Wesen. Die in den Ideen abgebildeten Dinge wurden das Abbild ihrer eigenen abstrakten Imitation. Von ihren zu Urbildern ernannten Abbildern unterschieden sich seiende Dinge einzig durch das, was bei Platon Materie heißt: gestaltlose Stofflichkeit. Weil die Ideen selber alle Inhalte der empirischen Welt sind, kann ihr Korrelat nur Unbestimmtheit und Leere sein. Ihm wird der Name Materie beigelegt. Sie ist das allein noch unten Bleibende in der idealistischen Reduktion der Welt nach oben. Bildsam oder zum Abdrucke sollte sie für jede denkbare Gestalt bereitliegen[30]. Was sie zu bestimmtem Stoff spezifiziert, sind Abbilder des urbildlich Seienden, die ein göttlicher Schöpfer der sichtbaren Welt in den indifferenten Urstoff eintreten läßt. Seine Tätigkeit macht die platonischen Ideen – Schatten der empirischen Dinge, minus ihrer Individualität und Existenz – zum allein objektiven Inhalt der konkreten Wirklichkeit. Deren Herabsetzung zu bloßem Schein und die Deklaration einer auf Ideen reduzierten Welt wäre die logische Konsequenz gewesen. Gründet nämlich die Existenz und Individualität empirischer Dinge in einer von sich aus unbestimmten Materie, so sind real einzig die in hierarchischer Ordnung aus dem Absoluten hervorgehenden Ideen. Diese immanente Konsequenz aus Platons idealistischem System, die erst von seinen neuplatonischen Nachfolgern gezogen wurde, gibt drastisch zu erkennen, wie weit die Reduktion der Natur auf Begriffe

29 Platon, Staat 508 d.
30 Platon, Timaios 50 b-e.

und der Begriffe auf die philosophierende Abstraktion in den Anfängen der europäischen Metaphysik bereits angelegt war. Das System des begrifflich Imitierbaren an den Dingen – ein Reich von Schatten der erscheinenden Natur – steht für das Originäre. Die geistige Erhebung zu ihm, in der für Platon wahre Erkenntnis besteht, zwingt menschliches Denken erneut zu höhlenartigem Dasein – in immer abstrakteren Wiederholungen des Vorfindlichen.

Die platonischen Ideen genügten nicht dem Begriff einer veritas ontologica eines jeden Dinges. Zwar wird der Glaube an kosmische Ordnung stiftende Götter in ihnen zur Metaphysik – aber nicht in einer höheren Dimension der Wahrheit. Die kritische Läuterung des Mythos beschränkt sich auf eine Vergeistigung: leibhafter Gottheiten zu körperlosen Ideen. Wie jene sollten auch sie den ordo naturae erklären: seine Möglichkeit nennen, also positiv bezeichnen, was für menschliches Denken – ohne Verdoppelungen von Faktischem – nur negativ bestimmbar ist. Daher mußte Platons idealistische Reduktion der Welt auf inhaltlich fixierte Wesenheiten in einem tautologischen Verhältnis von principium und principiatum enden. Verselbständigt zu Ideen taugten seine Imitationen des empirisch Gegebenen wohl zur Klassifikation des unter sie befaßbaren Singulären – nicht jedoch zur Erklärung dessen, was der Materialismus unerklärt gelassen hatte, nämlich wie und wodurch die Bewegung stofflicher Elemente zu spezifisch bestimmten Einzeldingen führen kann. Das war von Aristoteles zu erkennen, wenn sein Denken die monistischen Tendenzen von Idealismus und Materialismus durchbrechen wollte.

Er hat seine Metaphysik in doppelter Frontstellung konzipiert. Überzeugt von der Insuffizienz jener Extreme, hält er beiden Richtungen ihre Einseitigkeit vor: gleichviel, ob die Realität der Materie oder der Idee absolut gesetzt wird, eine stringente Erklärung der Genesis konkreter Einzeldinge ist auf solche Weise nicht zu leisten. Konkrete Einzeldinge waren alle geformten Stoffe. Sie bleiben insgesamt unerklärt in der materialistischen Berufung auf »von selber« entstandene »Bewegung«, welche die kosmischen Urelemente gesondert und das »All« in seine bestehende »Ordnung« gebracht hätte[31]. Es muß – nach dem Postulat des Aristoteles – dem stofflichen Substrat jedes Einzeldinges eine immaterielle Form innewohnen, die fähig ist, den Prozeß seiner Differenzierung und Organisation zu seinsmäßig höheren Gebilden in allen Phasen zu leiten. Ohne gestaltende Prinzipien im Innern der Materie wäre selbst der erste Schritt in der Weltgenese unmöglich: die Entstehung unterschiedener Atome aus ihrem gemeinsamen Urstoff. Wie gegen den antiken Materialismus richtete dieser Leitgedanke der aristotelischen Metaphysik sich auch gegen den platonischen Idealismus: gegen seine Bestimmung der formae rerum. Wohl sind die Anhänger der Ideenlehre, wie Aristoteles ihnen zugesteht, der Wahrheit näher. Sie haben die Ideen, in denen sie die primäre Ursache des Seins empirischer Dinge vermuten, nicht stofflich, sondern intelligibel gedacht. Dennoch sind die ideae rerum nicht das Wesen sinnlicher Gegenstände, wie die Platoniker vermeinten. Für Aristoteles steht fest: die ursächlichen formae rerum können nicht neben und außer den Dingen existieren[32]. Eine constitutio rerum ist möglich allein durch Wesenheiten in den Dingen. Doch auch ihre Annahme wäre unzulänglich, solange sie ohne die Fähigkeit zum principiare principiati gedacht werden[33]. Das erforderte ein tollere ebenso wie ein conservare des platonischen Chorismos. Das raumzeitliche Auseinander von sinnlichem Ding und übersinnlicher Idee mußte einer Verschiedenheit von Form und Geformtem weichen. Weder durften die formierenden

31 Aristoteles, Physik 196a.
32 Vgl. Aristoteles, Metaphysik 1033b.
33 l.c. 1071b.

Wesenheiten transzendent zu den Dingen stehen, die sie essentiell zu bestimmen hatten, noch sich in der abstrakten Imitation dessen erschöpfen, was seiner Möglichkeit nach aus ihnen zu erklären war. Ihr Seinsmodus mußte ein anderer sein als der geformter Dinge: der eines gestaltenden Prinzips, das allein in Einheit mit der Materie, dem stofflichen Prinzip, real bestehen und Seiendes dadurch begründen kann, daß es dessen empirische Gestalt potentiell in sich enthält – nicht sie selber ist. Nur die Erfüllung dieser zentralen Forderung konnte eine Metaphysik der Natur inaugurieren, die über den geheimen Positivismus der Idealisten ebenso hinausführt wie über die materialistische Beschränkung von Realität auf Stoffliches. Durch ihre tautologisch bestimmten ideae rerum enthielt die platonische Doktrin das als Konsequenz, wozu der antike Materialismus mit seiner Beschränkung von Realität offiziell sich bekannte: einen Nominalismus metaphysischer Wesenheiten. Sie waren – wie für die materialistische Philosophie die ideellen Gebilde insgesamt – Schatten stofflicher Entitäten: in denkerischer Konsequenz also subjektive Zeichen zu ihrer Benennung. Einzig wenn es gelang, das tautologische Denken der Platoniker aufzuheben, bestand die Möglichkeit, zugleich die materialistische Reduktion der Natur zu überwinden.

Was Aristoteles aus solcher Einsicht intendierte, waren Prinzipien, von denen die erscheinende Natur in ihrem konkreten Sein und Werden abhinge. Den adäquaten Weg zur Verwirklichung seiner Intention sah er im Rückgang von den in Raum und Zeit existierenden Einzeldingen, die für die menschliche Wahrnehmung das Erste sind, zu dem, was für die Natur selber das Erste ist: Materie, Form, Gott[34]. Sie müssen vor allem Gewordenen schon vorhanden sein: die Materie, aus der die Einzeldinge entstehen, und die jewei-

34 Vgl. Aristoteles, Physik 184a-192b, Met. 1071a-b.

lige Form, von der – unter göttlicher Einwirkung – das Werden der Materie zu bestimmten Entitäten geprägt wird. Die erscheinende Natur ist Resultat: hervorgegangen aus Materie und Form umfassenden Prozessen. Die aristotelische These vom realen Innewohnen der Formen in der Materie schloß die Annahme einer Weltentstehung im platonischen Sinne aus. Die entia naturalia konnten nicht mehr Abbilder transzendenter Urbilder sein – entstanden durch Gottes einmalige Gestaltung von chaotischem Stoff. An deren Stelle mußte permanentes Erschaffen treten: Gott läßt – seinem Plan vom Universum gemäß – unentfaltete Einheiten aus Materie und Form auf dem Wege kosmischen Werdens zur Entfaltung gelangen. Jede Stufe ihrer Entfaltung enthält die nächste als Möglichkeit: jede potentia proxima gründet in hierarchisch geordneten potentiae remotae. Sprünge in der Weltentstehung sind undenkbar: sie wären ein Geschehen ohne zureichende Grundlage. Daher kann Erde, in der Mensch sowohl wie Tier und Pflanze ihre ontische Voraussetzung haben, nicht selber schon Mensch oder Tier oder Pflanze in Möglichkeit sein. Das ist sie erst, wenn sie zu dem geworden ist, woraus genetisch nachgeordnete Entitäten unmittelbar entstehen können[35]. Die primär wirkende Ursache solchen Werdens ist Gott: weil nämlich jedes Glied der Weltgenese immer nur in Möglichkeit das nächste ist, bedürfen alle Glieder im Werden zu entfaltungsmäßig Späterem der göttlichen Einwirkung. Sie stiftet und erhält die Bewegung von Entstehendem und Vergehendem, von kontingentem Seienden also, dessen Wesenheit nicht durch sich allein wirken kann. Seiendes, das bloß die Fähigkeit zum Wirken besitzt, kann weder in reiner Wirklichkeit noch in anstoßloser und ewiger Tätigkeit sein Wesen haben. Die potestas absoluta, ursprüngliches und ewiges Wirken, ist dem aus sich

35 Vgl. Aristoteles, Met. 1049a.

existierenden göttlichen Sein vorbehalten[36]. Es ist für Aristoteles die causa prima et perpetua sämtlicher Weltprozesse. In ihr muß philosophisches Denken terminieren. Gleichwohl würde von Gott inaugurierte Bewegung nur zur Hälfte über die Position des Materialismus hinausführen, gäbe es nicht außerdem die Formen in der Materie, die konstitutiv sind für die Gestaltung stofflicher Gebilde. Um ihrer Funktion genügen zu können, durften sie nicht – wie die platonischen Ideen – bloße Imitationen des Geformten sein: keine »verewigten Sinnendinge«[37].

Die negative Bestimmung der formae rerum suchte Aristoteles in eine positive zu erweitern. Das konnte nicht auf dem Boden der herkömmlichen Wesenserkenntnis geschehen: jener des platonischen Idealismus. Die gegen Platons raumzeitliche Trennung von Materie und Form gerichtete Metaphysik des Aristoteles verlangte philosophische Erkenntnis von unten her ermöglichender Medien. Die Anamnesis überirdischer Ideen hatte induktivem Aufstieg vom sinnlich Gegebenen zum allgemeinen Wesen der Einzeldinge zu weichen[38]. Für Aristoteles besitzt menschliche Erkenntnis ihren universalen Ausgangspunkt in den Gegenständen sinnlicher Wahrnehmung. Von ihnen entstehen – durch Beständigkeit der Wahrnehmungsbilder – identische Vorstellungen. Sie sind die Voraussetzung für Erinnerung und Erfahrung. Erst wenn Wahrnehmungen, die noch unmittelbar auf stofflich Gegebenes bezogen sind, an kein stoffliches Substrat mehr gebundene Vorstellungen bewirkt haben, können bei neuen Wahrnehmungen auf vergangene Wahrnehmungen zurückweisende Erinnerungen entstehen. Die nach Sachgebieten unterschiedenen Erinnerungen bilden a parte subjecti die Grundlage zusammenhängender

36 l.c. 1072b.
37 l.c. 997b.
38 Aristoteles, Anal. post. 100a-b.

Erfahrung[39]. Was ihr a parte rei Zusammenhang verleiht, ist das Allgemeine: das Identische in den individuellen Erscheinungen[40]. Gäbe es das Identische nicht, so wäre selbst sinnliche Wahrnehmung nicht möglich: ihre Objektivität lebt von der Perzeption des Allgemeinen in der von Einzeldingen. Es wird erkannt und festgehalten in menschlicher Erfahrung. Die in ihr erreichte Vereinheitlichung von Phänomenen ist induktiv weiterzuführen. Von Akzidentellem geschieden, gelangt ihr Essentielles zur begrifflichen Fixierung. Die adäquaten Bestimmungen sind genus proximum und differentia specifica. Die synthetische Einheit beider definiert jedes unter sie subsumierbare Einzelding in seinem Wesen. Gegenüber der spezifischen als der allgemeinsten Differenz niedere Unterschiede erfassen nicht jedes Exemplar einer Art[41]. Sie dürfen nicht – wie von Platon – für essentielle Unterschiede gehalten werden. Mit der Einheit von genus proximum und differentia specifica bezieht Aristoteles wahrnehmbare Dinge auf einen Begriff, in dem sie selber unmittelbar nicht vorkommen, der also unter der Voraussetzung, daß er ihre metaphysische Wesenheit bezeichnet, eine Tautologie von Grund und Begründetem auszuschließen scheint[42]. Metaphysische Wesenheit war die entscheidende Voraussetzung für die Erhebung eines umfangslogischen Begriffs zur ontologischen Kategorie. Sie galt Aristoteles für erfüllt: weil die konkreten Einzeldinge unter das von ihnen her induktiv gewonnene Allgemeine subsumierbar sind, sollten sie in ihm das Fundament ihrer essentiellen Bestimmtheit haben. Aus einem Subsumtionssystem entstünde so ein Konstitutionssystem. Darauf zielte die aristotelische Intention. Doch was sie durch Umwand-

39 Aristoteles, Met. 980b und Anal. post. 100a.

40 Aristoteles, Anal. post. 100a-b.

41 l.c. 96b-97a.

42 Aristoteles, Met. 1029b-1030a.

lung von Subsumtionsbegriffen in Konstitutionsbegriffe erklären wollte, blieb unerklärt: nämlich wie im kosmischen Prozeß die je erreichte Stufe potentiell die nächste enthält. Inhaltlich ärmere Begriffe können das Konkretere nicht in sich enthalten: Gattungsbegriffe nicht die einzig unter Auslassung ihrer spezifischen Differenz subsumierbaren Arten und Artbegriffe nicht die individuell bestimmten Einzeldinge. Der konstitutive Grund ontischer Gebilde ist von anderer Struktur als der ihnen übergestülpte Allgemeinbegriff. Die Gegenstände sinnlicher Wahrnehmung werden im Prozeß fortschreitender Abstraktion von ihren individuellen und spezifischen Bestimmungen nicht zu Prinzipien ihres konkreten Seins. Der auf weglassendes Denken gegründete Unterschied beider Sphären ist ein bloß gradueller: einer der Abstraktheit dessen, was für das Wesen gehalten wird, gegenüber dem erscheinenden Ding. Um zur kritischen Bestimmung der Wesenheit erscheinender Dinge zu gelangen, hätte es der Reflexion bedurft, ob eine von tautologischem Denken freie Bestimmung metaphysischer Formen positiv überhaupt möglich ist. Es galt einerseits exakt die Methode zu prüfen, durch die Platons tautologisch geratene ideae rerum zustandegekommen waren, und andererseits zu untersuchen, wie die idealistische Tautologie von Grund und Begründetem zu durchbrechen wäre. Reflexionen solcher Art unterblieben. Aristoteles verzichtete auf sie in dem Glauben, daß nach Abzug dessen, was an einem Ding nicht für sich bestehen kann, des Akzidentellen an ihm, sein intelligibles Wesen aufleuchte. Es sollte dem menschlichen Verstand sich zeigen im abstrahierenden Übergang von der Mannigfaltigkeit veränderlicher Phänomene zu Regelmäßigkeit und Eidos. Das war – auf den Begriff gebracht – die Methode menschlicher Erkenntnis, die aus der voridentischen Welt heraus zu Platons unveränderlicher Ideenwelt geführt hatte. Sie läuft in der Philosophie des Aristoteles unter dem Titel wissenschaftliches Verfahren. Auch seine Festlegung metaphysischer Erkenntnis auf Abstraktion hält die essentiae rerum in dem fest, was sie bei Platon stets waren: abstrakte Imitationen der Dinge. Das einzige Resultat seiner Kritik an Platons steilem Idealismus konnte nur die Umwandlung der raumzeitlichen Distanz des Ideellen zum Materiellen in ein Prioritätsverhältnis im Inneren der Phänomene sein. Angeblich sind bei ihnen die metaphysischen Formen das Erste – und doch handelt es sich nur um die alte Tautologie von »Wesen« und Erscheinung. Sie ist unvermeidbar für jede aufs bloße Weglassen von Nichtidentischem gegründete Naturerkenntnis. Deren Ergebnisse sagen nicht, worin ein Ding sein konstituierendes Wesen hat, sondern nur, als was es erscheint: als Mensch oder Tier oder Pflanze oder unbelebtes Sein. Einzig der Grad seiner Entsingularisierung unterscheidet das aristotelische vom platonischen Eidos. Die idealistische Absolutsetzung des Gegebenen blieb unangetastet: tautologisch die Bestimmung von Grund und Begründetem. So unmöglich es Aristoteles schien, daß eine Wesenheit von dem Ding getrennt sei, dessen Wesenheit sie ist[43], so konsequent dünkte ihm schließlich, daß ein Gegenstand und sein Wesensbegriff zusammenfallen[44]. Die Gegenstände menschlicher Erfahrung würden – das ist richtig an der aristotelischen wie der platonischen Tautologie von Wesen und Erscheinung – zu etwas völlig Unbegreifbarem, wenn zwischen ihnen und ihrem Grund inhaltliche Beziehungen nicht bestünden. Aber das Verhältnis beider darf eben deshalb auch kein tautologisches sein: das um seine Singularität und Existenz verkürzte Ding nicht als seine ontologische Wesenheit fungieren. Statt das formierende Prinzip zu bezeichnen, in dem die Genesis

43 Met. 991 b.
44 l.c. 1031 b.

konkreter Einzeldinge gründet, bezeichnete das aristotelische Eidos nur ein Resultat von Entwicklung. Es war – als abstrakte Imitation von Gewordenem – nicht formierender Grund: keine causa formalis, sondern Telos: bloße causa finalis. Wirken aber kann eine Finalursache nur auf dem Umweg über das Prinzip, das formierend die Materie auf ein bestimmtes Telos hinbewegt[45]. Den von Aristoteles propagierten inneren formae rerum hätte eine Welt entsprochen, in der es ein Werden nicht gibt. Ihr Werden widersprach ihrem Wesen: dem ins Innere der Dinge verlegten Resultat des Werdens.

Der geschichtliche Prozeß, in dem die natürlichen Dinge für das menschliche Subjekt identifizierbar wurden, hat ihre metaphysische Wesenheit auf einen tautologischen Denkinhalt reduziert. Er ist der Kern, aus dem sich später der absolute Idealismus entfalten soll. Die Philosophie des Aristoteles ist eine Station auf diesem Wege. War bei Platon die empirische Welt noch vom System der Ideen geschieden, so wird sie bei Aristoteles als Manifestation inkarnierter Ideen selber zum begrifflichen System. Der dualistisch denkende platonische Idealismus hatte sich in einen metaphysischen Monismus verwandelt. Er ist die Konsequenz aus jenem: aus der idealistischen Bestimmung von Materie und Form. Das zuinnerst ungebrochene Festhalten an ihr läßt auch für Aristoteles den Stoff das sein, was an sich weder Größe hat noch sonst eine Beschaffenheit, durch die

45 Wie das im Detail zu verstehen ist, zeigen die Ausführungen über Kant. Erst durch ihn findet das Problem der Teleologie seine angemessene Lösung. – Sehr gute Analysen des aristotelischen Verhältnisses von Eidos und Telos bietet J. G. Deninger: Wahres Sein in der Philosophie des Aristoteles, Meisenheim am Glan 1961. Es ist das besondere Verdienst des Buches von Deninger, den Platonismus bei Aristoteles klar erkannt zu haben. Deninger hat durch seine Arbeit das Verständnis der antiken Ontologie in eine neue Richtung gewiesen.

eine Entität bestimmt wird[46]. Anders wäre die Materie nur fixierbar gewesen durch eine andere Fassung der Formen. Materie hört erst dann auf, ein an sich Unbestimmtes und Leeres zu sein, wenn sie nicht mehr auf Formen bezogen wird, die abstrakte Imitationen von Dingen sind: von constituta aus Materie und Form. Nur solchen Formen, in die – wie schon bei den platonischen ideae rerum – der gesamte Inhalt materieller Gebilde hineingewandert ist, ersteht ein von sich aus inhaltsloser und nichtiger Stoff. Er empfängt sein begrifflich faßbares Sein von der Form. Als die Ursache, die ihn zu etwas macht, wird sie für die erscheinenden Dinge zum »αἴτιον πρῶτον τοῦ εἶναι«[47]. Dem Stoff fällt – ebenfalls platonischem Vorbild gemäß – die residuale Aufgabe der Individuation zu. Er hat im Prozeß seiner Bestimmung die formae rerum zu vereinzeln: Dinge, welche der Art nach identisch sind, sollen sich durch eine raumzeitliche Andersheit des Stoffes unterscheiden[48]. Für Aristoteles gab es keine andere Wahl: seine Intention auf affirmative Metaphysik stand im Bannkreis der beiden von Platon entwickelten Kategorien – Materie und Form. In der spezifischen Form erscheinender Dinge konnte deren Singularität nicht gründen; so blieb für die Leistungen eines principium individuationis nur der von sich aus gestaltlose Stoff übrig. Ihm erwächst raumzeitliche Verschiedenheit, in der seine ontologische Befähigung zur Individuation liegen sollte, aus den quantitativen und qualitativen Bestimmungen jenes ens singulare, dessen Substrat er ist. Materie bedarf also zur Vereinzelung allgemeiner Formen zuvor selber der Individuation – der Individuation durch Akzidentien der Einzeldinge. Sie vermag ihre Funktion nur zu erfüllen unter der vorgängigen Einwirkung des ihr Nachgeordneten: der Pro-

46 Met. 1029 a.
47 Met. 1029 a.
48 l.c. 1041 b.

dukte aus der Singularisierung allgemeiner Formen. Solche in sich widersprüchliche Ontologie war nicht geeignet, die Einseitigkeit von Materialismus und Idealismus zu überwinden. Die Ausscheidung ihrer immanenten Widersprüche in der philosophischen Geschichte geschah zunächst durch eine Radikalisierung der in ihr selbst dominierenden Richtung idealistischen Denkens. Für sie besteht das wahre Sein der erscheinenden Dinge in den allein erkennbaren formae rerum, den niederen und höheren Gattungen: Arten gründen in Gattungen, diese selbst wieder in entfernteren Gattungen[49]. Ihre oberste Spitze hat die Hierarchie der immer allgemeineren Seinsstufen in der alle Gattungen übersteigenden, vollendet wahren Einheit des göttlichen Seins[50]. Es ist frei von jeglicher Potentialität: reine Aktualität des aus sich existierenden Geistes. Seit Platon und Aristoteles verehren in ihm alle idealistischen Systeme das Absolute. Um wahrhaft das Absolute zu sein, war in reinem Sein – zusammen mit den formae rerum – auch das stoffliche Substrat der erscheinenden Natur zu fundieren. Auch der Ursprung der Materie mußte göttlich sein. In ihrer Nichtigkeit konnte sie nicht wie der in höchster Vollkommenheit existierende Gott ein ewiges Sein aus sich besitzen.

Diese für die Bildung idealistischer Weltsysteme notwendige Konsequenz aus Platon und Aristoteles vollzog der Neuplatonismus. Er macht die Materie zu dem, was sie in der Tradition des antiken Idealismus unausgesprochen schon war: zu einer Idee – der des Unbestimmten, das von sich aus eine »Form nicht hat«[51]. Daher fällt es – wie neuplatonisches Denken in Plotin erkennt – unendlich schwer, die Materie unter den Formen, von denen sie »überdeckt« ist, überhaupt

49 l.c. 998 b.
50 l.c. 1071 a.
51 Aristoteles, Physik 207 a.

herauszufinden[52]. Sie verfeinert sich und wird zur »letzten und untersten Form« in der Hierarchie der Seinsstufen[53]. Ihr fehlt, was die höheren Formen auszeichnet: das Moment der Einheit. Vermöge seiner Absenz enträt die Materie – in beziehungsloser Vielheit aufgehend – jeder Struktur und erkennbaren Realität. Sie dient der Gestaltung empirischer Dinge durch spezifische Einheit stiftende formae rerum als Substrat. In dieser auf Platon und Aristoteles zurückgehenden Definition kann auch der Neuplatonismus nicht auf die Materie verzichten. Auch ihm ist sie ein notwendiges Postulat: zur Konstruktion der Erscheinungswelt bedarf philosophisches Denken der stofflichen Vielheit – aber nur noch in der Bedeutung einer Idee. Die neuplatonische Metaphysik läßt die raumzeitliche Welt körperlicher Entitäten entstehen durch die gestaltende Einwirkung reiner Formen auf die unterste von ihnen: die Materie, die – als gestaltlose – keine Spuren ihres göttlichen Ursprungs mehr aufweist. Alle stofflichen Dinge resultieren aus Synthesen von solcher Form-Materie und Wesenheiten, die in genus proximum und differentia specifica ihre konstitutiven Bestandteile haben und akzidentelle Formen als ihr sichtbares Kleid tragen. Causa prima der Formen und ihres in Raum und Zeit erscheinenden Zusammentretens ist der über jeder Vielheit stehende Gott: das absolut Eine. Völlig frei von Unterschieden soll es in seiner Einfachheit, wie bei Aristoteles das reine als das göttliche Sein, aus sich existieren und sich selbst genügen. Es darf keine Unterschiede enthalten, sonst wäre sein Bestehen an die Elemente gebunden, die in ihm sind. Es wäre dann ein Zweites – nicht das Erste. Dieser neuplatonischen Argumentation ist die große europäische Philosophie gefolgt: seit Plotin glaubt sie den universalen Ursprung aller Dinge in reiner

52 Plotin, Schriften, Auswahl von R. Harder, Frankfurt am Main und Hamburg 1958, S. 44.

53 l. c., S. 44.

Identität zu erkennen. Von ihrer indifferenten Einheit leite sich das »Einssein« aller Dinge ab: bei den »einen aus näherer, den anderen aus weiterer Entfernung«[54]. Der Grad ihres Seins wird bestimmt durch ihre jeweilige genetische Nähe zum Ursprung. Was mehr Vielheit in sich enthält, ist durch seine größere Entfernung von der absoluten Einfachheit des Ersten ontologisch unvollkommener. Jede spätere Stufe der göttlichen Welterzeugung impliziert eine schwächer gewordene Entsprechung zwischen oberstem Prinzip und seinen principiata. Die genetische Ordnung bezeichnet jedoch metaphysische Rangverhältnisse – keine zeitliche Folge. Alle Stufen des Werdens von erscheinender Natur sind so zeitlos wie der ewig zeugende Gott. Nur jene von reiner Einheit zur Vielheit führenden Stufen vermag menschliches Denken begrifflich zu fixieren. Nicht hingegen erkennt es die Art und Weise ihres Hervorgehens aus der je nächsthöheren Stufe. So tritt bildliche Vorstellung an die Stelle philosophischer Welterklärung: wie die Sonne ihre Strahlen aussendet, soll das absolut Eine in seiner grenzenlosen Vollkommenheit überfließen – intelligible und materielle Welt aus sich entlassen. Der im neuplatonischen Bilde der Emanation verhüllte Ur-»Sprung« aus einem unergründbaren Ersten in die Welt erkennbarer Phänomene bleibt bis in die Moderne Rätselfigur und mystisches Konstituens idealistischer Weltsysteme.

54 l.c., S.91.

II

Die von Platon und Aristoteles begründete Metaphysik war affirmative Metaphysik durch ein erkenntnistheoretisches Pseudos: die abstrakte Imitation der Einzeldinge galt für deren ontologisches Wesen. Diese tautologische Bestimmung metaphysischer Wesenheiten kulminierte im neuplatonischen Begriff des Einen. In ihm wurde zur göttlichen essentia essentiarum, was allen konkreten Gebilden gemeinsam war: das Moment der Einheit in der Vielheit ihrer Teile. Weil der Grad, in dem Dinge innere Einheit besitzen, den Grad ihres Seins bestimmen sollte, hat Aurelius Augustinus das unterschiedslose Eine der Neuplatoniker mit reinem Sein identisch gesetzt. Für den großen Theologen und Kirchenvater, der idealistisches Denken im christlichen Abendland zu universaler Geltung brachte, ist das reine Sein das wahrhaft Bleibende und Ewige: reines Sein verkörpert ihm jener Gott der heiligen Schriften, der zu seinem Diener Moses von sich selber sagte: Ego sum qui sum[55]. Zu ihm sollte die menschliche Seele sich durch Abkehr vom Unwesentlichen erheben. Als unwesentlich galt alles Veränderliche – alles bloß Kontingente. Wie der platonische Idealismus sieht Augustinus in der Negation sinnlicher Neigungen den einzigen und darum wahren Weg zur Anschauung des reinen Seins. Negation des Wandelbaren wird für ihn zur notwendigen Voraussetzung einer jeden Beschäftigung mit Gott und seiner Offenbarung in Natur und Geschichte. Menschliches Denken soll den Sinn göttlicher Manifestationen erst dann verstehen können, wenn es durch Katharsis sich zur veritas aeterna erhoben hat. Gereinigt von allem, was die Hingabe an sie stören könnte, wird es inne, daß die geordnete Wandelbarkeit und die Formschönheit aller sichtbaren Dinge

55 Augustinus, De Trinitate, VII, 5.

erst durch die göttlichen ideae rerum ihre richtige Erklärung finden. Auf der Teilhabe an ihnen beruht jegliche Intelligibilität des empirisch Gegebenen. Jene ideae rerum gründen in der essentia divina, der sie ähnlicher oder unähnlicher sind durch das Maß ihres Seins. Gott teilte es ihnen – seinem Schöpfungsplan gemäß – von Ewigkeit her zu: »den einen verlieh er mehr Sein (esse) als den anderen und ordnete so die Naturen der Wesenheiten (naturas essentiarum) durch entitative Abstufung«[56]. Nur der göttlichen Wesenheit selber kommt das esse, von dem die essentia ihren Namen hat, in tiefster und höchster Bedeutung zu[57]. Sie allein ist sowohl ein in sich gegründetes Sein wie das unterschiedslose Eine: »ipsum esse«[58]. Die Vollkommenheiten des göttlichen Seins sind keine äußerlich hinzukommenden Attribute. Gott »ist« seine Vollkommenheiten durch sich selbst in völliger Einfachheit: also ohne räumliche Bestimmtheit überall gegenwärtig, immer dauernd ohne Zeit, ohne eigene Veränderung der Schöpfer der veränderlichen Dinge[59]. Von den Geschöpfen weiß er nicht, weil sie sind, sondern sie sind, weil er – der Ewige – von jeher wußte, was er in der creatio mundi hervorbringen würde[60]. Die entitative Ähnlichkeit der endlichen Dinge mit ihrem göttlichen creator ist eine vermittelte: sie resultiert aus dem esse ihrer essentia. Nicht anders als schon bei Platon und Aristoteles und den Neuplatonikern kommt auch bei Augustinus der Materie eine ausgezeichnete Stellung zu: sie ist Gott am unähnlichsten. Nahezu nichts und von sich aus gestaltlos gewinnt sie erst unter der Einwirkung gestaltender Formen ein vom Nichts unterschiedenes Sein. Was an geformter Materie erkennbare Realität besitzt, sind

56 Augustinus, De civitate Dei, XII, 2.
57 Augustinus, l. c. und De Trinitate, V, 2.
58 Augustinus, De Trinitate, V, 2 und VI, 4.
59 l. c. V, 1.
60 l. c. XV, 13.

ausschließlich ihre Formen: von Gott der ursächlich früher hervorgebrachten materia informis ursächlich später eingesenkte formae rerum. Sie sind das Mittel, durch welches Gott im Prozeß der Weltgenese aus der Materie den hierarchisch nach Gattungen und Arten geordneten Kosmos der Einzeldinge entstehen läßt[61].

Augustinus hat aus neuplatonischen Vorstellungen die uneingeschränkt bis zum Auftreten des Nominalismus gültige Lehre von dem metaphysischen Stufenbau der Welt entwickelt. Das göttliche ipsum esse krönte eine Hierarchie von Wesenheiten, die alle Dinge – diesseitige wie jenseitige – in ihrem Sein konstituierten. In diesem Konstitutionsverhältnis war ungeklärt geblieben, ob und wie bei der völligen Unbestimmtheit der Materie, ihrer Nähe zum reinen Nichts, stoffliche Einzeldinge überhaupt möglich seien. Worin bestand deren körperliches Sein? Die seit Platon und Aristoteles der Philosophie gestellte Frage wird von den Nachfolgern des heiligen Augustinus streng neuplatonisch, durch gesteigerten Idealismus, beantwortet. Ein gerader Fortgang führt zu dem Punkt, an dem der mittelalterliche Universalienstreit ausbrechen mußte. Auf jenem Wege kommt Johannes Scotus Eriugena entscheidende Bedeutung zu. Er trieb die augustinische ebenso wie die neuplatonische Lehre von Gott und

61 Auf dem Hintergrund seines Platonismus hat Augustinus den mosaischen Schöpfungsbericht rein allegorisch gedeutet. Die sechs Tage der göttlichen creatio mundi dürfen – seiner Interpretation zufolge – nicht als zeitliches Geschehen aufgefaßt werden, sondern bezeichnen die metaphysische Ordnung, auf die Gott den Kosmos sichtbarer Dinge festgelegt hat. Der göttliche Schöpfungsakt liegt vor jedem raumzeitlichen Werden, das erst möglich ist auf der Basis geschaffener Materie und einer ihr eingeschaffenen Ordnung intelligibler Formen. Dieser unsichtbaren Ordnung gemäß sollen in der werdenden Welt die sichtbaren Dinge entstehen, sobald ihre Stunde gekommen ist (De Trinitate, III, 9).

Welt – dem allgemeinsten Prinzip und seinem principiatum – zu ihrer äußersten Konsequenz: der Entmaterialisierung des Kosmos[62]. Zu ihr sind alle Systeme gezwungen, die in reiner Einheit oder reinem Sein ihr oberstes Prinzip haben, also durch ihren ontologischen Ausgangspunkt eine deificatio mundi fordern. Ein in sich unterschiedsloser Gott und eine aus ihm hervorgegangene Welt können nicht verschiedenen Wesens sein. Mit diesem Gedanken hat Scotus Eriugena das monistische Denken seiner Vorgänger radikalisiert. Für ihn steigt die göttliche causa prima vom Allgemeinsten, das sie in der Reinheit ihres Seins selber ist, im hierarchisch abgestuften Prozeß des causare herab zur Welt empirischer Dinge. Jedes ihrer Produkte ist eine Theophanie: ein Modus göttlicher Selbstoffenbarung[63]. Wie alle causata der göttlichen causa prima bestehen auch die körperlichen Dinge aus rein geistigen Entitäten. Sie gründen in Emanationen der Gottheit: ihrem spezifischen Wesen und dessen quantitativen und qualitativen Akzidentien. »Ex rebus itaque incorporalibus corpora nascuntur«[64]. Nur für die Dauer des »concursus« jener Akzidentien, auf der Basis einer spezifischen Wesenheit, in der sie ihren substantiellen Träger haben, gibt es individuell und materiell erscheinende Körper[65]. Wahres Sein eignet nach Scotus Eriugena nicht ihnen, sondern einzig ihren unkörperlichen Bestandteilen: den Universalien. Vermöge solcher Beschränkung von Realität war die alte Frage nach der Konstitution stofflicher Einzeldinge widerspruchsfrei

62 Sekundär gegenüber der platonisch-augustinischen Tradition, in der Joh. Sc. Eriugena stand, ist seine Kenntnis der Schriften des Dionysius Pseudo-Areopagita. Ihre neuplatonische Metaphysik konnte für sein Denken Bedeutung nur gewinnen vermöge jener Tradition.

63 Joh. Sc. Eriugena, De divisione naturae, III, 4.

64 l.c. III, 14.

65 l.c. 1, 62f.

beantwortet – aber auf Kosten der zu Summen allgemeiner Formen verflüchtigten entia corporea. Deren völlige Entmaterialisierung machte ein weiteres philosophisches Denken in dieser Richtung fruchtlos. Fortschritt konnte es nur durch eine Änderung der Richtung geben – durch kritische Abkehr vom universalienrealistischen Extrem. Eingeleitet wurde sie vom Gegenpol her: dem Nominalismus.

Die nominalistische Verwerfung seiender Universalien ist ihrer begrifflichen Genesis nach nur die negative Konsequenz aus der idealistischen Vergeistigung empirischer Einzeldinge in res universales et incorporales. Den in ihnen verdinglichten Allgemeinbegriffen setzte Eric von Auxerre, als das metaphysische Denken im System des Scotus Eriugena die restlose Idealisierung der Welt postulierte, das menschlichem Bewußtsein unmittelbar Gewisse und Seiende entgegen: den abstrakten Imitationen der res die res singulares. Nur die wahrnehmbaren Einzeldinge sollen ein objektives Sein besitzen: nicht die Universalien – welche lediglich eine Abbreviatur von jenen darstellen. »Genus« und »species« hören für Eric von Auxerre und seine Nachfolger auf, über sinnlich Gegebenes etwas »secundum rem, id est substantiam«[66] auszusagen. Sie sind bloße Namen, die man braucht, um spezifisch oder numerisch Verschiedenes klassifizierend zu bezeichnen. Diese nominalistische Auffassung der Universalien hat in der geschichtlichen Konfrontation mit der realistischen Doktrin ihre theoretische und darüber hinaus eine politische Stärke gewonnen: sie erscheint seit Roscellin im öffentlichen Kampfe gegen Metaphysik, dann aber auch sofort gegen höchste kirchliche Dogmen. Die raumzeitliche res ist individuell und veränderlich: also kann sie in ihrer Substanz und ihren Akzidentien nicht allgemein und unveränderlich sein. Das ist das kontinuierlich sich forterbende

66 Zitiert bei C. Prantl, Geschichte der Logik im Abendland, Berlin 1955, Bd. 2, S. 41.

Argument aller Nominalisten gegen die Annahme einer metaphysischen Universalienrealität. Nach ihrer einstimmigen Lehre gibt es in der Wirklichkeit nichts außer Individuen[67]. Gesetzmäßigkeit herrscht nur noch im Denken; es gibt sie nicht mehr in den Dingen, weil ihnen nichts Begriffliches immanent sein soll. »Die Begriffe wollen nicht mehr Qualitäten der Sache als solcher ausdrücken, sondern dienen einzig noch zur Organisation von Wissensmaterial für die, welche geschickt darüber verfügen können, als Fiktionen, um es besser festzuhalten«[68]. So steht es bereits im Programm des frühen Nominalismus: universale ist für ihn das, quod natum est »de pluribus dici«[69]. Als rein subjektive Begriffe sollen die Universalien auf der vergleichenden Betrachtung einer Vielheit von Dingen basieren. Deren Ähnlichkeit werde allein in den Universalien zum Ausdruck gebracht. Von ihnen, die ausschließlich Erzeugnisse des abstrahierenden Denkens seien, zu behaupten, sie existierten in der empirischen Welt, sei unzulässig. Was der realistischen Metaphysik entging, war jedoch nur: daß für die begriffliche Konstitution des universale, in dem sie die essentia rei zu erkennen wähnte,

67 De generibus et speciebus, bei V. Cousin, Ouvrages inédits d'Abélard, p. 524.

68 Max Horkheimer, Zum Begriff der Vernunft, Frankfurt 1952, S. 11 f.

69 Dialectica, bei V. Cousin, Ouvr. inéd. d'Abélard, p. 496. Über den Unterschied in der Bestimmung der Universalien als »voces« und »sermones« siehe J. Reiners, Der Nominalismus in der Frühscholastik, in: Beiträge zur Geschichte der Philosophie des Mittelalters, herausgegeben von Cl. Baeumker, Münster 1910, S. 44-53. Das universale ist bei Abälard – im Unterschied zu Roscellin – nicht einfach bloß die »vox« als »Wortlaut« (47 ff.), sondern »der sermo, das heißt der Gattungs- und Artname, insofern er durch menschliches Übereinkommen dazu bestimmt ist und von Menschen dazu gebraucht werden kann, viele Individuen (zusammenfassend) zu bezeichnen« (51).

die Abstraktion von den individuellen Bestimmungen der Dinge bedeutsam ist. Dies wird im Nominalismus einfach umgekehrt: Abstraktion soll der einzige Entstehungsgrund für genera und species sein. Der hierarchische Stufenbau metaphysischer Wesenheiten reduziert sich auf die Tätigkeit des Abstrahierens. Selbst der Begriff des reinen Seins, der seit der Antike das Wesen des Göttlichen bezeichnet hatte, sinkt zum ens rationis herab. Die nominalistische Philosophie will in ihm nur das erblicken, was übrigbleibt, wenn von allem Besonderen abgesehen und einzig das festgehalten wird, worin alle entia übereinstimmen: nämlich daß sie Seiende sind und nicht nichts. Ein Gottesglaube, der seit vielen Jahrhunderten auf Metaphysik gegründet war, mußte so zum Gegenstand des Zweifels und der Diskussion werden. Damit wurde es notwendig, wie Anselm von Canterbury erkannte, gegen die Nominalisten das objektive Dasein des göttlichen ipsum esse zu beweisen. Eine unwiderlegliche Argumentation war zur Voraussetzung geworden für absolute Gewißheit über Gott: die essentia essentiarum. Sie ist für Anselm die vollkommenste aller Wesenheiten: etwas, worüber hinaus Größeres sich nicht denken läßt[70]. Das könnte sie nicht sein, wenn zu ihren Vollkommenheiten nicht auch die Existenz gehörte. Daraus hat Anselm den Schluß gezogen: Gott existiert. Sein scheinbar selbstverständlicher Ausgang von einer essentia divina, etwas größer nicht Denkbarem, supponiert als objektive Gegebenheit, was der Nominalismus ins Subjekt verlegt hatte: metaphysische ideae rerum. Nur als die Spitze ihrer Hierarchie ist der Begriff eines vollkommensten Wesens sinnvoll. Ohne die metaphysische Seinsordnung des Realismus, die gegen den nominalistischen Zweifel zu restaurieren war, besteht für rationales Denken kein logischer Zwang mehr, in Richtung auf ein schlechthin Vollkommenes

70 Anselm von Canterbury, Proslogion, c. 2, P.L. 158.

fortzuschreiten. Von seiner verbliebenen Autorität zehrt der als ontologischer Gottesbeweis berühmt gewordene Schluß des Anselm vom Wesen auf die Existenz des Göttlichen.

Die nominalistische Kritik am Realismus hatte die Universalien aus den Dingen entfernt und sie konstitutiven Leistungen des menschlichen Subjekts zugeschrieben. Daß es in den Sachen selbst etwas geben muß, das Vergleiche erlaubt und so vom Singulären abstrahieren läßt, übersah der Nominalismus. Für ihn wie für den Realismus gab es nur die Alternative: entweder Besonderes oder Allgemeines. Aber weder Nominalismus noch Realismus sind imstande zu beweisen, daß nur Besonderes oder Allgemeines wirklich ist. Die nominalistische Konzeption konkreter Einzeldinge, denen allein Realität zukäme, bleibt unerfülltes Postulat. Das Besondere, das als reine Singularität den alten Formen und Wesenheiten gegenübersteht, ist so abstrakt wie diese es waren. Die Befreiung der Einzeldinge von ihrem realistischen Scheinwesen ist dem Nominalismus zwar gelungen, nicht aber die Lösung der Seinsproblematik metaphysischer essentiae rerum. Seine Generalthesis, real gegeben seien nur individua, bedeutet in letzter Instanz: Realität besitzen nur die kleinsten Elemente, aus denen alles, was Teile hat, zusammengesetzt ist. Die nominalistische Universalientheorie drängt nach einer atomistischen Kosmologie. Der Begriff des Ganzen wird sinnlos: er ist an die Annahme metaphysischer Wesenheiten gebunden. Auf nominalistischem Boden kann es nur einheitslose Verbindungen von Atomen geben: Agglomerate, in welche die Einzeldinge sich auflösen. Der extreme Nominalismus läßt die allgemeinen Begriffe im selben Maße mit den Dingen unvermittelt, wie sie in der realistischen Metaphysik unreflektiert, mit dem Subjekt nicht vermittelt sind. Indem er die Universalien ausschließlich im subjektiven Denken begründet sah, hat er eigentlich nur den abstrakten Charakter der metaphysischen ideae rerum ausgesprochen und zu deduzieren versucht. Er ist das als Selbstbewußtsein, was der Realismus erst an sich war. Dieser ersetzte die Wirklichkeit nur faktisch durch ein System von Begriffen, mit denen er beanspruchte, das Ansichsein der Dinge auszudrücken. Der Nominalismus aber erhebt die Ersetzung der Wesenheiten und Dinge durch abkürzende Zeichen zum Programm. Gegenüber diesen Extremen, deren Konkurrenz um eine ausschließliche Alleingeltung letzten Endes auf ihre Überwindung hintendierte, begreift die mittelalterliche Philosophie auf ihrem geistigen Höhepunkt, in Thomas von Aquin und Johannes Duns Skotus, daß das, was existiert, sowenig in reiner Allgemeinheit sich erschöpft wie andererseits in reiner Singularität.

Der philosophiegeschichtliche Prozeß, der vom neuplatonischen Denken des frühen Mittelalters zur hochmittelalterlichen Metaphysik des Thomas von Aquin geführt hat, stellt durch die Positionen, die es zu überwinden galt, einseitiger Universalienrealismus und einseitiger Universaliennominalismus, eine Wiederholung der antiken Entwicklung dar. Gegen die Naturerklärung eines Materialismus, die nur Atome und deren Bewegung kannte, hatte Platon die Notwendigkeit intelligibler formae rerum proklamiert. Seiner falschen Bestimmung der Formen, die über Aristoteles und den Neuplatonismus hinaus eine kontinuierlich zunehmende Verflüchtigung alles Materiellen und Individuellen bewirken mußte, war der mittelalterliche Nominalismus entgegengetreten, indem er die Annahme metaphysischer Wesenheiten verwarf. Deren abstrakte Verneinung nahm den antiken Gegensatz von Idealismus und Materialismus wieder auf. Wie einst Aristoteles sah Thomas von Aquin sich vor die Aufgabe gestellt, die philosophische Überwindung der beiden Extreme zu leisten, an der die Lösung des Universalienproblems hing.

Omne ens est verum: jedes ens naturale besitzt durch seine forma substantialis innere Luzidität, veritas ontologica, welche Seiendes in sich selber erkennbar macht. Dessen substantielle Wesensform gründet in Gottes schöpferischem Intellekt, der sie erdacht hat, und ist durch Gottes kreativen Willen, der Welt entstehen ließ, empirischen Einzeldingen inkarniert. Aus diesen Zentralgedanken seiner Metaphysik entspringt für Thomas von Aquin ein Zweifaches: restlose Erkennbarkeit rein intelligiblen Seins eignet jeder res creata vermöge ihrer göttlichen Herkunft – jedoch nicht für den leibgebundenen Verstand der Menschen, der endlich ist und in keiner unmittelbaren Beziehung zu Gott steht. Er bedarf irdischer Medien für den Zugang zu dem im intellectus divinus Gegründeten. Die »substantiellen Wesensformen« natürlicher Dinge sind ihm »durch sich selbst unbekannt«[71]. Kenntnis von jenen Wesensformen erlangt menschliches Denken einzig dank ihrer stofflichen Manifestation in wahrnehmbaren Entitäten. Vom sinnlichen Phänomen aus könnte es bis zum Wesen der Dinge vordringen[72]. Sie auf solche Weise völlig zu erkennen, aber hindert den menschlichen Verstand die eigene Endlichkeit. Die intelligiblen Wesenheiten kontingenter Dinge sind als Gedanken der Gottheit identisch mit der essentia divina – in der unendlichen Tiefe ihres Seins also unergründbar für einen endlichen Geist[73]. In dieser Unergründbarkeit hat Thomas von Aquin keinen Widerspruch zu einer affir-

71 Thomas von Aquin, Quaest. disp. de spiritualibus creaturis, 11, ad 3.

72 Thomas von Aquin, Sum. theol. I, II, 31, 5, c.

73 Alle von Gott geschaffenen Dinge »sind in Gott durch ihre eigenen Wesenheiten, die in Gott von der göttlichen Wesenheit nicht verschieden sind. Daher sind die Dinge, sofern sie in Gott sind, göttliche Wesenheit« (Sum. theol. I, 18, 4, ad 1). Vgl. hierzu ferner: Sum. theol. I, 15, 1, ad 3 und Summa contra Gentes II, 15.

mativen Metaphysik gesehen. Die positive Erkenntnis der substantiellen Wesensform empirischer Dinge sollte via abstractionis möglich sein.

Das formierende Wesen materieller Dinge manifestiert sich dem menschlichen Verstand in ihrer Intelligibilität. Zugleich mit den Dingen mache seine manifestatio in rebus auch es selber erkennbar. Diese Annahme des heiligen Thomas bildet die methodische Grundlage der von ihm via abstractionis angestrebten Erkenntnis metaphysischer Wesenheiten. Er läßt den Weg zu ihrer Erkenntnis mit dem beginnen, was die Sinne dem menschlichen Intellekt unmittelbar darbieten: dem aus Empfindungen resultierenden Abbild materieller Körper – der »species sensibilis«. Durch sie wird ein »Ding« in der Seinsweise wahrgenommen, die ihm »außerhalb der Seele« eigentümlich ist, der seiner »Besonderheit«[74]. Aufbewahrt in der anima humana sind die species sensibiles – auch ohne äußere Einwirkung – stets mögliche Gegenstände des menschlichen Verstandes: dank der vorstellenden Kraft der »Phantasie«[75]. An ihnen vollzieht der Verstand seine Scheidung des Wesentlichen vom Unwesentlichen. Das Resultat dieser Scheidung ist die »species intelligibilis«[76]. Sie ist das in der anima befindliche geistige Abbild einer Sache extra animam. Abgebildet werden die res intellectae in ihrer identischen Beschaffenheit, das heißt nur das von den Dingen, was zu den Merkmalen der Art gehört[77]. Der inhaltliche Unterschied zwischen geistiger und sinnlicher Erkenntnis gründet in der Imitationsweise ihres Gegenstandes: was die Sinne in Stofflichkeit als konkret, mit anderen Worten: unmittelbar als Einzelnes erkennen, das erkennt der Verstand unstofflich und abstrakt, mit anderen Worten: als

74 Thomas von Aquin, Sum. theol. I, 76, 2, ad 4.
75 l.c. I, 78, 4, c.
76 l.c. I, 85, 1, ad 1.
77 l.c. I, 85, 1, ad 1.

ein Allgemeines[78]. Das vom Intellekt erkannte Allgemeine ist das entmaterialisierte Einzelne: die »essentia vel natura« eines ens materiale, die in den »principia definientia« seiner »species« ihren begrifflichen Inhalt hat[79]. Für die per definitionem hominis bezeichnete essentia humana wären animalitas und rationalitas jene inhaltlichen Faktoren. Sie beständen für die essentia jedweder res in genus proximum und differentia specifica[80]. In der substantiellen Einheit von beiden erblickte Thomas von Aquin die empirischen Einzeldingen immanente Wesenheit die »gemeinsame Natur unter Ausschluß der vereinzelnden Prinzipien«[81]. Die abstraktive Scheidung der Wesenheiten von ihrer sinnlichen Erscheinung enthüllt Gottes ewige Gedanken vor der Erschaffung der Welt: die außerhalb der Dinge im göttlichen Geiste existierenden ideae rerum[82]. In ihnen ist der seit Platon und Aristoteles herrschende Begriff metaphysischer Wesensformen festgehalten – die bekannte ontologische Position, die auf ein gnoseologisches Pseudos zurückgeht: positive Wesenserkenntnis durch abstrakte Imitation stofflicher Einzeldinge. Es genügte, streng und genau genommen, ein Erscheinungsbild zur Erkenntnis der essentia rei: mittels eines Subjektes, das als compositum ex anima et corpore selber Geistiges und Materielles in sich vereinigt. Die thomistische Metaphysik lebt – in konsequenter Fortsetzung der aristotelischen – von dem naiven Vertrauen, daß im sinnlichen Bild der Dinge sich unmittelbar deren intelligibles Wesen manifestiere[83]. Die metaphysischen Wesensformen manifestieren in der

78 l.c. I, 86, 1, ad 4.

79 l.c. I, 3, 3, c.

80 Thomas von Aquin, De ente et essentia, II u. III.

81 Thomas von Aquin, Sum. theol. I, 76, 2, ad 4.

82 l.c. I, 15, 1, c.

83 Die inhaltliche Kontinuität des Besonderen und Allgemeinen konstituierte den thomistischen Begriff wahrer Erkenntnis. Veritas als die Übereinstimmung von intellectus und res setzt

Geformtheit materieller Gebilde zwar ihr konstitutives Vorhandensein – nicht jedoch ihr Ansichsein. Was sie an sich selber sind, ist an ihren principiata nicht ablesbar: weder via abstractionis noch durch eine andere Methode menschlicher cognitio rerum. Das ist von Thomas so wenig realisiert worden wie von Aristoteles – der für ihn höchsten philosophischen Autorität. Die ungebrochene Übernahme der aristotelischen formae rerum, auf die imitierendes Denken alle spezifischen Merkmale stofflicher Dinge reduziert hatte, läßt Thomas von Aquin – wie seine idealistischen Ahnen insgesamt – an der Materie eigene inhaltliche Bestimmungen nicht erkennen. Sie bleibt auch in seiner Metaphysik das von sich aus Nichtige: »der Stoff für sich hat weder Sein, noch ist er erkennbar«[84]. Zu einem spezifisch bestimmten Etwas, das eine erkennbare Entität ist, wird der von sich aus nichtige Stoff erst und allein durch die Wesensform[85]. Wie er von ihr seine spezifische Bestimmtheit empfängt, so ermöglichen akzidentelle Formen seine individuelle Gestaltung[86]. Unter den individuierenden Akzidentien steht die Quantität an erster Stelle: sie hat die Prägung der Materie zum räumlich und zeitlich ausgedehnten Stoff zu bewirken[87]. Seine quantitative Bestimmung soll die ihn spezifizierende Wesensform vereinzeln: sie eingrenzen auf konkrete Teile des Raumes und der Zeit[88]. Das wahrnehmbare Einzelding existiert für Thomas von Aquin nur als Resultat solcher Eingrenzung. Die quantitas dimensiva, eine in Größenordnungen faßbare

die Einheit von Wesen und Erscheinung voraus: nur wo sie besteht, kann die sinnlich gegebene res mit ihrem intelligiblen Abbild verglichen und von wahrer Erkenntnis der essentia rei gesprochen werden.

84 l.c. I, 15, 3, ad 3.

85 Thomas von Aquin, De ente et essentia, II.

86 Thomas von Aquin, Sum. theol. I, 3, 3, c.

87 Thomas von Aquin, De ente et essentia, II und III.

88 Thomas von Aquin, De principio individuationis, n. 6.

Quantität, ist der Entstehungsgrund seines Diesesseins, insofern einzig durch sie »numerisch verschiedene Formen in verschiedenen Teilen der Materie sind«[89]. Mit der quantitas dimensiva als Individuationsprinzip wird gesagt, daß dem Einzelnen seine Individualität äußerlich ist, daß sie ihm nicht als ontologische Bestimmung zukommt, sondern das Allgemeine seine Substanz ist. Wohl versichert Thomas: »die Universalien sind keine selbständigen Dinge, sondern haben Sein nur in den Einzeldingen«[90]. Doch die Individualität der Einzeldinge bleibt – wie im exzessiven Realismus – der Substanz äußerlich: eine Oberflächenbeschaffenheit. Die allgemeine Substanz bläht sich durch das Hinzutreten von individuierenden Akzidentien zum Einzelding auf, während

89 Thomas von Aquin, Sum. theol. III, 77, 2. Gleichzeitig spricht Thomas von der »materia signata quantitate« als Individuationsprinzip. Auf dieser Formel fußt meist die Interpretation der neueren Thomisten, weil ihnen die Quantität als solche wohl doch für die Individuation der Wesenheit zu äußerlich erscheint. Die Materie aber ist nach dieser Formel nur als von der Quantität geprägter Stoff zur Individuation des Wesens befähigt. Das bedeutet, daß Thomas auch hier an der Quantität als Individuationsprinzip festhält. Wie übrigens in der Formel von der »materia signata quantitate« das Verhältnis von Materie und Quantität zu denken sei, auf dieses Problem ist weder von Thomas noch der thomistischen Tradition mit der notwendigen kritischen Schärfe reflektiert worden. Sie wären sonst in Verlegenheit geraten wegen der inneren Unmöglichkeit jener Formel, die eine unmittelbare Beziehung der materia prima zur Quantität voraussetzt. Denn um als »materia signata quantitate« die zu ihr hinzutretenden Wesensformen individuieren zu können, müßte die »erste Materie« sich unmittelbar auf die Quantität beziehen. Eine solche Beziehung aber ist unmöglich. Als weitere Inkonsistenz kommt hinzu, daß die Quantität selber der Konkretion bedarf: sie ist ja nur ein vielen Dingen gemeinsames Akzidens.

90 Thomas von Aquin, S. c. G. 1, 65.

dieses im Prozeß der Abstraktion von seiner individuellen Erscheinung in jene zurückverwandelt wird.

Das Problem, an dem die thomistische Metaphysik scheitert, ist die alte Frage nach der Differenz von essentia und res: die Fixierung einer essentia rei, die sich nicht tautologisch zur res verhielte. Dinge werden durch Abstraktion von ihrer individuellen Erscheinung noch nicht metaphysische Formen. Auch dem heiligen Thomas gelingt nicht der Nachweis, daß sie aufhören, Dinge zu sein. Ihnen fehlt einzig das hic et nunc. Metaphysische formae rerum, die keine durch Abstraktion vermittelten Gebilde wären, hätten aber ebensosehr das Individuelle wie das Generische und Spezifische seiender Dinge potentiell in sich zu enthalten. Denn wie die generische und spezifische ist auch die individuelle Bestimmtheit eines ens naturale metaphysischen Ursprungs: sie läßt sich nicht aus physischen Ursachen, die selber generisch und spezifisch und individuell bestimmte entia naturalia sind, ableiten. Doch ist es – der idealistischen Vorstellung entgegen – nicht möglich, natürliche Dinge positiv aus metaphysischen Formen zu erklären. Eine positive Erklärung sichtbarer Entitäten würde den detaillierten Nachweis erheischen, wie sie aus ihren Prinzipien hervorgehend sichtbare Gestalt annehmen. Das setzte eine inhaltliche Erkenntnis der Prinzipien, der metaphysischen formae rerum, voraus. Besäße man die Kenntnis von ihrer Struktur, so ließe sich auch sagen, wie sie Seiendes begründen: wie eine ontologische Genesis der erscheinenden Natur zu denken sei. Diese notwendige Voraussetzung affirmativer Metaphysik – inhaltliche Erkenntnis der principia entis – ist und bleibt für menschliches Denken unerfüllbar. In seinen positiven Erkenntnissen auf sinnliche Wahrnehmung verwiesen, kann es nicht eindringen in die Dimension sinnlich nicht wahrnehmbarer Formen der Natur. Von metaphysischen formae rerum erfährt es nur indirekt: auf dem Umweg über die Erkenntnis, daß kein ens naturale allein aus Materie und Bewegung, den Substraten sinnlicher Wahrnehmung, erklärbar ist. Weil jedoch Thomas bei seinem Versuch zu einer erkenntnistheoretischen Begründung affirmativer Metaphysik diesen logischen Schritt vom ausgeschlossenen Dritten nicht vollzog, mußte ihm für die positive Bestimmung metaphysischer Wesenheiten die Hypostasis von Imitationen der Einzeldinge unterlaufen. Mit dieser Verwechslung verlegte er sich den Weg zu einer Lösung des Universalienproblems. Die von ihm entwickelte Metaphysik ist ein Zwitter: Universalienrealismus und Universaliennominalismus zugleich – statt deren Überwindung. Jener impliziert diesen: ist nämlich die erscheinende res nur durch Akzidentien von der essentia unterschieden, die essentia also nur die ihrer akzidentellen Hülle entkleidete res, so ergibt sich die nominalistische Konsequenz, daß die essentia rei bloßer flatus vocis sei.

Um nicht dieser Konsequenz zu verfallen, hat Johannes Duns Skotus das konkrete Ding aus essentia und der von ihm eingeführten haecceitas als Individuationsprinzip strukturiert gedacht. Das Problem des Mediums, durch das die Sache innerlich begründet wird, steht bei ihm zentral. Er begriff, daß die essentia sich nicht einmal aus einem Ding herausheben ließe, wenn sie dessen einzige innere Bestimmung wäre. Es käme eben dann nur zu einer Verdoppelung der res. Deshalb fügt Skotus, um das Individuum innerlich zu begründen, der essentia die haecceitas hinzu. Essentia oder natura communis ist der innere Seinsgrund, durch den ein Seiendes seiner spezifischen Art nach bestimmt wird. Sie ist – wie für Aristoteles und Thomas von Aquin – aus genus proximum und differentia specifica konstituiert: der Mensch als essentia ist auch für Skotus ein animal rationale. Individuum, dieser Mensch, ist er kraft seiner haecceitas. Sie verhält sich zum Wesen wie der Akt zur Potenz, wie das Bestimmende zum Bestimmbaren, durch sie wird es individualisiert.

Die Wesenheit ist nach Skotus singulär erst durch die haecceitas, an sich also etwas Vorindividuelles: ein gegen ihre »contractio ad singularitatem« gleichgültiges Sein[91]. Ohne dieses vorindividuelle Sein der Essenz wäre ihre Vervielfältigung in verschiedenen Individuen nicht denkbar. Das aber mußte erneut das Problem »realer« Universalien entfachen: zu einem essentiellen Prinzip tritt, natura posterius, ein individuierendes hinzu. Erkenntnistheoretisch gesprochen sind die skotistischen constitutiva entis immer noch identisch mit denen des Aristoteles und des heiligen Thomas: substantialisierte Abbilder des ens hoc. Die essentia ist Abbild unter dem Aspekt des ihm mit anderen entia Gemeinsamen, die haecceitas unter dem Aspekt seiner Singularität. Aus der Einheit beider konnte eine konkrete res sowenig erwachsen wie aus den principia entis des Aquinaten. Die skotistische Ontologie glaubte zwar, durch den Begriff der haecceitas die Möglichkeit konkreter Einzeldinge erklärt und so das Universalienproblem behoben zu haben. Sie wollte mit der haecceitas als principium individuationis hinweisen auf etwas, das am existierenden Einzelding nicht für nichts und nichtig erklärt werden kann. Nur hatte sie mit seiner Rückführung auf ein allgemeines Prinzip schon Partei genommen gegen das Individuelle, so daß das Problem unlösbar wie vorher blieb. Nach der Theorie des Duns Skotus haben das Allgemeine und das Besondere nichts miteinander zu tun. Daher bedürfen sie eines Mediums, das sie verbindet. Abstracta bleiben sie gleichwohl. Das haben die Nominalisten erkannt. Sie negierten ebenso wie die onto-logischen Wesenheiten auch die haecceitas, um, jeglicher Metaphysik zum Trotz, die völlige Selbständigkeit des Besonderen gegenüber jeder Allgemeinheit zu behaupten. Die thomistische Bestimmung des Verhältnisses von essentia und res aber war, nachdem

91 J.D. Skotus, In libr. sent. 2, d. 3, q. 1,7.

man den skotistischen Vermittlungsversuch als trügerischen Schein durchschaut hatte, für kritisches Denken nun erst recht nicht mehr möglich. Das nominalistische Denken konnte in diese Bresche eindringen und binnen weniger als zwei Generationen zur herrschenden Philosophie werden.

Petrus Aureoli, ein Franziskaner wie auch Duns Skotus, erkannte als erster den formalen Charakter der thomistischen Auffassung von Besonderem und Allgemeinem. Er sah in ihr eine unhaltbare Verabsolutierung der Universalien und machte sie zum Gegenstand der Kritik. Kurz darauf tilgte Durandus, Dominikaner wie Thomas, aus dessen Philosophie alle realistischen Elemente. Diese Annäherung an das nominalistische Denken ergab sich aus dem von ihm geführten Nachweis, daß die Quantität untauglich sei zur Individuation allgemeiner Wesenheiten. Wie jedes Akzidens setze auch die Quantität eine singuläre Substanz voraus. Bereits rein nominalistisch war seine Konsequenz, daß es in der realen Welt nur singuläre Entitäten geben könne[92]. Ihnen gegenüber gilt die essentia communis als ein Produkt des Verstandes – hervorgegangen aus der Vergleichung von Einzeldingen, deren Ähnlichkeit im Begriff des Wesens lediglich festgehalten werde. Metaphysik verliert ihren traditionellen Gegenstand: er entschwindet ins Irreale. Je weiter sich die nominalistischen Systeme entfalteten, je differenzierter sie wurden, desto unverhüllter trat ihr antimetaphysisches Bestreben in Erscheinung: das Denken dem Versuch zu entfremden, ins Wesen der Wirklichkeit, in ihre »Natur« einzudringen, und es statt dessen mit einer begrifflichen Apparatur auszustatten, die auf den äußeren Ablauf des Einzelnen zielte und ihn als Natur dem Zugriff der Subjekte unterwarf. In diesem Verfolg reduzierte sich Wirklichkeit schließlich auf reine Mannigfaltigkeit, die erst durch den menschlichen

92 Durandus, In libr. sent. 2, d. 3, q. 2, 14; ed. Lugd. 1556.

Verstand Struktur und Ordnung erhält. Die essentia universalis, die nicht mehr in den Dingen ist, verblaßt zum bloßen »ens rationis«[93]. Mit ihrer Bestimmung als ens rationis schien den Nominalisten beantwortet, was die Distinktion zwischen dem Allgemeinen und Besonderen sei: nämlich die zwischen Subjekt und Objekt. Es wurde von ihnen noch nicht erkannt, daß die alte Problematik auch unter den neuen Begriffen wiederkehren mußte.

III

Essentia und res haben durch Durandus, Petrus Aureoli und am entschiedensten dann durch Wilhelm von Ockham jene Übersetzung in Subjekt und Objekt erfahren, die den Anfang der modernen Philosophie ausmacht. Genus und species, wie jedes universale, sollen nur noch Quantitätsgrade unterscheiden. Der Gattungsbegriff ist »signum plurium«[94]. Er vertritt mehr Einzeldinge als der Artbegriff, der bloßes signum pauciorum ist. Die Einteilung des Singulären nach genus und species wird dadurch zu einer von Menschen getroffenen Distinktion. Wohl sieht Ockham im universale ein signum, das »naturaliter«[95] etwas bezeichnet, dem es entspricht. Aber einen Rechtsgrund dafür, daß es signum naturale ist, vermochte er infolge der Subjektivierung der natura rei selber nicht mehr anzugeben. Er hat nur gezeigt, wie von seinen Voraussetzungen aus Begriffe überhaupt als Zeichen der Dinge zu gebrauchen seien. Als solche nämlich können sie in dem Maße fungieren, wie die Dinge sich in wesenlose

93 l.c. 1, d. 19, q. 5, 7.

94 W. von Ockham, Log. I, c. 21; ed. St. Bonaventure, N.Y. and Louvain, Belgium 1951.

95 l.c. c. 12.

Erscheinungen umwandeln: in Vorstellungen des denkenden Subjekts. Philosophie soll nicht mehr Ontologie sein, sondern Phänomenologie. Indem aber – mit Ockham gesprochen – die res durch ihre signa zu ersetzen sind, hat die Wissenschaft nur noch Zeichen zum Gegenstand: Zeichen, die von ihr zu Sätzen verbunden werden, weil es Wissen einzig in der Form von Sätzen gibt[96]. Was auch immer Subjekt und Prädikat in einem Urteil bedeuten mögen, kann daher nicht aus objektiven Sachverhalten motiviert sein, sondern allein aus dem urteilenden Verstand: zur Wahrheit eines singulären wie eines allgemeinen Satzes wird nicht verlangt, daß Subjekt und Prädikat der Sache nach identisch seien, vielmehr genügt es, daß beide die gleiche Sache meinen, das Prädikat also für all das Geltung besitzt, wofür das Subjekt steht[97]. Ockhams Bestimmung der Wahrheit resultiert aus seinem Nominalismus in der Frage der Universalien. Deren einseitige Subjektivierung reduzierte Wahrheit aufs Denken nach tradierten Regeln der formalen Logik. Sie wird Attribut des Subjekts, während sie in der hochscholastischen Metaphysik ein Attribut des Seienden – veritas ontologica – war. Die nominalistische Erkenntnistheorie setzt zwar Dinge voraus, die sich vergleichen lassen, also identische und nichtidentische Momente enthalten, ist jedoch nicht bereit, jemals einem an ihnen begrifflich Fixierten objektive Realität einzuräumen. Diese paradoxale Dingauffassung prägte die Geschichte des Nominalismus. Er wußte das Richtige an Metaphysik nicht vom Falschen zu unterscheiden. Richtig an ihrer Konzeption der Außenwelt war die Voraussetzung von an sich bestimmten Dingen. Einzig wenn es Dinge gibt, die ein Ansichsein besitzen, kann etwas erkannt werden. Falsch dagegen war die Annahme, bloße Abstraktion von der sinnlichen Erschei-

96 W. von Ockham, In libr. sent. 1, dist. 2, qu. 4, M; ed. Lugd. 1495.
97 W. von Ockham, Log. II, c. 2 und 4.

nung führe zur Erkenntnis der essentia rei. Bestimmung der essentia rei durch Abstraktion hatte das mittelalterliche Problem der Universalien erzeugt ein für die hochscholastische Philosophie rein ontologisches Problem der Vermittlung von Besonderem und Allgemeinem durch individuierende Prinzipien. Es war jedoch ausschließlich ein erkenntnistheoretisches Problem: der Reflexion auf das, was menschliches Denken durch abstrakte Imitation der Dinge gewonnen und zur essentia rerum erkoren hatte. Erst diese Reflexion – vom Nominalismus ebenso wie vom Realismus unterlassen – wird die Moderne zu kritischer Philosophie führen.

Das nominalistische Denken lebt von einer Inkonsequenz. Es hatte die metaphysischen Wesenheiten der via antiqua aus den Dingen verbannt, sie zu signa rerum herabgesetzt, aber aus seiner Verflüchtigung der essentiae rerum nicht die nihilistischen Konsequenzen gezogen. Die entsubstantialisierten Einzeldinge sollten an sich bestimmte Entitäten bleiben. Zu ihrem neuen Ansichsein wird das, worin Thomas von Aquin ihre Singularität begründet sah: die quantitativ bestimmte Materie. Sie kehrt mit aller Drastik den Widerspruch zwischen dem postulierten Ansichsein der Dinge und deren tatsächlichem Sein hervor. Denn die res singulares sind einzig noch bewegliche Teile einer Materie, die für Ockham von sich aus gegliederte Ausdehnung besitzt. Durch die wissenschaftliche Bestimmung jener Teile entstand das neue Problem einer Erkenntnis des raumzeitlichen Verhaltens von Körpern. Daß Körper sich gesetzmäßig bewegen, war die daraus resultierende Entdeckung von Ockhams naturphilosophischen Nachfolgern. Ihre Gedanken bezeichnen den Beginn der Neuzeit in der rationalen Naturbewältigung[98]. Die von ihnen entwickelten Theorien über die Mechanik

98 Vgl. H. Dingler, Geschichte der Naturphilosophie, Darmstadt 1967, S. 76.

irdischer und himmlischer Körper haben das physikalische Denken bis hin zu Kopernikus und Galilei inspiriert. Seine Modernität zeigt sich an der Verwendung rein physikalischer Bestimmungen. So resultiert für Johannes Buridanus die spezifische Bewegung eines jeden Körpers aus einem ihm mitgeteilten Antrieb, einem Impetus, dessen Größe abhängig ist von der Masse des bewegten und der Geschwindigkeit des bewegenden Körpers[99]. Diesen Gedanken hat Albert von Sachsen weitergeführt. Ihm zufolge wächst die Geschwindigkeit fallender Körper proportional der von ihnen zurückgelegten Strecke[100]. Selbst die Möglichkeit eines Zusammenhangs von wachsender Geschwindigkeit und Fallzeit wurde – zweihundert Jahre vor Galilei – von Albert in Erwägung gezogen. Was bei ihm noch rein spekulative Überlegung ist, reift in Nikolaus von Oresme zur Idee eines Fallgesetzes: der unmittelbaren Vorstufe zur Theoriebildung der von Galilei begründeten und von Newton entfalteten Mechanik[101]. Die erscheinende Bewegung eines Körpers, die es zu erklären gilt, wird nun klar unterschieden von der begrifflichen Konstruktion ihres hypothetischen Verlaufs. Sie operiert mit Faktoren, die nicht in direkter Anschauung gegeben sind, aus deren Zusammenwirken gleichwohl die erscheinende Bewegung resultieren soll. So geartete Konstruktionen waren der Ausgangspunkt der experimentierenden Naturwissenschaft:

99 Vgl. E. Gilson u. Ph. Böhner, Die Geschichte der christlichen Philosophie, Paderborn 1937, S. 585. Die Bedeutung der Impetuslehre von Buridan für die Entfaltung naturwissenschaftlichen Denkens ist unbestritten. Über die Problematik einer Verwendung seiner Theorie zur Erklärung der Fallbeschleunigung berichtet A. Maier, An der Grenze von Scholastik und Naturwissenschaft, Essen 1943, S. 202 ff.

100 E. Gilson u. Ph. Böhner, S. 585.

101 Vgl. hierzu A. Maier, An der Grenze von Scholastik und Naturwissenschaft, S. 217.

sie beruhten auf geistiger Analyse – nicht auf der geistigen Imitation – natürlicher Phänomene. Nach der geistigen Analyse war der reale Eingriff in Naturzusammenhänge der nächste Schritt auf das Experiment zu: als der Erprobung des Ergebnisses der Analyse. Der reale Eingriff setzt Fragen an die Natur voraus: stets zwar präzise Fragen, auf der Basis des überlieferten Wissens, aber keine inquisitorischen Fragen, sondern solche, deren Antwort nicht sicher ist. Vorläufige Antworten, hypothetische Ergebnisse der geistigen Analyse von Phänomenen, leiten den Eingriff. Die systematische Ausbildung seines Vollzugs – Galileis große methodische Leistung – machte die Physik fähig, Naturerscheinungen zu separieren. Ihre isolierende Abtrennung von den mannigfachen Naturereignissen, in welche sie verflochten sind, schaltet die für die Auffindung ihrer gesetzlichen Beziehung störenden Einflüsse aus. Ein solches Wegschneiden störender Faktoren ist radikal verschieden von der metaphysischen via abstractionis. Was in der auf metaphysische Wesenheiten zielenden Abstraktion wegfällt, ist der Bereich des Phänomenalen, die Sphäre also, in der die physikalischen Wissenschaften ihre Eingriffe vornehmen. Durch ihre Eingriffe stiften sie die idealen Erkenntnisbedingungen des Experiments: alles muß so eingerichtet sein, daß unter verschiedenen möglichen gerade der zu untersuchende Zusammenhang genau erfaßt wird[102]. Die erkannte Gesetzlichkeit ist immer eine von Sektoren der Natur: die eines »partikularen Zusammenhangs einzelner Naturerscheinungen«[103]. Sie sagt nichts aus über das »Wesen« irgendwelcher Phänomene. Gesucht und erkannt wurde ein funktionaler Zusammenhang – nicht ein metaphysischer Seinsgrund. Was die Phänomene in meta-

102 Vgl. Friedrich Dessauer, Naturwissenschaftliches Erkennen, Frankfurt am Main 1960, S. 69.

103 Peter Bulthaup, Zur gesellschaftlichen Funktion der Naturwissenschaften, Frankfurt am Main 1973, S. 41.

physischer Betrachtung an sich selber sind, worin etwa die Gravitation ihr Wesen hätte, ist auf dem Wege experimenteller Naturerkenntnis prinzipiell nicht auszumachen.

Das ist in den Anfängen der neueren Philosophie nicht bedacht worden – auch von Francis Bacon nicht: dem »Vater der experimentellen Philosophie«[104]. Er verkündet als oberste Aufgabe menschlichen Denkens die systematische Rückführung der »gegebenen Natur« auf ihren »wahren Gehalt«[105]. Der metaphysische Anspruch auf restlose Naturerkenntnis soll mit physikalischen Mitteln verwirklicht: der »verborgene Prozeß«[106] aufgedeckt werden, in dem bewegte Materie ihre Organisation zu konkreten Einzeldingen erfährt. Durch seine begriffliche Explikation wäre erkannt, wie »die Natur ... individuelle Körper gesetzmäßig schafft«[107]. Daher haben – nach Bacons programmatischer Forderung – Philosophie und Wissenschaft jenes Gesetz aufzusuchen, das in der schaffenden Natur herrscht: sie leitet in ihren genetischen Akten. Nur wer dieses Gesetz kenne, besiege die Natur, dringe aus den Vorhallen ein in ihr innerstes Heiligtum[108]. Den wahren, noch unbetretenen Weg, der allein zu ihm hinführe, erblickt Bacon in richtiger Induktion[109]. Sie soll nicht, in scholastischer Manier, von Begriffen ausgehen, die verworren und oberflächlich von den Dingen abstrahiert wurden, sondern von Resultaten der experimentellen Naturforschung: Gesetzen, die sich bewährt haben in der Wiederholung. Die spe-

104 Voltaire, Lettres philosophiques XII. Zitiert bei M. Horkheimer und Th. W. Adorno, Dialektik der Aufklärung, Amsterdam 1947, S. 13.

105 Fr. Bacon, Neues Organ der Wissenschaften, Darmstadt 1962, Fotomechanischer Nachdruck der Übersetzung von A. Th. Brück, Leipzig 1830, S. 99.

106 l. c., S. 99.

107 l. c., S. 100.

108 l. c., S. 25.

109 l. c., S. 28.

zielleren Gesetze bilden die theoretische Grundlage für die Gewinnung universalerer Gesetze. Wenn induktive Philosophie so – allmählich und stufenweise – zu immer allgemeineren Gesetzen emporsteige, Gesetzen von immer höherer Gewalt über die Naturkräfte, führe sie schließlich zum Gesetz der Weltgenese selbst hin. Aus einem solchen Gesetz würde sich die »Einheit der Natur in ihren verschiedenartigsten Äußerungen«[110] begreifen lassen. Physik ginge über in Metaphysik. Das erkennende Subjekt besäße nicht mehr nur »Schattenbilder« von den Dingen: sie wären den erkannten »Ideen des göttlichen Geistes«[111] gewichen.

Francis Bacon hat nur die Methode wissenschaftlicher Philosophie bezeichnen, nur ihr Ziel nennen können, nicht aber den Weg der Ausführung seines Programms selber beschritten. Er intendierte eine Philosophie, die fähig wäre, die empirischen Dinge in ihrem Ansichsein zu erkennen. Grundlage dieser Intention war die Annahme eines kontinuierlichen Übergangs der Physik in Metaphysik. Was bei der Annahme eines solchen Übergangs unreflektiert blieb, war die Struktur naturwissenschaftlichen Erkennens. Es ist an isolierende Eingriffe in Naturprozesse gebunden. Insofern können seine Ergebnisse stets nur die Gesetzlichkeit partikularer Vorgänge zum Inhalt haben. Von ihr aus führt kein Weg positiven Erkennens zum metaphysischen Wesen empirischer Dinge: zur wahren Form ihres Seins. Deren adäquate Bestimmung gefunden zu haben, gibt René Descartes die Überzeugung, auf sie ein neues System der Philosophie gründen zu dürfen.

Die metaphysische via antiqua hatte in der species sensibilis die sinnlich unmittelbare Erscheinung der essentia rei zu besitzen geglaubt. Abstraktion vom Anschaulichen

110 l.c., S. 100.
111 l.c., S. 29.

sollte zur Erkenntnis des Wesens ausreichen. Die Stelle jener abstraktiven Wesenserkenntnis nehmen im philosophischen Denken der via moderna die Methoden und Ergebnisse der physikalischen Wissenschaften ein. Deren mathematisches Vorbild führte Descartes zu der Forderung, das Wesen der materiellen Welt klar und eindeutig, gleich der Lösung einer mathematischen Aufgabe, zu erkennen. Was kommt einer res materialis mit Notwendigkeit zu, was negiert sie, wenn es fehlt? – dies war die Frage, von der Descartes ausging. Eine einzige Antwort sei möglich: die essentia rerum materialium besteht in der extensio, denn ohne sie hören stoffliche Dinge auf, körperliche Entitäten zu sein; sie negieren sich also selbst. Jede andere Eigenschaft stofflicher Dinge lasse sich wegdenken und dennoch klar und deutlich erkennen, daß sie alles hätten, was sie zu entia corporea mache, wenn sie Ausdehnung besäßen. Strukturell war solche Wesensbestimmung nicht verschieden von der scholastischen via abstractionis. Jene wie diese meinten, das Wesen mittels der Ausscheidung von Unwesentlichem zu gewinnen. Das cartesianische Abstraktionsverfahren endete bei dem, was seit der nominalistischen via moderna einzig an der Natur noch wesentlich schien: der meßbaren Größe. Ein wahrnehmbarer Aspekt stofflicher Entitäten fungierte als ihr konstituierendes Fundament. Von der mathematischen Naturwissenschaft her gesehen, dem Ideal cartesianischen Denkens, war das ein Rückfall ins tautologische Denken der via antiqua. Die res extensae, festgelegt auf reine Ausdehnung als ihr Wesen, gründen in ihrer eigenen abstrakten Imitation. Zwar sind materielle Körper ohne Ausdehnung nicht denkbar, aber sie kann nicht das Prinzip ihrer Ausgedehntheit sein: sie ist nur eine ihrer Eigenschaften, nicht ihr Wesen. Doch in der extensio rerum materialium ein principiatum zu sehen, verwehrte Descartes seine reflexionslose Übernahme der Resultate nominalistischer Metaphysikkritik. Wie für den

Nominalismus gab es auch für ihn keine den Sinnen transzendente Dimension der Dinge: fortgefallen war die Idee eines intelligibile in sensibili. Das cartesianische Werk stellt den Versuch dar, ohne intelligibile, das heißt im Geiste physikalischen Denkens zu philosophieren.

Die essentiell auf reine Ausdehnung fixierte Welt stofflicher Dinge gestattete Descartes weder die Annahme von leerem Raum noch die irgendwelcher Ungleichartigkeiten innerhalb der »Materie«. Wo Ausdehnung besteht, muß der Raum von Materie erfüllt sein. Vermöge ihres Wesens ist die Materie auch in ihren kleinsten Teilchen in noch kleinere teilbar. Im Anfang der Weltschöpfung waren die partes materiae in der Größe wie in der Bewegung einander gleich[112]. Eines allmächtigen Gottes bedarf es nur für die creatio und conservatio von Materie und Bewegung. Beide waren in ihrer Endlichkeit zu erschaffen und in ihrer festen und bestimmten Menge zu erhalten. Bei dem, was aus ihnen entsteht und seither entstanden ist, wird göttliche Einwirkung als überflüssig angesehen. Rein mechanische Ursachen genügen. Ihre Wirkungen resultieren aus zwei Formen des Kontaktes von Körpern: Druck und Stoß. Durch sie hätte eine ursprünglich unterschiedslose Materie – in gesetzmäßiger Bewegung ihrer Teile – ihre verschiedenen Gestalten erlangt. Außer den Gesetzen der Mechanik hielt Descartes keine weiteren Gestaltungsprinzipien für zulässig oder für wünschenswert[113]. Metaphysische formae rerum hätten das rationalistische System einer more geometrico gedachten Natur gestört: einer Natur, in der es die Sphäre ontologischer Prinzipien nicht mehr gab. Alle kosmischen Gebilde – von den einfachsten bis zu den komplexesten Verbindungen stofflicher Teilchen – haben für

112 R. Descartes, Die Prinzipien der Philosophie, III, 47; Hamburg 1955.

113 l.c. II, 64.

Descartes in der Überführung eines Teiles der Materie oder eines Körpers aus der Nachbarschaft der ihn unmittelbar berührenden Körper in die Nachbarschaft anderer eine rein mechanische Genesis[114]. Damit war die im Nominalismus angelegte Regression der philosophischen Naturerklärung auf die Position des antiken Atomismus vollendet: Mechanik als prima philosophia.

Die cartesianische Lehre vom Sein und Werden empirischer Dinge basiert auf der nominalistischen Verwerfung metaphysischer Wesenheiten. Über seine Stellung zu dieser philosophischen Tradition hat aber Descartes niemals kritisch reflektiert. Ebensowenig hat er den Versuch unternommen, die eigene Konstruktion der platonischen und aristotelischen Kritik des antiken Atomismus zu konfrontieren. Statt in historischer Konfrontation die beanspruchte Wahrheit seiner Doktrin zu erweisen, suchte er Gewißheit über die Objektivität seiner Vorstellungen von der sichtbaren Welt ausschließlich in der Reflexion auf das hic et nunc denkende Denken: auf einen von ihm inszenierten Zweifel an allem, was dem gemeinen Menschenverstand als das Gewisseste gälte. In diesem universalen Zweifel geht Descartes hypothetisch von einem Gott aus, welcher die Menschen so geschaffen hätte, daß sie meinen, es gäbe einen Himmel und eine Erde und ausgedehnte Dinge, obgleich weder ein Himmel noch eine Erde noch ausgedehnte Dinge

114 l.c. II, 25 und IV, 199-203. Die cartesianische Naturerklärung ist in ihrem Kern ein mechanischer Materialismus. Sie hält das Weltganze für eine mechanischen Gesetzen gehorchende Weltmaschine. Wie alle kosmischen Gebilde sind auch die Tiere und die menschlichen Körper rein mechanische Systeme. Die strengen Vertreter des mechanischen Materialismus – Helvetius, La Mettrie, Holbach – unterscheiden sich von Descartes vornehmlich durch denkerische Konsequenz: die theologischen als die heterogenen Elemente seiner Philosophie sind in ihren Systemen der Natur getilgt.

existieren[115]. Selbst an den mathematischen Sätzen wäre zu zweifeln. Auch über sie bestünde vermöge der Macht jenes Gottes völlige Ungewißheit. Das Zählen von zwei und drei, das fünf ergibt, könnte ebenso auf einer Täuschung beruhen wie das Zählen der Seiten eines Quadrats[116]. Nur wenn es Gott in seiner Vollkommenheit widerstreiten würde, die Menschen überhaupt zu täuschen, ließe nach Descartes der Zweifel an der Möglichkeit wahrer Erkenntnis sich überwinden. Diese conditio veritatis aber hielt Descartes für erfüllt: Gott wäre nicht das ens perfectissimum, gehörte die Wahrhaftigkeit nicht ebenso wie die Existenz zu seinem Wesen. Mit dieser Argumentation im Sinne des ontologischen Gottesbeweises schien Descartes das Problem wahrer Erkenntnis generell gelöst. Weil klar und deutlich einzusehen ist, daß Gott in seiner Vollkommenheit die Menschen nicht täuschen will, soll alles, was klar und deutlich erkannt wird, wahr sein[117]. Der gedankliche Sprung von der göttlichen Wahrhaftigkeit auf die menschlichen Erkennens, soweit ihm Klarheit und Deutlichkeit eignet, stiftet das Wahrheitskriterium der cartesianischen Philosophie. Es reduziert die Feststellung der Objektivität wissenschaftlicher Konstruktionen auf die Feststellung ihrer logischen Stimmigkeit und Evidenz. Ungeachtet seiner angeblichen Gedankenkohärenz kann das cartesianische Weltsystem den Anspruch auf Objektivität jedoch nur solange erheben, als seine philosophiegeschichtlichen Voraussetzungen unreflektiert bleiben. Einzig durch reflexionsloses Verhalten gegenüber der Philosophiegeschichte konnte Descartes behaupten, die res materiales hätten in reiner Ausdehnung ihr Wesen und erlangten ihre konkrete Beschaffenheit aus

115 Vgl. R. Descartes, Meditationes de prima philosophia, I, 9; Hamburg 1956.

116 l.c. I, 9.

117 R. Descartes, Die Prinzipien der Philosophie, I, 30.

der Bewegung von quanta discreta. Solche prima philosophia kassierte die Probleme, welche bis dahin die Metaphysik der seienden Natur ausgemacht hatten. Als eine Genesis der sichtbaren Dinge konnte der mechanische Prozeß nicht gelten.

In dieser Einsicht besteht das Moment der Wahrheit am Empirismus. Er sah die Unmöglichkeit, jene innere, essentielle Beschaffenheit der Dinge, auf der ihre wahrnehmbaren Qualitäten beruhen, durch irgendeine Methode menschlicher Erkenntnis aufzudecken[118]. Selbst eine vollendete physikalische Wissenschaft würde nichts an der Unwissenheit ändern, in der sich die Menschen gegenüber der wahren Natur der Dinge befinden. Auch ihre Theorien und Experimente wären nicht imstande, letzte Grundkräfte und Prinzipien stofflicher Phänomene auszumachen[119]. Diese sententia vera ist dem Empirismus aus gnoseologischen Überlegungen erwachsen: sie führten ihn zu der Erkenntnis, daß es für menschlichen Geist unmöglich ist, sich unmittelbar auf entia corporea zu beziehen[120]. Als ein inkarnierter Geist bedarf er im alltäglichen wie im wissenschaftlichen Verkehr mit körperlichen Entitäten der Sinne. Sie liefern ihm das Material seiner Tätigkeit: Wahrnehmungen von Objekten der Außenwelt. Jede positive Erkenntnis von res materiales entspringt der Beschäftigung menschlichen Denkens mit Wahrnehmungsinhalten. Die geistige Beschäftigung mit ihnen ist für Locke eine Beschäftigung mit Ideen: Ideen der einzelnen Qualitäten von körperlichen Dingen. Seine empiristische Gleichsetzung von Idee und Wahrgenommenem resümiert die irdische Genesis der einst übersinnlichen ideae rerum: ihre Entste-

118 J. Locke, Über den menschlichen Verstand, III, c. 3, 15 u. 17; Hamburg 1968.

119 D. Hume, Eine Untersuchung über den menschlichen Verstand, Hamburg 1955, S. 41.

120 l.c., S. 178.

hung durch abstrakte Imitation von Sinnlichem. Locke und seine Nachfolger unterscheiden zwischen einfachen Ideen, die elementare Bestandteile konkreter Wahrnehmungsinhalte repräsentieren, und komplexen Ideen: Verbindungen einfacher Ideen von Elementen wahrnehmbarer Dinge[121]. Unter jenen Verbindungen ist die Idee der Substanz von höchster Bedeutung: an ihr wird die Stellung des Empirismus zur Objektivität ablesbar. Die Idee eines substantiellen Seins resultiert – Lockes erkenntnisgenetischer Darstellung zufolge – aus der Beobachtung, daß eine bestimmte Anzahl einfacher Ideen stets zusammen auftritt[122]. Ständig gemeinsam auftretende Ideen legten den Schluß nahe, es handele sich um die Wahrnehmung der Qualitäten eines gemeinsamen Substrats. Diese Annahme wird für Locke in der Reflexion auf die ontologischen Voraussetzungen konstanter Naturphänomene zu einer objektiven Notwendigkeit. Nur wahrnehmbare Qualitäten können Gegenstand inhaltlicher Erkenntnis sein – aber es hängt nicht vom? menschlichen Verstande ab, ob er zu ihrer Kenntnis gelangt oder nicht[123]. Er kann die Materialien seiner Tätigkeit, die Wahrnehmungen, weder schaffen noch vernichten[124]. Die sensuellen Qualitäten und ihre spezifische Zusammensetzung müssen also in der »unbekannten Wesenheit«[125] jenes Dinges gründen, das als Bild vor ihm erscheint: als Mensch, Pferd, Sonne, Was-

121 Außer den Ideen, die auf sinnlicher Wahrnehmung beruhen, kennt Locke einfache und zusammengesetzte Ideen der Reflexion. Der menschliche Verstand gewinnt sie in der Rückwendung auf sich selbst: in der Betrachtung seiner eigenen Tätigkeit. Für die Frage nach der Möglichkeit von erkennbarer Natur, der die vorliegende Untersuchung gewidmet ist, haben sie keine Bedeutung.

122 J. Locke, II, c. 23, 1.

123 l.c. II, c. 1, 25.

124 l.c. II, c. 12, 1.

125 l.c. II, c. 23, 3.

ser oder Eisen[126]. Eine positive Aussage über sie verbietet der empiristische Begriff inhaltlicher Erkenntnis. Erlaubt ist jedoch ihre Supposition als Rekurs auf ein konstituierendes Fundament der miteinander vereinigt existierenden Qualitäten. Wer es leugnen wollte mit der Begründung, daß jede Wahrnehmung von ihm fehlt, geriete in einen ontologischen Nihilismus.

Das ist der Punkt, an dem Hume sich gegen die metaphysische Grundlage der lockeschen Erkenntnislehre für ein rein empiristisches Denken entschied. Nur ein durch Sinneseindrücke vermitteltes Wissen soll als reales Wissen gelten. Dem, wovon es sinnliche Wahrnehmungen nicht gibt, wird keine Realität zugestanden. Dadurch sinkt die Idee eines substantiellen Seins empirischer Dinge zu einer fiktiven Vorstellung der menschlichen Phantasie herab. Deren imaginative Tätigkeit kreiere aus bestimmten Impressionen, die stets zusammen auftreten, eine substantielle Einheit. Besäße diese Einheit tatsächlich ein objektives Sein, wie auch Locke noch annahm, so müßte das menschliche Gemüt von ihr eine Impression aufweisen. Locke hatte gleichwohl an der Objektivität der Substanzidee festgehalten, weil er ahnte, daß ohne einen Seinsgrund die Wahrnehmungen des Empirismus gestaltlose Vielheit bleiben würden. In sie zerfallen für Hume alle Gegenstände menschlicher Erkenntnis: ebenso wie die Dinge auch ihre kausalen Zusammenhänge. Die metaphysische Vorstellung von Einheit in der Natur sei hier nicht weniger als dort ein Produkt gewohnheitsmäßiger Assoziation. Das menschliche Subjekt erwarte beim Auftreten eines Ereignisses seine üblichen Begleitumstände und glaube, daß sie ins Dasein treten werden[127]. So entstehe aus einem post hoc ein propter hoc: aus der sukzessiven eine

126 l.c. II, c. 23, 6.

127 D. Hume, Eine Untersuchung über den menschlichen Verstand, S. 91.

kausale Beziehung isolierter Ereignisse. Deren subjektive Verknüpfung läßt Hume an die Stelle objektiver Naturgesetze treten. Mit dieser Konsequenz führt er das ein, was in der nominalistischen Verwerfung metaphysischer Wesenheiten tendenziell enthalten war: die Konstitution der erscheinenden Welt durchs erkennende Subjekt. Die gewohnheitsmäßige Assoziation des menschlichen Bewußtseins hat in einer zusammenhanglosen Vielheit rationale Zusammenhänge zu stiften: gegenständliche Synthesen von Vereinzeltem. Das jedoch kann sie nicht als Assoziation reiner Subjektivität. Sie bedarf einer objektiven Basis, muß also von der Welt her motiviert sein, deren Ordnung zuwider sich die Synthesen aus Gewohnheit nicht entwickeln könnten. Das ist von Hume niemals bedacht worden: er erkannte nicht die metaphysischen Implikationen seiner Theorie. Ihr Funktionieren setzt das voraus, was sie überflüssig macht: objektive Weltzusammenhänge als constituta eines sinnlich nicht faßbaren Realgrundes der Natur. Die Unbekanntheit von diesem löst jene nicht auf. Humes extremer Empirismus ist nicht weniger unkritisch als der cartesianische Rationalismus. Falsch war es, die Natur auf reine Ausdehnung als ihre metaphysische Wesenheit zu reduzieren: also Vordergründiges zu ihrem inneren constituens zu ernennen. Falsch aber ist es auch, von der Unmöglichkeit einer affirmativen Bestimmung metaphysischer Wesenheiten zur totalen Verneinung von Metaphysik fortzuschreiten. Das eine wie das andere Extrem hatte philosophisches Denken in einer geläuterten Metaphysik zu überwinden: in einer Wissenschaft von den konstituierenden Gründen der Natur. Aus dieser Erkenntnis, als Motor des Interesses an einer Metaphysik, die vor kritischer Vernunft bestehen kann, ist die Transzendentalphilosophie hervorgegangen.

IV

Eine solche Metaphysik durfte das Wesen nicht mehr aus der Erscheinung der Dinge ableiten. Die Erfüllung dieses Postulats wird seit Kant, dem Begründer der Transzendentalphilosophie, auf zwei entgegengesetzten Wegen intendiert. Einerseits in Gestalt einer Metaphysik, die – im Bewußtsein der Grenzen menschlicher Erkenntnis – auf eine affirmative Bestimmung des Wesens der Dinge verzichtet, und andererseits als Metaphysik, welche – im Unterschied zu den einst substantiell gedachten essentiae rerum – die konstitutiven Gründe der erscheinenden Natur in ihrer Funktion aufgehen läßt. Beide Formen von Metaphysik setzen das Bewußtsein voraus, daß die essentia rei nicht in der abstrakten Imitation der res bestehen kann, das Wesen der Dinge also selbst nichts dinghaft Gegebenes ist. Aber es ist ein Unterschied ums Ganze, welche Konsequenz aus diesem Wissen gezogen wird: soll die Metaphysik sich auf die negative Bestimmung der essentiae rerum beschränken oder soll sie sich positiv geben, indem sie Substanzbegriffe durch Funktionsbegriffe ersetzt? Beide Konsequenzen finden sich bei Kant. Im Zentrum seiner Reflexionen stehen sie sich unvermittelt gegenüber. Doch Bedeutung für das Schicksal der Philosophie haben im Denken von Kants Nachfolgern nur die Überlegungen erlangt, die Metaphysik als deduktives System intendierten. Von Hegel wurden sie zu Reflexionen entfaltet, die sich selbst als Momente jenes metaphysischen Systems zu begreifen hatten, das aus ihnen hervorzugehen hätte. Unvereinbar mit dieser Tendenz zum umfassenden System, für das es nichts geben durfte, was ihm nicht angehörte, war der Gedanke einer negativen Metaphysik. Ihre Ansätze bei Kant konnten Hegel folgerecht nur als Ausdruck inkonsequenten Denkens erscheinen. Für Kant hingegen waren sie das Resultat einer doppelten Erkenntnis gewesen: was die überlieferte

Metaphysik für das Wesen der Dinge hielt, konnte es nicht sein – und gegen Nominalismus und Empirismus war zu setzen, daß die reale Welt in ihrer Faktizität nicht aufgeht. Ein Weg war also zu suchen, der ebenso über den Dogmatismus der traditionellen Metaphysik wie über den Nominalismus ihrer abstrakten Negation hinausführte. Als der »kritische Weg«[128], der allein noch offenstand, hatte er die einander ausschließenden Extreme durch die Erkenntnis ihres wahren Moments in höherer Einheit aufzuheben. Mit der Intention auf sie hält Kant am Erkenntnisideal der metaphysischen via antiqua fest: auch für ihn besteht es in der Rückführung aller Dinge auf ihre letzten Gründe. Nur sie, die höchste Form des Wissens, vermag das »spekulative Interesse der Vernunft«[129] zu befriedigen. Aber dieses Ideal wird tangiert vom Bewußtsein der nominalistischen via moderna, daß eine positive Bestimmung des göttlichen Ursprungs von Welt, an der seine Verwirklichung hing, unerreichbar ist für menschliches Denken. Mit anderen Worten: weil das Wesen und die »Handlungsart« jenes Ursprungs ebenso unbekannt sind wie die »Ideen desselben, welche die Prinzipien« enthalten, in denen die »Möglichkeit« aller entia naturalia gründet, kann von ihm her »als von oben herab (a priori) die Natur« nicht erklärt werden[130]. Jede Erklärung, die aus solcher Not »von unten« hinaufsteigend die singulären »Formen der Gegenstände« durch abstrakte Imitation zu ihrem eigenen Wesen erhöbe, würde »tautologisch« verfahren und die »Vernunft mit Worten täuschen«[131]. Sie beginge aufs neue den Fehler

128 I. Kant, Kritik der reinen Vernunft, A 856.
129 l.c., B 714.
130 I. Kant, Kritik der Urteilskraft, B 354.
131 l.c., B 355. – Die gleiche tautologische Erklärung zeigt sich, wenn von den Formen empirischer Gegenstände zunächst »Zweckmäßigkeit« behauptet und dann eine nach »Zwecken wirkende Ursache« zu ihrer Begründung gefordert wird (l.c.).

der traditionellen Metaphysik: die Tautologie von Grund und Begründetem. Die empirischen »Formen der Gegenstände« sind Resultate: aus der verborgenen Genesis der Gegenstände hervorgegangen können sie nur eine negative Erklärung ihrer Möglichkeit finden. Auf eine solche Erklärung muß sich der menschliche Geist beschränken, weil er nicht fähig ist, einen metaphysischen »Realgrund« der »Natur«[132] affirmativ zu bestimmen. Ausschließlich zu einer negativen Erkenntnis ist er imstande, das heißt zu der Einsicht, daß der Natur »eine ursprüngliche Organisation zu Grunde«[133] liegen müsse, in der alle erscheinenden Formen der Natur potentiell enthalten und gegenüber der sie bloße constituta sind. Sein affirmatives, inhaltliches Erkennen kann nur diskursiv sein: gebunden in der wissenschaftlichen cognitio naturae an Beobachtung und Theorie und an das Experiment. Die Reflexion auf das, was jene cognitio naturae voraussetzt, nämlich Zusammenhänge erkennbarer Phänomene, eröffnet den Blick auf »zweierlei Prinzipien«[134] der Natur: mechanische Gesetze, die Wechselwirkungen ihrer Teile fixieren, und, zweitens, teleologische Gesetze, die eine Betrachtung der Natur als Einheit motivieren. Keines dieser beiden Prinzipien reicht für sich genommen aus, die Genesis eines ens naturale, als eines »organisierten Produkts« der Natur, in dem »alles Zweck und wechselseitig auch Mittel«[135] ist, menschlichem Denken verstehbar zu machen. Ohne Ursachen, die nach mechanischen Gesetzen wirken, fehlen die Mittel, deren eine teleologisch »wirkende Ursache« als »Werkzeug« zur Erreichung ihrer »Zwecke«[136] bedarf. Würde dagegen – auf cartesianische Weise – der Versuch

132 l.c., B 352.
133 l.c., B 367.
134 l.c., B 352.
135 l.c., B 295 f.
136 l.c., B 374.

unternommen, ein ens naturale rein nach Gesetzen der Mechanik zu erklären, so fehlt das Prinzip, das eben diese Gesetze und die Prozesse, die ihnen gehorchen, der »Idee von einem Ganzen«[137] unterordnet. Jeder organisierte Körper – vom Atom bis zum Menschen – ist ein Ganzes. Im spezifischen Unterschied zum Aggregat stellt es eine Zweckeinheit, ein System dar. Die materiellen Prozesse, die zu seiner Genesis notwendig sind, mögen »nach bloß mechanischen Gesetzen« verlaufen; die »Ursache« jedoch, welche »die dazu schickliche Materie herbeischafft, diese so modifiziert, formt, und an ihren gehörigen Stellen« absetzt, daß ein »Ganzes« entsteht, muß »immer teleologisch beurteilt werden«[138]. Die mechanistische These von der »Autokratie der Materie in Erzeugungen« verwirft Kant als »ein Wort ohne Bedeutung«[139]. Wenn die »Ursache« organisierter Körper »bloß in der Materie, als einem Aggregat vieler Substanzen außer einander, gesucht« werde, fehle »die Einheit des Prinzips für die innerlich zweckmäßige Form ihrer Bildung gänzlich«[140]. Als »vernunftwidrig« gilt ihm daher, daß »rohe Materie sich nach mechanischen Gesetzen ursprünglich selbst gebildet habe, daß aus der Natur des Leblosen Leben habe entspringen, und Materie in die Form einer sich selbst erhaltenden Zweckmäßigkeit sich von selbst habe fügen können«[141]. Demgegenüber steht für Kant unzweifelhaft fest: wie weit menschliche Vernunft in der Erkenntnis mechanischer Naturgesetze auch fortschreiten mag, ein teleologisches Prinzip wird ihrer Erklärung organisierter Körper immer unentbehrlich bleiben. Ohne ein solches Prinzip fehlte das Ziel – die Idee des Ganzen, gemäß der die Teile sich

137 l.c., B 351.
138 l.c., B 298.
139 l.c., B 372.
140 l.c., B 372.
141 l.c., B 379.

in mechanischen Prozessen verbinden und selbst ihre »Beschaffenheit und Wirkungsart«[142] erhalten. Unmöglich wäre es, die »Erzeugung auch nur eines Gräschens«[143] zu verstehen. Die mechanischen Prozesse, die notwendige Mittel seiner Erzeugung sind, stehen in teleologischer Verknüpfung mit ihrem Resultat: dem Ganzen, das mehr ist als die Summe seiner Teile. Unter ihnen selbst ist ein hinreichender Grund für die Beziehung auf das Ganze nicht aufzufinden. In ihrer mechanischen Gesetzlichkeit können sie nicht von sich aus Teleologie in der Natur bewirken – also auch nicht das Ganze als ein Resultat. Was ihr Wirken nach mechanischen Gesetzen der Idee eines Ganzen unterordnet, muß einer Dimension der Natur angehören, in der teleologische und mechanische Ursachen innerlich zusammenhängen: der naturwissenschaftlich nicht fixierbaren Dimension ihres metaphysischen »Realgrundes«[144]. Menschliche Vernunft vermag »bejahend« von ihm nur zu sagen, daß er als das »übersinnliche Substrat« der Natur deren »Wesen an sich«[145] sei. Ihn adäquat erkennen hieße einsehen, in welcher Weise und welchem Maße »der Mechanismus der Natur als Mittel zu jeder Endabsicht in derselben«[146] beiträgt. Indem jedoch das metaphysische Fundament des Zusammenhangs von Mittel und Zweck, also das, was in der aristotelischen Tradition einmal causa formalis hieß, derart ist, daß »es zwar angezeigt, nie aber bestimmt erkannt und für den Gebrauch in vorkommenden Fällen deutlich angegeben werden kann: so läßt sich aus einem solchen Prinzip keine … deutliche und bestimmte Ableitung der Möglichkeit eines nach jenen zweien heterogenen Prinzipien möglichen Naturprodukts

142 l.c., B 351.
143 l.c., B 353.
144 l.c., B 352.
145 l.c., B 374.
146 l.c., B 362.

ziehen«[147]. Nur ein göttlicher Geist vermöchte den »übersinnlichen Realgrund« der »Natur« und mit ihm »das Naturganze als System«[148] zu erkennen. Seine Erkenntnis wäre nicht diskursiv: sondern ein Schauen dessen, wovon er der »oberste Grund«[149] ist, der Natur in ihrem Ansichsein. Wie das Gründen der Welt in göttlichem Geist zu denken sei, entzieht sich der Bestimmung durch menschliche Vernunft. Sie kann durch die Unmöglichkeit einer Selbstkonstitution der Natur einzig die Notwendigkeit einer allmächtigen denkenden Entität als Urgrund der Dinge dartun. Das heißt aber: Metaphysik ist nur als negative Metaphysik möglich – nicht als deduktives System. Eine Philosophie, die organisierte Natur aus einem absolut Ersten deduzieren möchte, mutet menschlicher Vernunft zu, was sie nicht leisten kann: nämlich von einem »Punkte«, der unendlich »weit über ihrer Sphäre liegt, auszugehen, um daraus ihre Gegenstände in einem vollständigen Ganzen zu betrachten«[150].

Diese Reflexion der Selbstbeschränkung bildet den Hintergrund von Kants berühmter Unterscheidung zwischen »Ding an sich« und »Erscheinung«. Seine Theorie von den Grenzen positiver Erkenntnis reflektiert die Basis des Fortschritts vom Besonderen zum Allgemeinen: das anschaulich Gegebene. Von ihm kann die menschliche Ratio nicht abstrahieren: durch die Konstitution ihres Subjekts, des Menschen als animal rationale, als zugleich sinnliches und geistiges Wesen, ist sie darauf verwiesen. Eben diese Bindung an sinnliche Anschauung macht den Chorismos zwischen Erscheinung und Ding an sich für sie unüberwindbar. Keine noch so große Ausweitung naturwissenschaftlicher Erkenntnis vermag ihn aufzuheben. Was die fixierten Natur-

147 l.c., B 358.
148 l.c., B 352.
149 l.c., B 354.
150 I. Kant, Kritik der reinen Vernunft, B 704.

gesetze »ihrem ersten inneren Grunde nach« sind, bleibt unbekannt: das konstituierende Fundament der Natur, das im »Übersinnlichen«[151] liegt, schlechterdings unerreichbar. Diesen Einsichten hatte Kant durch seine Kritik der reinen Vernunft den Boden bereitet. Sie war eine »Kritik« nicht von Systemen, sondern ihres Prinzips: des »Vernunftvermögens überhaupt, in Ansehung aller Erkenntnisse«[152] über Ursprung und Wesen der Dinge, welche die traditionelle prima philosophia noch zu besitzen wähnte. Als Analyse der Quellen menschlicher Erkenntnis deckte sie deren Grenzen auf. Vor allem diese: dasjenige »an einem Gegenstand der Sinne, was selbst nicht Erscheinung«[153] ist, nämlich sein intelligibles Wesen, ohne das er eine Erscheinung von nichts wäre, kann positiv niemals erkannt werden. Positive Erkenntnis setzt sinnliche Wahrnehmung voraus und – in Gestalt des bereits vorhandenen Wissens über die Natur – einen methodischen Ausgangspunkt ihres Vollzugs. Beides ist nur an den Dingen als Phänomenen möglich– nicht an ihrer intelligiblen Grundlage als einem »transzendentalen Gegenstand«[154]. Die Erkenntnis des Intelligiblen beschränkt sich auf den Schluß, daß »das in sich selbst ganz und gar nicht gegründete ... Dasein der Erscheinungen«[155] etwas, worin es gründet, voraussetzt, also ein von ihnen selbst unterschiedenes Fundament ihrer möglichen und wirklichen Existenz. Diese Beschränkung realisierte, was seit Thomas von Aquin fällig war: den Verzicht auf den Schein einer positiven Bestimmung der essentiae rerum. Das »intelligible Substrat« der Erscheinungen hört auf, deren abstrakte Imitation zu sein. An die Stelle der vorkritischen Tautologie

151 I. Kant, Kritik der Urteilskraft, B 317.
152 I. Kant, Kritik der reinen Vernunft, A XII.
153 l.c., A 538.
154 l.c., A 540.
155 l.c., A 566.

von essentia und res tritt die kritische Unterscheidung von unerkennbarem Ding an sich und bloß partiell erkennbaren Phänomenen. Von jenem: dem transzendentalen Gegenstand als dem »Intelligiblen, welches der äußeren Erscheinung, die wir Materie nennen, zugrunde liegt«[156], hängt es ab, welche Naturgesetze die jeweils erforderlichen Mittel zur Hervorbringung und Erhaltung materieller Gebilde sind. In welchem Umfang man Gesetzen der Natur allgemeine Geltung zuerkennt, ist Sache der wissenschaftlichen Erfahrung. Diese Relativität bleibt unaufhebbar, weil die intelligible als die ontologische Grundlage der erscheinenden Welt sich positiver Erkenntnis durch menschliches Denken entzieht. Nur wenn sie positiv bestimmbar wäre: wenn gewußt würde, was »Materie für ein Ding an sich selbst«[157] ist, ließe sich a priori und damit ein für allemal ausmachen, wie weit die Gültigkeit jener Gesetze reicht. Indes: den höchsten unter ihnen, zu denen alle anderen sich in hierarchischer Abstufung wie besondere Bestimmungen verhalten, sollte nach der Forderung der gleichen Kritik der reinen Vernunft, die positive Erkenntnis auf Erfahrung eingrenzte, allgemeine und notwendige Gültigkeit im absoluten Sinne zukommen. Eine solche absolute Gültigkeit von Naturgesetzen unterscheidet sich von jeder bloß »komparativen« dadurch, daß bei ihr »gar keine Ausnahme als möglich verstattet wird«[158]. Ihre Annahme bedeutet konkret: daß »alles, was geschieht, durch seine Ursache in der Erscheinung a priori bestimmt sei«[159]. Stets ließe sich also im Verhältnis der Erscheinungen »aus irgendeinem gegebenen Dasein (einer Ursache) a priori auf ein anderes Dasein« als seine »Wirkung« schließen[160].

156 l.c., A 360.
157 l.c., A 366.
158 l.c., B 4.
159 l.c., A 227.
160 l.c., A 228.

Das kantische Postulat – gegen Hume gerichtet – stützte sich auf die Resultate der klassischen Physik: vor allem auf die imponierende Erkenntnis der Gravitation als der »unsichtbaren den Weltbau verbindenden Kraft«[161]. Seine Erfüllung ließ sich von den Naturwissenschaften selbst nicht erwarten. Ihre Erfahrung – gegründet auf Experimente – bot nur Häufigkeit und Wahrscheinlichkeit. Sie lehrte »zwar, daß etwas so oder so beschaffen sei, aber nicht, daß es nicht anders sein könne«[162]. Wird dieses: das Nicht-anders-sein-können, also Notwendigkeit in der Verknüpfung einer Ursache mit einer Wirkung und damit strenge Allgemeinheit des Gesetzes postuliert, so muß die Quelle der Erkenntnis eine andere als Erfahrung sein. Die einzige Quelle jedoch, durch die adäquat die wahre Dignität der Naturgesetze sich hätte erkennen lassen, war das »innere durchgängig zureichende Prinzip«[163] jener Natur, in der ihnen reale Gültigkeit zukam. Weil dieses Prinzip unbekannt war, hatte Hume den Begriff der Natur in eine Mannigfaltigkeit unverbundener »Ereignisse« aufgelöst. Es gab ihm zufolge nur Einzelnes und dessen assoziative Verknüpfung im menschlichen Bewußtsein. Die erkennenden Subjekte waren zufällig so eingerichtet, daß sie verschiedene Ereignisse »nicht anders ... verknüpft denken konnten«[164] als nach Regeln der Kausalität. Darin bestand Humes extremer Nominalismus. Gegen ihn intendierte Kant einen objektiven Zusammenhang der Natur in höchster Potenz. Von jeder »Wirkung« sollte sich sagen lassen: sie »ist mit der Ursache« durch Gesetze der Kausalität »im Objekte« notwendig »verbunden«[165]. Aber die »intelligiblen Gründe« dessen, was unter gewissen Bedingungen nach bestimmten

161 l.c., B XXII, Anm.
162 l.c., B 3.
163 I. Kant, Kritik der Urteilskraft, B 317.
164 I. Kant, Kritik der reinen Vernunft, B 168.
165 l.c., B 168.

Gesetzen wirkt, waren Kant sowenig bekannt wie Hume. Wie für Hume waren daher auch für ihn die naturwissenschaftlich fixierten Gesetzmäßigkeiten der Dinge nicht aus den »ersten intelligiblen Gründen« ihres Seins und Werdens abzuleiten. Die Unmöglichkeit einer solchen Ableitung implizierte die Unmöglichkeit, Naturgesetze von jenen »Gründen« her als allgemeine und notwendige Gesetze zu begreifen. So war entweder – kritisch und konsequent – in eins mit deren Deduktion auf die Behauptung ihrer Allgemeinheit und Notwendigkeit zu verzichten oder – dogmatisch und willkürlich – ein Prinzip zu inaugurieren, aus dem sie scheinbar sich ableiten ließen: das paradoxe Prinzip eines zweiten Ersten. Überzeugt von der allgemeinen und notwendigen Gültigkeit der Naturgesetze hatte Kant in seiner Kritik der reinen Vernunft das Paradoxon gewählt: den Weg einer transzendentalen Deduktion. Die Widerlegung des extremen Nominalismus in Hume sollte sich nicht in negativer Metaphysik erschöpfen. Es sollte auch deduziert werden, was er bestritt, nämlich daß Natur ein System sei.

Die Naturgesetze der klassischen Physik besaßen und besitzen Objektivität. Das heißt: es gibt Phänomene, die sich ihnen gemäß verhalten und so als Gegenstände möglicher Erfahrung mögliche Glieder der Einordnung in Zusammenhänge sind, deren begriffliche Fixierung jene Gesetze darstellen. Die Möglichkeit ihrer Einordnung gründet in ihrem realen Verhalten. Dessen eigene Möglichkeit wäre völlig erklärbar nur durch eine Erkenntnis ihres intelligiblen Substrats. Daß es sich nicht positiv bestimmen läßt, bedeutet nicht, daß der Zusammenhang der Phänomene sich in eine chaotische Mannigfaltigkeit auflösen müßte und erst menschliche Subjektivität eine Ordnung darin zu stiften hätte. Die Phänomene lassen sich nur in dem Maße ordnen, in dem ihnen als constituta ihres transzendenten Grundes gesetzmäßiges Verhalten eignet. Insofern war es inkonsequent und falsch zugleich, die physikalischen Gesetze für Produkte menschlicher Assoziationen auszugeben, die als solche auf die Natur projiziert seien. Aber ebenso unzulässig wie ihre Reduktion auf menschliche Vorstellungen ist das entgegengesetzte Extrem: die Steigerung ihrer objektiven Gültigkeit in eine allgemeine und notwendige im absoluten Sinne. Kant, der am Subjektivismus Humes das Unwahre sah, hat nicht zugleich die illegitime Überschreitung der Grenzen menschlichen Wissens gesehen, die in der Deklaration allgemeiner und notwendiger Naturgesetze liegt. Als die »Mittel« zur Hervorbringung und Erhaltung materieller Gebilde besitzen sie Gültigkeit nur für die Räume und Zeiten im kosmischen Prozeß, in denen sie ihre Funktion als »Mittel« erfüllen können. Mit anderen Worten: ihre reale Gültigkeit ist gebunden an die Beschaffenheit der kosmischen Materie, von der sich nicht ausmachen läßt, was sie an sich ist, also auch nicht, ob sie stets und überall im Sinne ihrer erkannten Gesetzlichkeit beschaffen war und sein wird. Indem Kant dieser Gesetzlichkeit uneingeschränkte Gültigkeit zusprach, erhob er das relative Wissen über die Natur in den Rang absoluten Wissens. Das zu seiner Zeit herrschende Kategoriensystem der physikalischen Wissenschaften setzte er absolut. Als die »Art, wie das Mannigfaltige der sinnlichen Vorstellung« zum Gegenstand wissenschaftlicher Untersuchungen werden kann, soll es »vor aller Erkenntnis des Gegenstandes, als die intellektuelle Form derselben, vorher« gehen[166]. Es ist konstitutiv für die Bestimmung des Gegenstandes im Experiment: das historische Apriori ihres Vollzugs. Doch so wie es die Voraussetzung neuer Erkenntnisse ist, hat auch es selbst eine Genesis. Es stellt ein Resultat dar in der Auseinandersetzung zwischen Mensch und Natur. Mit allen Stufen, die zu ihm hinführten, teilt es die Relativität auf objektive Bedingungen

166 l. c., A 129.

seiner Gültigkeit und auf geschichtlich vermittelte Medien der Erkenntnis. Die Abstraktion von solcher Relativität, durch die eine objektiv wie subjektiv bedingte Auffassung der Natur hypostasiert wird, ist die geheime Genesis jeder Metaphysik, die als deduktive Wissenschaft auftreten möchte. Das Denken, das die Gesetze der Natur von ihrem »Realgrund« und den geschichtlichen Medien ihrer Erkenntnis ablöste, muß sie nun auf sich selbst als ihr constituens beziehen. Es hatte in ihrer Erhebung zu Gesetzen von allgemeiner und notwendiger Gültigkeit seine Tätigkeit absolut gesetzt. Die Abstraktion von ihren realen Bedingungen fordert die von den eigenen: aus menschlichen Gedanken müssen Akte eines transzendentalen Subjekts werden, das jene Gesetzmäßigkeit der Natur gestiftet hätte, die Gegenstand wissenschaftlicher Erkenntnis ist. Der entfaltete Prozeß des Stiftens wäre die Metaphysik der Natur, die Kant als deduktives System intendierte. Er hat für die Gesetzlichkeit dessen, was menschlicher Erfahrung immanent sei, der Dinge als Erscheinungen, an der Idee deduktiver Metaphysik festgehalten, die seine Kritik der traditionellen prima philosophia für transzendente Dinge an sich verwarf. Beides schien Kant vereinbar durch die Verschiedenheit der Sphären: von transzendenter und immanenter Metaphysik. Jene, als Erkenntnis der Dinge aus ihrem absoluten Ursprung, ist nur als negative möglich. Diese dagegen sollte als deduktives System realisierbar sein durch den Verzicht auf absolutes Wissen: die Ableitung des »Weltganzen« aus dessen göttlicher causa prima. Gleichwohl intendiert auch sie ein Wissen über die Natur, das – frei von der Relativität empirischer Erkenntnis – menschliche Erfahrung übersteigt. Der Gegenstand dieses Wissens ist die »transzendentale Deduktion« der seienden Natur in ihrer experimentell erkennbaren Form: der physikalisch faßbaren Gesetzlichkeit ihrer Phänomene, die als allgemeine und notwendige exponiert werden sollte.

Kant spricht von allgemeiner und notwendiger Gesetzmäßigkeit der Phänomene, wie die antike und mittelalterliche Metaphysik von allgemeinem und notwendigem Verhalten der Dinge als einem constitutum ihres inneren Wesens gesprochen hatte. Seine immanente Metaphysik wiederholt den Fehler der via antiqua: die Gesetzmäßigkeit empirischer Sachverhalte galt auch ihm für mehr, als durch das Medium ihrer Erkenntnis sich ausmachen ließ. Dieses Medium war menschliche Erfahrung auf der Basis naturwissenschaftlicher Experimente. Sie allein stellte fest, wie materielle Gebilde sich unter bestimmten Bedingungen verhalten. Das ist nicht mit einer Erkenntnis ihres intelligiblen Substrats gleichzusetzen. Illegitim war es also, die Gesetzmäßigkeit des Verhaltens materieller Dinge über gemachte Erfahrung hinaus als eine a priori gewisse zu deklarieren. Die Gewißheit, daß sie auch künftig gemäß ihrer erkannten Gesetzlichkeit sich verhalten würden, konnte nur eine hypothetische sein. Für die Gültigkeit der Naturgesetze absolute Gewißheit postulieren, hieß aber nicht mehr und nicht weniger als Deum ex machina beschwören. Ein menschliches Denken, das Naturgesetze von ausnahmsloser Allgemeinheit und Notwendigkeit erkennen sollte, war seiner individuellen Züge zu entkleiden, um so in ihm als »transzendentaler Apperzeption« ein Prinzip des »notwendigen Zusammenhangs« aller Phänomene zu gewinnen, den »man« meine, wenn »man Natur«[167] sagt. Die Einführung eines solchen Prinzips ins philosophische System war der uneingestandene Versuch, die Natur der philosophierenden Abstraktion zu unterwerfen: wenigstens für den jeweiligen »Zustand« der Erscheinungen sollte die »Notwendigkeit … aus anderen Zuständen« erkennbar sein nach »Gesetzen der Kausalität«[168]. Das menschliche Subjekt

167 l.c., A 114.
168 l.c., A 227.

wollte sich auf diese Gesetze so verlassen können, daß die Natur beherrschbar würde nach seinen Zwecken, und nicht in einem unberechneten Augenblick vor der Tatsache stehen, daß die göttliche voluntas absoluta es anders beschlossen hat. Zweifel über die Gesetzmäßigkeit einer »Veränderung in der Welt«[169] durfte es nicht geben. Auch ohne die cartesianische Anrufung eines gnädigen Gottes, der in seiner Güte die Menschen nicht täusche, mußte die Gewißheit bestehen: daß »alles, was geschieht, durch seine Ursache in der Erscheinung a priori bestimmt sei«[170]. Ein solches Geschehen schloß ebenso das »blinde Ohngefähr« wie die »blinde« Notwendigkeit aus. Es duldete weder irgendeinen »Absprung« noch eine »Lücke oder Kluft zwischen zwei Erscheinungen«[171]. Daher hatten als charakteristisch für seinen Verlauf die Axiome zu gelten: in mundo non datur hiatus, non datur saltus, non datur casus, non datur fatum[172]. Wie alle Sätze, die Einheit der Natur postulieren, haben sie die Funktion, im Prozeß der Erfahrung »nichts zuzulassen, was dem ... kontinuierlichen Zusammenhange aller Erscheinungen ... Abbruch tun könnte«[173]. Durch sie, die Kant für Naturgesetze a priori hielt, wurde das »Spiel der Veränderungen« auf die »Einheit des Verstandes«[174] eingeschränkt. Das philosophierende »Ich denke«, das »alle« seine »Vorstellungen« möchte »begleiten«[175] können, stipulierte in ihnen »durchgängige Identität der Apperzeption eines in der Anschauung gegebenen Mannigfaltigen«[176] als Kriterium von Objektivi-

169 l.c., A 228.
170 l.c., A 227.
171 l.c., A 228f.
172 l.c., A 229.
173 l.c., A 229.
174 l.c., A 228.
175 l.c., B 131.
176 l.c., B 133.

tät. Alles, was jenes »Ich denke« nicht würde »begleiten« können, sich also der Einordnung ins System seiner Begriffe entzöge, sollte entweder als »unmöglich« oder »wenigstens« ihm selbst für »nichts«[177] gelten. Seine Anerkennung höbe das System auf: die »durchgängige Identität« der Apperzeption, die sich in der »notwendigen Synthesis«[178] gegebener Vorstellungen zu realisieren hatte. Doch um die Synthesis »eines in der Anschauung gegebenen Mannigfaltigen« als eine notwendige zu entfalten, war im selben Maße, in dem Erfahrung idealistisch auf ein Identitätssystem hin überschritten wurde, auch deren Unterschreitung gefordert in Richtung auf die empiristische These, daß menschliches Bewußtsein und die verschiedenen Vorstellungen, die es begleitet, »an sich zerstreut«[179] seien. Nur Vorstellungen eines Bewußtseins nämlich, die sich indifferent zueinander verhielten, also von ihrem Inhalt und dessen Struktur her keine Affinität besäßen, vermöchte ein transzendentales Prinzip durch seine Kategorien in notwendigen Zusammenhang zu setzen. Solche Indifferenz reiner Singularitäten sollte den Vorstellungen des menschlichen Bewußtseins zukommen als »bloßen Vorstellungen«[180]. Auf sie reduzierten sich für Kant alle in sinnlicher Anschauung gegebenen Dinge durch die Unbekanntheit ihres intelligiblen Substrats. Weil es »gänzlich außer« der menschlichen »Erkenntnissphäre« lag, schienen ihm Phänomene – als bloße Vorstellungen von Dingen – das »einzige« zu sein, was dem Menschen »zur Erkenntnis gegeben werden kann«[181]. Bar jeder begrifflich faßbaren Beziehung zu ihrem Ansichsein stünden sie »unter gar keinem Gesetze der Verknüpfung, als demjenigen, welches das verknüpfende Vermö-

177 l.c., B 132.
178 l.c., B 135.
179 l.c., B 133.
180 l.c., B 164.
181 l.c., A 190.

gen vorschreibt«[182]. Für Kant konnte dieses Vermögen nicht – wie für Hume – einem empirischen Subjekt angehören. Er intendierte in den gesetzmäßigen »Verknüpfungen« der Phänomene mehr als vergegenständlichte Assoziationen des menschlichen Bewußtseins. Mit Notwendigkeit sollten alle Erscheinungen nach objektiv geltenden Gesetzen »verbunden« und »nicht bloß in der Wahrnehmung (so oft sie auch wiederholt sein mag) beisammen«[183] sein. Der Ursprung ihrer Synthesis war insofern »höher« zu suchen: jenseits der Kontingenz menschlichen Bewußtseins in »demjenigen, was selbst den Grund der Einheit verschiedener Begriffe in Urteilen, mithin der Möglichkeit des Verstandes, sogar in seinem logischen Gebrauche, enthält«[184]. Dieses oberste Prinzip jeder erkennbaren Synthesis von Mannigfaltigem visierte Kant in einem quasi weltschöpferischen Denken: der transzendentalen Apperzeption, die er im Unterschied zur »empirischen« auch die »reine« oder die »ursprüngliche Apperzeption«[185] nannte.

Das intelligible Substrat der Natur war positiv nicht bestimmbar. Weder die einzelnen Phänomene noch die Gesetze ihres Verhaltens ließen sich aus ihm deduzieren. Nur negativ konnte seine konstitutive Bedeutung für die seiende Natur erkannt werden. Womit es menschliche Subjektivität in ihren Gegenständen zu tun hatte, waren nicht wesenlose Mannigfaltigkeiten, nicht Phänomene als bloße Vorstellungen, sondern constituta von dem, was nicht erscheint: dem intelligiblen Wesen der Erscheinungen. Als bloße Vorstellungen könnten Gegenstände das nicht sein, wofür Kant zu Recht sie hielt: gegebene Vorstellungen, die relativ sind sowohl auf die vorgestellten Dinge wie auf die vorstellende

182 l.c., B 164.
183 l.c., B 142.
184 l.c., B 131.
185 l.c., B 132.

Subjektivität. Sie müßten sonst auch dem Inhalt nach zu Setzungen des transzendentalen Denkens ihrer notwendigen Einheit werden. Gegen diese Konsequenz, die seit Fichte von seinen idealistischen Nachfolgern gezogen wurde, hatte Kant sich stets gewehrt. Eine Welt, die im philosophischen System aufginge, war für ihn ein grauenhafter Gedanke. Gleichwohl sind die Motive, die zu Hegels absolutem Idealismus führten, aus der Transzendentalphilosophie hervorgegangen. Das Pseudos, dem Kant – um eines thema probandum willen – verfiel, bildet ihre geschichtliche Basis. Es bestand in der Umwandlung des erkenntnistheoretischen in einen ontologischen Chorismos von intelligiblem Wesen und Erscheinung der Dinge. Wie im extremen Empirismus schlägt auch bei Kant die Unerkennbarkeit des Ansichseins der Dinge um in dessen Bedeutungslosigkeit für die Phänomene. Aus diametral entgegengesetztem Interesse an Metaphysik – dem empiristischen ihrer schlechthinnigen Negation und dem antiempiristischen ihrer Affirmation als Transzendentalphilosophie – sinkt der Anspruch der Phänomene auf innere Bestimmtheit zu bloßem Schein herab. Menschliche Erfahrung konnte nicht mehr sein, was sie ist: die Erkenntnis von Dingen, die durch ihr intelligibles Substrat von sich aus in begrifflich fixierbaren Zusammenhängen stehen. Sie wurde degradiert zur Wiedererkenntnis der Gesetze, die transzendentales Denken der Natur in autonomem geisterhaftem Tun geben sollte. Als das Prinzip ihrer Ordnung nach allgemeinen und notwendigen Gesetzen durfte transzendentales Denken nicht selbst der Natur angehören: nichts Kontingentes sein. Wie der göttliche creator mundi hatte es transzendent zur Empirie zu stehen. Dadurch kam das Widerspruchsvolle in die kantische Konstruktion hinein: es gab einen göttlichen Ursprung der Natur und in der Einheit der reinen Apperzeption einen »transzendentalen Grund der notwendigen Gesetzmäßigkeit aller

Erscheinungen in einer Erfahrung«[186]. Nur scheinbar fand sich dieser Widerspruch überbrückt durch die Unbekanntheit des intelligiblen Substrats der Erscheinungen. Es blieb der Dualismus von Erscheinung, die ein Ansichsein voraussetzt, auf das sie »Anzeige«[187] macht, und bestimmendem Apriori einer transzendentalen Subjektivität. Als ihre constituta mußten »alle empirischen Gesetze« sich »in besondere Bestimmungen der reinen Gesetze des Verstandes«[188] verwandeln. Aus der Natur, als dem Inbegriff aller Phänomene, wurde – ihrer physikalisch erkennbaren Gesetzlichkeit nach – die Setzung eines transzendentalen Intellekts. Wenn diese Setzung mehr sein sollte als eine bloße Behauptung, war ihre Entfaltung im metaphysischen System gefordert. Es mußte für die Welt der Erscheinungen das möglich sein, was für die Dinge an sich als unmöglich erkannt war: die Ableitung synthetischer Einheiten aus der reinen Einheit des Geistes.

Jedes partielle Naturgesetz stellt ebenso eine synthetische Einheit von Verschiedenem dar wie der universale Plan der Kosmogenese, in dem sie als Mittel fungieren. Hätte sich für die Naturgesetze zeigen lassen, wie ein geistiges Prinzip, das transzendent zur Empirie steht, spezifisch bestimmte Einheiten stiftet, so wäre auch die Deduktion jenes Planes aus göttlichem Geist kein unlösbares Problem mehr gewesen. Das ist von Kant nicht realisiert worden bei seinem Versuch einer transzendentalen Begründung der Naturgesetze. Sie sollten allgemeine und notwendige Gültigkeit besitzen durch ihren Ursprung in einem Prinzip, das fähig wäre, sich als reine Einheit zu spezifischen Einheiten von Verschiedenem zu erweitern. An der Möglichkeit solchen Erweiterns

186 l.c., A 127.
187 I. Kant, Prolegomena zu einer jeden künftigen Metaphysik, die als Wissenschaft wird auftreten können, A 171.
188 I. Kant, Kritik der reinen Vernunft, A 127f.

hing die Möglichkeit von Transzendentalphilosophie. Es wurde zu ihrem zentralen Problem: am nachhaltigsten in der hegelschen Logik als ihrer spekulativen Gestalt.

Das Prinzip durfte nicht zusammengesetzt sein: nicht – wie die Naturgesetze als seine Produkte – ein constitutum aus Verschiedenem. Nur wenn es frei wäre von Kontingenz, die »Bedingung aller Einheit, und doch selbst unbedingt«[189], könnte es notwendige Gesetzmäßigkeit empirischer Phänomene begründen. Was deren Zusammenhang – als ein constitutum – von seinem transzendentalen constituens unterschied, war das Mannigfaltige, das räumlich und zeitlich Getrennte, das er in ihnen umfaßte. Für die Deduktion der Naturgesetze hatte das zur Konsequenz: sie ließen sich nicht unabhängig von den Phänomenen, für die sie galten, aus transzendentaler Einheit ableiten. Gleichwohl mußte eine separate Ableitung intendiert werden. Transzendentale Einheit war als der »höchste Punkt« immanenter Metaphysik nicht der identische Ursprung des Gesetzmäßigen an den Phänomenen und ihres materiellen Substrats. Zwischen diesem und jenem klaffte der Chorismos einer radikal verschiedenen Herkunft. Er war aus dem Postulat nach allgemeiner und notwendiger Gültigkeit der Naturgesetze hervorgegangen. Um sie zu ermöglichen, hatte Kant die Gesetze von ihrer immanenten Beziehung zu den Phänomenen abgelöst, die sie durch den absoluten Ursprung der Natur besaßen. Sie wurden in transzendentalem Denken auf einen anderen Ursprung bezogen als die materiellen Gebilde, die sich ihnen gemäß verhielten. Für solche Entsprechung war ein Grund sowenig gegeben wie für die Art und die Zahl der Naturgesetze. Nicht nur ihre Hervorbringung als solche, sondern auch die Genesis ihrer spezifischen Struktur mußte zum unlösbaren Problem werden. Als Gesetze von Zusammen-

189 l.c., A 401.

hängen in Raum und Zeit waren sie insgesamt subsumierbar unter das Schema der Kausalität: der Verknüpfung von zeitlich Früherem als der Ursache und zeitlich Späterem als der Wirkung. Durch die Genesis ihrer Teile aus dem ursprünglich Einen gäbe es in ihnen nichts, was äußerlich: nicht mit innerer Notwendigkeit aufeinander bezogen wäre. Aber nur sie selbst waren begrifflich fixierbar, während ihr »transzendentaler Grund« sich jeder Erkenntnis entzog. In ihm hatte die philosophierende Abstraktion die eigene Tätigkeit absolut gesetzt. Der Aufstieg von besonderen zu immer allgemeineren Naturgesetzen gipfelte in ihm: der reinen Einheit, auf die alle konkreten Formen von Einheit reduzierbar schienen. Doch als reine Einheit enthielt er weder etwas, woraus Gesetze der Natur sich hätten komponieren lassen, noch etwas, was ihn zu deren Erzeugung hätte motivieren können. Die konkreten Gesetze konnten insofern nicht deduziert, sondern in Gestalt abstrakter Schemata nur imitiert und das abstrakt Imitierte dann in transzendentalem Denken als dem Ursprung angesiedelt werden.

Die transzendentale Einheit der Apperzeption war kein inhaltliches Prinzip, sondern leere Einheit: ein Gebilde der philosophierenden Abstraktion, die sich in dem »höchsten Punkte« ihrer Tätigkeit hypostasiert hatte. Ihr Wesen, das sie in der Identität reinen Denkens aufgehen ließ, reduzierte sie auf ihre Funktion: das Stiften »der notwendigen Gesetzmäßigkeit aller Erscheinungen«[190]. Als ein weiter nicht analysierbares Tun hätte sie sich immer schon zu normierenden Vieleinheiten erweitert: den Kategorien, in denen sie »das Gesetz der synthetischen Einheit aller Erscheinungen«[191] wäre. Sie hätte vorgängig zu menschlicher Erfahrung, der wissenschaftlichen wie der alltäglichen, den »Erscheinungen ihre Gesetzmäßigkeit« vermittelt und »eben dadurch Erfah-

190 l.c., A 127.
191 l.c., A 128.

rung«[192] ihrer Form nach überhaupt erst möglich gemacht. Nur die Resultate wären sichtbar, während der »Schematismus« ihrer Vermittlung sich menschlicher Erkenntnis prinzipiell entzöge. Niemand wird ihn – nach Kants resignierenden Worten – der »Natur« jemals »abraten« und »unverdeckt vor Augen«[193] legen können. Doch seine Unerkennbarkeit ist, entgegen Kant, nichts Unmittelbares: keine ontologische Gegebenheit. Das Irrationale im Verhältnis der »transzendentalen Einheit« zu dem, was sie konstituieren soll, reflektiert die Willkür ihrer Setzung. Sie könnte der »transzendentale Grund«[194] der Naturgesetze nur sein, wenn sie wäre, was sie nicht ist: der absolute Ursprung der Natur. Die Naturgesetze als ihre vermeinten constituta sind keine freischwebenden Gesetze. Sie bezeichnen das Verhalten von Phänomenen, die nicht aufgehen in den »transzendentalen« Konstituentien ihrer Gesetzmäßigkeit: denen »mithin, wo nicht ein beständiger Zirkel herauskommen« soll, etwas entsprechen muß, dessen »unmittelbare Vorstellung« zwar sinnlich ist, das »aber an sich selbst« nur »ein von der Sinnlichkeit unabhängiger Gegenstand sein« kann[195]. Von ihm her, dem unbekannten Ansichsein der Phänomene, ließ sich deren Gesetzmäßigkeit nicht als eine allgemeine und notwendige begründen. Daraus war der zentrale Widerspruch des kantischen Systems entstanden: es gab die erscheinende Welt, in der allgemeine und notwendige Gesetze transzendentalen Ursprungs herrschen sollten, und eine Welt unbekannter Dinge an sich, die einen anderen Ursprung hätten als die Gesetze, denen ihre sinnlich wahrnehmbare Erscheinung unterstand. Jede res war mit diesem Widerspruch behaftet: jede partizipierte an dem Bruch zwischen ihrem Ansichsein und der transzendental vermittel-

192 l.c., A 126.
193 l.c., A 141.
194 l.c., A 127.
195 l.c., A 251 f.

ten Gesetzmäßigkeit ihrer Erscheinung. Seine Aufhebung war gebunden an die Beseitigung seiner Ursache: der Fundierung der Naturgesetze in einem vom göttlichen principium mundi verschiedenen »transzendentalen Grund«. Es kam auf die richtige Bestimmung des Verhältnisses zwischen Ansichsein und Erscheinung der Dinge an, auf die konsequent durchzuhaltende Einsicht, daß sich in den Gesetzen der erscheinenden Natur nicht die Einheit der Apperzeption, sondern nur der Plan einer göttlichen Intelligenz als der »Weltursache«[196] manifestieren kann. Um jene aus dieser ableiten und in ihrer Funktion für das Ganze bestimmen zu können, hätten die göttliche »Weltursache« und der Plan kosmischen Werdens bekannt sein müssen, gegenüber dem alle Gesetze der Physik nur die partielle Bedeutung von Mitteln besaßen. Beide waren unbekannt. Nur die Notwendigkeit ihrer Existenz ließ sich aufweisen. Wenn es eine Genesis der Natur gab, mußte es einen Plan ihres Werdens und auch ein Prinzip geben, das beides – den Plan in eins mit dem stofflichen Substrat kosmischen Werdens – gestiftet hatte. In dieser Beschränkung auf negative Metaphysik, der Einsicht in die Unmöglichkeit einer Deduktion der Welt aus Gott, bestand Kants wahrhaft kritischer Weg.

Er wurde von den Nachfolgern zugunsten jenes pseudokritischen verschmäht, der scheinbar Metaphysik als deduktives System zuließ. Sie beseitigen die Widersprüche der kantischen Philosophie durch die Aufspreizung der immanenten zu transzendenter Metaphysik. Der »transzendentale Grund« der »notwendigen Gesetzmäßigkeit« aller »Erscheinungen« steigt auf in den Rang ihres absoluten Grundes: der göttlichen causa prima ihres Seins und Werdens. Seine Apotheose läßt eine Idee des Göttlichen entstehen, in der sich eine Tradition vollendet, die Gott – seit

196 I. Kant, Kritik der Urteilskraft, B 354.

der nominalistischen Kritik am metaphysischen ipsum esse – mit Negativität behaftet hatte. Das Absolute der deutschen idealistischen Philosophie ist keine substantiell zu denkende Entität mehr: nichts Seiendes. Sie denkt Gott als Funktion: er hatte die Welt zu stiften. In dieser Rolle war er nicht weniger als das ipsum esse der alten Metaphysik ein Produkt der Welt, deren Möglichkeit er erklären sollte. Er ist der Fokus eines Weltbilds ohne substantielle Wesenheiten: jenes der nominalistischen Moderne, in dem es nichts gibt, das nicht in wechselseitiger Abhängigkeit voneinander seine Bestimmung erführe. Die Hypostasis solcher Relativität ließ das Absolute der deutschen idealistischen Philosophie entstehen. Die philosophierende Abstraktion hatte sich in ihm ein principium mundi aus dem positiven Wissen über die Welt abgeleitet. Dieses Wissen zielte auf Funktionsbestimmungen der seienden Natur. Deren Rückbeziehung auf Funktionalität als solche: ein freischwebendes »Setzen« von Welt, verbleibt aber im tautologischen Denken der via antiqua: die Metaphysik wurde nicht in eine neue Richtung gewiesen. Einzig jene, die Kant als immanente um der Deduktion allgemeiner und notwendiger Gesetze willen inauguriert hatte, wird konsequent durchgeführt. Das Wesen des Göttlichen verkehrt sich in das Gegenteil seiner traditionellen Bedeutung. Darin aber, daß reine Funktionalität zu seinem Wesen wurde, bestand das Pseudokritische einer Mitte zwischen den Extremen, die falsche Überwindung einerseits des substantiell gedachten Ersten der via antiqua und andererseits der nominalistischen Verwerfung metaphysischer Substanzen. Statt zur Entfaltung einer Metaphysik, die bei der negativen Bestimmung des Absoluten einhielt, kommt es zu einer, die am Ende ihrer Entwicklung das Negative als solches zur essentia divina erhebt. Die erscheinende Welt wird zur allein vorhandenen Wirklichkeit: verhaucht ist alles Transzendente. Gegenüber dieser Begrenzung von Realität hatte Kant mit seiner Unterscheidung zwischen Ansichsein und Erscheinung der Dinge das entscheidende Wort zur Transzendenz des Göttlichen gesagt. Das Absolute geht seines Anspruchs auf Transzendenz verlustig, es wird zur bloßen Immanenz, wenn es nach Maßgabe der erscheinenden Welt gedacht wird. Die von ihr her und passend zu ihr konzipierte Weltursache verwandelt sich in ein Gebilde der philosophierenden Abstraktion. Zu einer solchen Konzeption aber war, um die angestrebte Deduktion der Welt aus Gott zu ermöglichen, die deutsche idealistische Philosophie genötigt. Nach Hegel, für dessen Philosophie metaphysische via antiqua und nominalistische via moderna »nur Zweige eines und desselben Ganzen«[197] sind, geht die Welt nicht so aus ihrem »Grunde« hervor, daß er noch »unten« verbliebe: ihre Setzung besteht in seinem »einfachen Verschwinden«[198]. Das Absolute, das einmal reines Sein als das schlechthin Positive gewesen war, negiert sich selber: es ist als die essentia universi je schon in sein Produkt übergegangen. Aus seiner geschichtlich vermittelten Entsubstantialisierung wird sein Wesen. In ihm, als je schon gewesenem Sein, wähnte Hegel den wahren Begriff des Göttlichen zu besitzen. Durch ihn sollte das zentrale Problem der Genesis von Welt: nämlich des Werdens von Vieleinheiten aus reiner Einheit, an dem die klassische Metaphysik der Antike und des Mittelalters gescheitert war, seine Lösung finden.

Reines Sein war geschichtlich die erste Gestalt, in der Philosophie mit reinem Denken beginnen wollte, um aus ihm die empirische Mannigfaltigkeit zu deduzieren. Auf dem Wege zu den Anfängen seiner Metaphysik hatte der philosophische Gedanke von allem Materiellen abstrahiert: in sei-

197 G. W. Fr. Hegel, System der Philosophie, 1. Teil, WW VIII, ed. Glockner, Stuttgart 1928, S. 59.

198 G. W. Fr. Hegel, Wissenschaft der Logik, 1. Teil, WW IV, S. 595 f.

nem universalsten Begriff, dem reinen Seins, bezog er sich zuinnerst auf sich selbst. Das Objekt des zu reinem Wissen gesteigerten Wissens ging im philosophischen Gedanken auf: es gab nichts an ihm »zu empfinden, ... anzuschauen und ... vorzustellen«[199]. Als diese Reduktion der seienden Natur auf Geist ernennt Hegel das reine Sein zum Ausgangspunkt seines philosophischen Systems. Es ist für ihn »das Anfangende« – anfangend aber »durch Vermittelung« eines Denkens, das sich seiner konstitutiven Leistung bewußt ist[200]. Von jenem Sein aus zu seinen constituta, den essentiae rerum, fortzuschreiten, war für die antike und die mittelalterliche Metaphysik ebenso unmöglich, wie in seine unterschiedslose Identität einzudringen. Sie hatten den Aufstieg von der »Vielheit sinnlicher Wahrnehmungen« zu immer höherer »Einheit«[201] ohne rückblickende Betrachtung ihres eigenen Tuns vollzogen: in der »unbefangenen« Gewißheit, daß durch abstrahierendes Denken »das, was die Objekte wahrhaft sind, vor das Bewußtsein gebracht werde«[202]. Diese vorkritische Auffassung von »Denkbestimmungen als Grundbestimmungen der Dinge« war die erkenntnistheoretische Voraussetzung ihres »Glaubens«[203] an die unveränderliche Realität reinen Seins. Dessen absolute Unveränderlichkeit, welche die Weltschöpfung zum irrationalen Akt im Innern der Gottheit machte, ist die äußerste Konsequenz aus einem Denken, das im Absehen von allem Nichtidentischen seine unreflektierte Methode besitzt. Durch ihre Methode des Abstrahierens war Metaphysik schon an sich, wenn auch nicht für sich, subjektiver Idealismus. In der zu göttlichem Sein verdinglichten Abstraktion von allem Nichtidentischen

199 Hegel, System der Philosophie, WW VIII, S. 204.
200 Hegel, Logik, 1. Teil, WW IV, S. 73.
201 Platon, Phaidros 249b.
202 Hegel, System der Philosophie, 1. Teil, WW VIII, S. 99.
203 l.c., S. 100.

wurde die metaphysisch verklärte Subjektivität zum universalen constituens von Welt. Sie übernahm als göttliches ipsum esse die Funktion des Ansich, für das sie am Ende des europäischen Idealismus sich selber hält: die Funktion des Absoluten. Aus dieser Erkenntnis eröffnet Hegel sein System der Philosophie mit genetisch begriffenem Sein. Er gewahrt im reinen Sein die Abstraktion und will mit dem Denken anfangen, das sich die Gestalt der einfachen Unmittelbarkeit gegeben hat. Wie Denken von allem abstrahieren konnte, so soll es, indem es die Gestalt des Seins annimmt, aus sich auch alles Seiende entlassen können. Hegel befindet sich auf dem Scheitelpunkt von prima philosophia und möchte sie durch die Aufhebung des Negativen im Positiven, des abstrahierenden Denkens im Sein, zum System der Wirklichkeit entfalten. In der Indifferenz des reinen Seins, die der antiken und mittelalterlichen Metaphysik den Übergang zur Mannigfaltigkeit des Seienden verwehrte, sieht er die Folge davon, daß alles, was der Identität eines absolut Ersten entgegenstehen kann, eliminiert, nicht aber bewußt negiert wurde. Erst die bewußte Abstraktion von allem Nichtidentischen verleiht reinem Sein die Gestalt dynamischer Identität: es ist identisch mit seiner Vermittlung, der Negation alles Seienden. Sie als seine Vermittlung ist auch schon seine Auflösung. Reines Sein ist durch seine Genese unmittelbar auf seine Verneinung bezogen. Seine genetische Herkunft bestimmt es als »das absolut-negative, welches, gleichfalls unmittelbar genommen, das Nichts ist«[204]. Wovon immer Philosophie ausgeht – ob vom reinen Sein oder vom reinen Denken, ob sie in diesem oder in jenem den Anfang der Welt sucht –: stets enthüllt ihr Prinzip, durch seine Genese, sich als die »Beziehung des Negativen auf sich selbst«[205]. Sie läßt den Prozeß rückläufig werden: reines Sein und Denken, wie die reine

204 l. c., S. 207.
205 Hegel, Logik, 2. Teil, WW V, S. 343.

Identität eines jeden Ersten, enthalten durch die Negation aller Unterschiede den Urunterschied in sich verschlossen, nämlich den von sich selbst. Sie sind – nach Hegel – so nicht inhaltslos und leer, nicht bloß das Nichtige. Vielmehr hat das Moment ihrer Leerheit seine eigene Negation zum Inhalt. Die Negativität des Ersten verneint, indem sie dessen Negation bewirkt, zugleich sich selber: sie negiert sich zu einem Sein, das aus dem Unterschied herkommt und »konkretes Dasein« wird. Das ist Hegels dialektische creatio ex nihilo. Welt entsteht aus der Selbstverneinung des Negativen und soll in ihr »aufgehen«.

Was Hegels absoluten Idealismus der traditionellen prima philosophia überlegen macht, das ist zugleich seine zentrale Schwäche. Er möchte real das leisten, woran ebenso wie der objektive metaphysische auch der subjektive transzendentale Idealismus scheiterte, und vollendet doch nur die imaginäre Konstruktion der beiden. Die von ihm intendierte Lösung aller ursprungsphilosophischen Probleme zielt auf Dialektik als geschlossenes System: die bruchlose Ableitung des Nichtidentischen aus der Identität des Geistes. Solche Ableitung aber wird deklariert als die Selbstauflösung von reiner Einheit. Deren negative Beziehung auf sich ist der Punkt, bis zu dem – im Prozeß der Entsubstantialisierung des göttlichen Weltprinzips – gleich der vorkritischen Philosophie auch der von Kants immanenter Metaphysik ausgehende transzendentale Idealismus noch nicht gelangt war. Für den Fortgang von einem Ersten zu einem Zweiten wagte selbst Fichte, der die Entwicklung der Transzendentalphilosophie zum idealistischen Universalsystem am radikalsten vorantrieb, niemals den Akt der Selbstauflösung eines Ersten zu denken. Seine entsubstantialisierende Bestimmung des »Absoluten« bleibt stehen bei dessen Reduktion auf »reine Tätigkeit«[206].

206 J. G. Fichte, Das System der Sittenlehre, WW II, ed. Medicus, Leipzig 1911, S. 406.

In ihr besäße es sein identisches Wesen: als reine Tätigkeit wäre es »reines, durchaus und schlechthin an sich gebundenes Denken«[207]. Diese unwandelbare Identität reinen Denkens, welche »das Absolute ein in sich selber geschlossenes Ich«[208] sein ließ, stellt die Deduktion alles ihm gegenüber Nichtidentischen vor die gleichen Schwierigkeiten, denen die metaphysischen Systeme bei dem Versuch, die Kreation der Welt durch Gott begrifflich zu entfalten, sich ausgesetzt sahen. Dem absoluten Ich fehlte – wie dem göttlichen ipsum esse – ein Unterschied, mit dem es sich immanent zur »Erzeugung eines Zweiten«[209] hätte vereinigen können. Die bloße Ersetzung reinen Seins durch reine Tätigkeit, eines Substanzbegriffs durch einen Funktionsbegriff, impliziert keine inhaltliche Veränderung des Weltprinzips. Auch in seiner transzendentalphilosophischen Umdeutung gelangt es nicht hinaus über »das (bestimmende) ewige Eine«[210]. Deshalb mußte das Nicht-Ich dem absoluten Ich – wie einst reinem Sein die Mannigfaltigkeit des Seienden – durch menschliches Denken zugeführt und seine apriorische Genesis in einen geheimnisvollen Setzungsakt verlegt werden: in eine, trotz aller Anstrengungen, unabwendbare »proiectio per hiatum irrationalem«[211]. Wie in Kants dualistischer Konstitutionslehre ein verborgener Schematismus in den Tiefen des transzendentalen Subjekts die Beziehung von Materie und apriorischer Form zu stiften hatte, so wird in Fichtes monistischem Idealismus der Schritt, der vom Apriori zum

207 J. G. Fichte, Darstellung der Wissenschaftslehre von 1801, WW IV, S. 60.
208 J. G. Fichte, Die Wissenschaftslehre von 1804, WW IV, S. 286.
209 Hegel, Logik, 1. Teil, WW IV, S. 106.
210 J. G. Fichte, Darstellung der Wissenschaftslehre von 1801, WW IV, S. 89.
211 J. G. Fichte, Die Wissenschaftslehre von 1804, WW IV, S. 283-298.

Aposteriori führt, zu einem Geheimnis. An die Stelle des kantischen Mysteriums einer objektiven Beziehung reiner Verstandesbegriffe auf empirische Mannigfaltigkeit tritt ein anderes: das Mysterium der Erzeugung von empirischem Subjekt und Objekt aus reinem Denken. Als apriorisches constituens, das nur es selbst sein durfte, war jenes reine Denken völlig inhaltslos: an sich selber vorgängig zu seinen constituta, dem empirischen Ich und Nicht-Ich, ein Jenseits von bewußter Tätigkeit. Seine Erhebung zum obersten Prinzip von Philosophie und Wirklichkeit vergottet, was seit der Antike reine Identität in ihre weltbegründende Funktion einsetzte: abstrahierendes Denken. Die vom Besonderen zum Allgemeinen aufsteigende Tätigkeit wird zum Absoluten. Das ist Fichtes idealistische Konsequenz aus der nominalistischen Verwerfung metaphysischer Wesenheiten. Durch deren Zurücknahme ins Subjekt bezog menschliches Denken sich auf kein begrifflich Fixierbares mehr. Nichts blieb übrig als gegenstandslose: das heißt reine Tätigkeit. In ihr, die sowenig wie reines Sein in sich subsistieren kann, verehrt Fichtes transzendentaler Idealismus das »reine Durch«[212] von bestimmtem Denken und Sein. Sie erscheint in ihrer Erhöhung über alles Empirische im göttlichen Gewande reiner Aseität: sich »selbst setzen und Sein sind, vom Ich gebraucht, völlig gleich«[213]. Diese vergottete Spitze der Subjektivität, als die kühnste Erhebung abstrahierenden Denkens, die in Fichte erreicht wurde, beginnt schon in seinem System sich gegen sich selbst zu richten. Absolute Subjektivität als Prinzip des Setzens ist selbst nur durch Einschränkung ihrer Absolutheit gesetzt: nur im Gegensatz zu einem Nicht-Ich ist sie ein Ich. Setzt sie die Schranke nicht, so entfällt zugleich

212 l.c., S. 287.

213 Fichte, Grundlage der gesamten Wissenschaftslehre von 1794, WW I, S. 292.

sie selber als Ich[214]. Fichte konnte die zur Selbstsetzung des absoluten Subjekts notwendige Deduktion eines Objekts nur postulieren. Es gelang ihm jedoch nicht zu zeigen, wie in reinem Denken ein »Anstoß« zu selbstbegrenzendem »Setzen« von Gegenständen entstehen könne, es sei denn als ein »nur bloß«[215]. Das führt zu dem Eingeständnis: Transzendentalphilosophie als »Wissenschaftslehre« ist ein »Dualismus« in »Hinsicht« auf das Subjekt und Objekt umfassende »wirkliche (faktische) Wissen« und dessen »jenseits alles Wissens« liegende Genesis aus dem »absoluten Einen«[216].

Die Unbestimmtheit reinen Denkens, an der Fichtes Deduktionsversuche – wie die jeder prima philosophia vor ihm – scheitern mußten, macht Hegel zum durchgehenden Prinzip seiner Dialektik: nur reines Denken »stößt« vermöge seiner Unbestimmtheit sich von sich selber ab und erzeugt in Gestalt seiner Negation sich eine Materie. Die Idealisierung der Natur, ihre Auflösung in raumzeitliche »Projektionen« von reiner Tätigkeit, die Fichte nur intendiert hatte, greift in Hegels Dialektik auf das Weltprinzip: auf das Ich über. Darin zutiefst besteht ihr absoluter Idealismus, daß auch die Identität des übermenschlichen Ichs in die Bewegung des Negativen eingehend gedacht ist. Durch seine autodynamisch sich verneinende Identität wird der Gott des transzendentalen Idealismus zum »lebendigen Prozeß, sein Anderes, die Welt zu setzen«[217]. In einem solchen Fortschreiten vom göttlichen principium mundi zu seinen principiata soll alles Seiende zum Sein gelangt sein – als Teil des Logos. Hegel verwirft die Möglichkeit eines Anfangs mit den »Sachen« selbst. Die Sachen, wenn sie begrifflos nur als sie selbst genommen

214 l.c., S. 411 f.
215 l.c., S. 404 ff.
216 Fichte, Darstellung der Wissenschaftslehre von 1801, WW IV, S. 89.
217 Hegel, System der Philosophie, 2. Teil, WW IX, S. 48.

werden, sind nur leere Abstraktionen: jede nur ein »reines Dieses«[218]. Auch so fängt der philosophische Gedanke mit sich selber an, jedoch ohne es zu wissen. Nur weil die begriffliche Genesis der Dinge in ihnen zur Gegenständlichkeit geronnen erscheint, kann nach Hegel die Meinung entstehen, als habe ein von den Sachen ausgehendes Denken es mit an sich bestimmten Dingen zu tun. Dessen natürlicher Realismus besitze kein Existenzrecht mehr, nachdem die Dinge an sich auf reine und in ihrer Reinheit leere Singularitäten reduziert worden sind. Doch ist diese Reduktion selber bloße Meinung: sie lebt von dem idealistischen proton pseudos, das alles begrifflich Faßbare in reinem Geist gründen und die Materie in reiner Unbestimmtheit aufgehen läßt. Im geschichtlichen Bannkreis solchen Scheins entfaltet sich Hegels absoluter Idealismus. Indem er im »reinen Dieses« ebenso die Abstraktion von allen Inhalten eruiert wie im »reinen Ich«, erscheinen sie gegenseitig ineinander[219]. Statt auf der Basis so gearteter Gleichheit von Erstem und Zweitem die konkrete Realität abzuleiten, gelangt Hegel nur zu dem, worin nach dem Verdikt der großen europäischen Philosophie die empirische Mannigfaltigkeit sich erschöpfen sollte. Sie fungierte in Kants immanenter Metaphysik, in der die nominalistische Vorstellung von den Dingen als wesenlosen Singularitäten wirksam blieb, als ein an sich genauso unbestimmtes Material wie in der antiken und mittelalterlichen prima philosophia, wo die formae rerum einem göttlichen Sein entsprangen und von ihm der Materie aufgeprägt wurden. Für Hegel, der das erkennt, werden das metaphysische und das transzendentalphilosophische Verhältnis von Materie und Form identisch: zu geschichtlich vermittelten Resultaten der philosophierenden Abstraktion auf ihrem

218 Hegel, Phänomenologie des Geistes, WW II, S. 81 ff.
219 l. c., S. 81 ff.

Wege, das Absolute zu erkennen. Wie sie den Gegensatz von reiner Materie und reiner Form erzeugte, so lösen durch ihre Tätigkeit die entleerten Extreme zugleich sich auf. Dem tödlichen Druck ihrer Analyse vermag der transzendentalphilosophische Anspruch des Denkens auf Identität sowenig standzuhalten wie der metaphysische Anspruch des Seins auf ein unveränderliches Bestehen. Die reine Form, statt zu sein, was sie für sich beansprucht, ist – hier wie dort – in ihrer »unterschiedslosen Identität« vielmehr »formlos«[220]. Die Gleichgültigkeit, mit der sie gegen sich selbst verfährt, ihre innere wie äußere Indifferenz, bringt sie auf eine Stufe mit unterschiedsloser Materie. Nach ihrer idealistischen Bestimmung ist es der Materie eigen, sich »nur auf sich selbst zu beziehen, und gleichgültig gegen Anderes zu sein«[221]. Reine Potentialität, in der sie seit Platon aufgehen sollte, macht sie zu einem »schlechthin Abstrakten«, zu jenem bloßen Moment der Form, in das die »unbestimmte Identität« der reinen Form sich selber auflöst. Das kantische Problem einer objektiven Synthesis von Mannigfaltigem, ebenso wie das fichtesche einer realen Zeugung des Nicht-Ich aus dem Ich, weichen dem »negativen Verhalten der Form gegen sich selbst«[222].

Was bei Fichte noch das Nicht-Ich heißt, nämlich die stoffliche Mannigfaltigkeit, das reduziert für Hegel sich auf die bloße Negation von Einheit. Als solche entspringt die Materie der Dialektik der reinen Form, die Hegel als Anfang, Mitte und Resultat ihres eigenen Prozesses verkündet. Sie wird zum »einfachen Punkt« und »innersten Quell aller Tätigkeit, lebendiger und geistiger Selbstbewegung«[223]. Die reine Form, Identität als solche, bezieht auf die eigene

220 Hegel, Logik, 1. Teil, WW IV, S. 560ff.
221 l.c., S. 561.
222 l.c., S. 563.
223 Hegel, Logik, 2. Teil, WW V, S. 342.

Negation sich als Anderes, als die unterschiedene Bestimmung, aus der die eigene erwachsen soll. Daraus hat Hegel die Konsequenz gezogen, daß Negativität, das Unterscheiden der philosophierenden Abstraktion, in allem nur sich auf sich selbst bezieht, daß sie das Absolute sei. Ein Gegenstand ist im Sinne seiner Dialektik begriffen, wenn er der philosophierenden Abstraktion völlig unterworfen ist: sich also restlos in die Bewegung des Negativen aufgelöst hat. In ihr bleibt das Denken bei sich, analytisches Urteil, das jedoch ebensosehr synthetisch oder dialektische Erzeugung des Gegenstandes wäre. Mit anderen Worten: weil alle isolierten Begriffe an sich selber (a priori) und nicht durch einen Dritten (nicht a posteriori) die Synthesis mit ihrer Verneinung darstellen, deshalb löst für Hegel alles begrifflich Faßbare, alle Realität, in synthetische Urteile a priori sich auf. Seine Deduktion der Wirklichkeit aus dem Begriff besteht »wesentlich darin, daß der Begriff in seiner formellen Abstraktion sich als unvollendet zeigt, und durch die in ihm selbst gegründete Dialektik zur Realität so übergeht, daß er sie aus sich erzeugt«[224]. Der traditionelle Idealismus, in seinen obersten Prinzipien – durch ihre Ineinssetzung mit ihrer Vermittlung – völlig dynamisiert, gewinnt die Form einer idealistischen Dialektik. Sie eigentlich ist erst konsequent in der Ersetzung der seienden Natur durch ein subjektives Schema: durch »die Bewegung von Nichts zu Nichts«[225].

Die »Negation der Negation« ist die Gestalt des Absoluten, das seine Unmittelbarkeit im geschichtlichen Prozeß verloren hat. Es löst sich auf ins Kreisen des Negativen, des sich von sich unterscheidenden und darin mit sich identischen Denkens, zu dessen Momenten alle Begriffe der Philosophie herabsinken. Das »Wahre ist so der bacchantische

224 l.c., S. 25.

225 Hegel, Logik, 1. Teil, WW IV, S. 493.

Taumel, an dem kein Glied nicht trunken ist, und weil jedes, indem es sich absondert, ebenso unmittelbar sich auflöst, – ist er ebenso die durchsichtige und einfache Ruhe«[226]. Für Hegel kann es nichts mehr geben, was nicht eine Phase oder ein Moment der Bewegung des Negativen: das heißt jenes »bacchantischen Taumels« wäre, in dem alles sich wechselseitig erklären und in »die durchsichtige und einfache Ruhe« aufheben soll. Dieses philosophische Ganze, in dem er das wahrhaft Unbedingte sieht, resultiert aus der Selbsttäuschung seiner Dialektik, die für ihre Setzung ausgibt, was bei der Erkenntnis der Natur sich auskristallisierte: Allgemeines und Besonderes. Sie erhebt das Negieren, mit dessen Hilfe menschliches Denken sich und die Natur bestimmte, zum principium naturae. Versuchte der traditionelle Idealismus das Allgemeine, die Ideen, auf reine Identität zu reduzieren, so wird Hegels idealistische Dialektik zum noch universaleren Deduktionssystem: sie bestimmt alles Nichtidentische, die Materie sowohl wie die Formen, als die Selbstauflösung von reiner Identität und zieht es in sie hinein. Die Eindimensionalität der Natur, die aufgesprengt wurde durch erkennendes Denken, verwandelt sich in die Eindimensionalität eines absoluten Geistes. Alles im kosmisch-geschichtlichen Prozeß, zu dem auch das menschliche Denken gehört, ist seine Setzung: von ihm erzeugte Bedingung seiner Manifestation. Die philosophierende Abstraktion konnte über die Welt sich nur erheben, weil sie jenes Medium ist, in dem die göttliche Idee sich aus ihrer Entäußerung in sich zurücknimmt. Menschliche Erkenntnis wird – wie in der platonischen Ideenlehre – zur Anamnesis. Der göttliche Geist erinnert sich seiner in der Entäußerung. Diese Erinnerung hat Philosophie zu betrachten: sie gehört selbst zum »Wege« seiner Erinnerung und gewährt dem entäußerten »Geiste«

226 Hegel, Phänomenologie des Geistes, WW II, S. 45.

die »Erkenntnis seines Wesens«[227]. Das göttliche principium mundi könne als Geist kein Seiendes sein – das ist die affirmative Bedeutung, die Hegel der geschichtlichen Entsubstantialisierung des Absoluten der europäischen prima philosophia gibt. Die Gestalten seiner Auflösung werden zu Momenten, die es selbst erzeugt, um sich mit sich zu vermitteln. Eine Frage, was dieser sich mit sich vermittelnde Gott in sich selber sei, hätte keinen Sinn: er existiert nur als die Welt, die aus ihm hervorging, indem er – als principium mundi – sich in sie verwandelte. In ihr entfaltet er sich, und seine Entfaltung im Endlichen soll dessen Entfaltung bewirken. Deshalb durfte Hegel sagen, der Inhalt von Philosophie und Wissenschaft sei »Gott und nichts als Gott und die Explikation Gottes«[228]. Dieser Gott ist freilich ein völlig sinnloses Gebilde: als ein Prinzip, das in seiner Funktion – der Vermittlung von Welt – aufgeht, vermag er eben diese Funktion nicht zu erfüllen. Statt ein Weltgrund ist er ein bloßer flatus vocis, nur daß seine Nichtigkeit dialektisch so umschrieben wird, daß er selber sich preisgibt und in der Welt verschwindet, was dann auch je schon passiert wäre.

Hegels idealistische Dialektik stellt die Vollendung der europäischen prima philosophia dar. Sie ist als deren letztes Resultat aber auch Vollendung der Selbstauflösung von prima philosophia. In ihr wird die Sinnlosigkeit des Anfangs mit einem göttlichen principium mundi manifest. Der Ausgang von diesem Prinzip sollte ein Ausgang vom Absoluten sein und dem Prozeß, in dem die Welt erscheint, zugleich einen Sinn verleihen. Der Sinn jedoch, den der moderne Pantheismus einzig zu stiften vermag, enthüllt und erschöpft sich in der Wiederkehr des Gleichen. Hegel kann es nicht verhehlen: wenn das als weltgeschichtlicher Prozeß existie-

227 Hegel, System der Philosophie, 2. Teil, WW IX, S. 49.
228 Hegel, Philosophie der Religion, 1. Band, WW XV, S. 37.

rende Absolute die bewußte Einheit seines »Begriffs und seiner Realität« erreicht hat, kehrt es »als die Totalität in dieser Form« wieder in den Anfang des Prozesses zurück – und ist erneut »Natur«[229]. Ein anderer Sinn von Natur und Geschichte war für Hegel – wie für den modernen Pantheismus überhaupt – nicht denkbar: in seinem absoluten Idealismus geht die abendländische Metaphysik über in Positivismus.

V

Hegels absoluter Idealismus war weder das Wahre noch das Ganze[230]. Ihn zu verlassen, stellt für kritisches Denken sich dar als die Konsequenz seines zentralen Inhaltes: der Bewegung von Nichts zu Nichts, aus der alles entstehen und die alles wieder in sich aufnehmen sollte. Der Schritt von ihm weg – als ein Schritt über ihn hinaus – mußte in einer Richtung erfolgen, die nicht zurück in den Dogmatismus vergangener Philosophie führte: weder in den eines »unkritischen Idealismus« noch in den eines »unkritischen Positivismus«[231]. Beide Formen dogmatischen Denkens hatte Hegel in seinem System der Philosophie vereinigt. Seine Kritik

229 Hegel, Logik, 2. Teil, WW V, S. 352f.

230 Die beiden Begriffe – das Wahre und das Ganze – werden zu sinnlosen Begriffen depraviert, wenn ihr einziger Inhalt ein Absolutes ist, das von Abstraktionen lebt, die es im geschichtlichen Prozeß aufgehen lassen. Daß alles Geschichte und der geschichtliche Prozeß alles sein soll, ist der Fluch sowohl des Liberalismus wie des Pantheismus. In ihren Systemen gibt es Sinn für den Einzelnen nur in der erfolgreichen Konkurrenz.

231 Karl Marx, Kritik der Hegelschen Dialektik und Philosophie überhaupt; in: Marx/Engels, Die heilige Familie und andere philosophische Frühschriften, Berlin 1953, S. 79.

der Extreme, die entweder idealistisch nur das Allgemeine oder empiristisch nur das Singuläre als wahres Sein gelten ließen, stand im Dienste von Dialektik als einem »rastlosen Kreisen«[232] der absoluten Idee in sich. Es wurde nicht über die Extreme hinausgegangen, sondern einzig die Identität dessen erwiesen, was sie für das wahre Sein hielten. In der Koinzidenz aller traditionellen Gegensätze sollte die Wahrheit bestehen: das Sein von Gott und Welt sich enträtseln. Nur wenn das gesehen: wenn – wie zuerst von Karl Marx – durchschaut wird, daß Hegels »philosophische Auflösung« der Wirklichkeit in den Begriff die verklärende »Wiederherstellung der vorhandenen Empirie«[233] durch den absoluten Begriff zum Telos hat, läßt die historische Genesis des modernen Positivismus sich begreifen. Er resultiert aus der Selbstauflösung der europäischen Metaphysik: der Verflüchtigung ihres obersten Prinzips, das in Hegels idealistischer Dialektik so gedacht wurde, daß Realität im strengen Sinne nur den empirischen Phänomenen noch zukam. Sie werden für den Positivismus zum einzig Seienden. Er erkennt, daß die Bruchstücke der Wirklichkeit, welche die Wissenschaften der philosophierenden Reflexion darbieten, nicht als Momente eines Ganzen und nicht aus einem Absoluten zu deduzieren sind, das in reiner Negativität aufgeht. Der Positivismus, die Sackgasse der europäischen prima philosophia, beschließt die geschichtliche Entsubstantialisierung ontologischer Kategorien. Alle seine orthodoxen Vertreter seit Auguste Comte halten sie für bloße Abstraktionen von sinnlich Gegebenem als dem allein Wirklichen. Die wesenlos gedachte »Natur« wird »rein Sache der Nützlichkeit«[233a]. Nichts in ihr gilt positivistischem Denken, in dem bürger-

232 l.c., S. 93.

233 l.c., S. 79.

233a Karl Marx, Grundrisse der Kritik der politischen Ökonomie, Berlin 1953, S. 313.

licher Machtanspruch über die Natur zu programmatischem Ausdruck gelangt, noch als ein »Für-sich-selbst-Berechtigtes«[234].

Eine Überwindung dieses Denkens von der traditionellen Metaphysik her war nicht möglich. Das hätte die Erkenntnis vorausgesetzt, daß die metaphysischen Systeme der Vergangenheit zuinnerst von einem geheimen Positivismus lebten: der Beförderung abstrakter Imitationen des Gegebenen zu ontologischen Wesenheiten. Nur in ihrem Bewußtsein, daß es ein intelligibles Substrat der Natur gibt, waren sie Metaphysik – nicht in ihrem Anspruch, das unveränderliche Wesen der sich verändernden Dinge zu besitzen. Jenes galt es zu behaupten gegen das vernichtende Urteil der Geschichte über diesen. Das konnte nur geschehen im Geiste von Kants negativer Metaphysik: also durch eine Theorie, die wahrhaft kritisch »die Erscheinungsform und das Wesen der Dinge«[235] zu unterscheiden wußte. Für eine solche Theorie durfte die Negation der traditionellen Vorstellung vom Wesen weder – wie im Positivismus – enden bei wesenlosen Fakten noch – wie in Hegels idealistischer Dialektik – bloßes Moment sein in der Bewegung eines Absoluten. Sie hatte durch die »Negation des Scheinwesens« hindurch die Bestimmung »des wahren Wesens«[236] der Phänomene zu intendieren. Niemand hat das – in der kritischen Absetzung von Hegel – so klar erkannt wie Karl Marx. Seine Reflexionen über die innere und äußere Form der Dinge zielen auf die Scheidung des Essentiellen und Akzidentellen an ihnen. Die sachliche Differenz jener Formen ist für ihn eine fundamentale. Während die »äußere Form« der Dinge relativ ist auf die Veränderungen von bereits geformter Materie, etwa wenn »dem Holz

234 l.c., S. 313.

235 Karl Marx, Das Kapital, Bd. III, Berlin 1953, S. 870.

236 Marx/Engels, Die heilige Familie und andere philosophische Frühschriften, S. 89.

die Form des Tisches« oder »dem Eisen die Form der Walze« gegeben wird, zeigt die »immanente Form« stofflicher Entitäten sich gleichgültig gegen jede Veränderung, die ihnen widerfährt[237]. In der immanenten Form visierte Marx das »immanente Gesetz« der Genesis von Naturstoffen. Die Annahme eines solchen Gesetzes definiert seine Nähe sowohl wie seine Distanz zu Aristoteles. Wie bei diesem basiert die Annahme innerer formae rerum auf der Erkenntnis, daß die Genesis der seienden Natur sich aus Materie und Bewegung allein nicht erklären läßt[238]. Aber ihre Bestimmung ist – im Unterschied zu jener der aristotelischen Tradition – keine positive: was bei Marx »immanente Form« heißt, ist nicht als die abstrakte Imitation des Geformten gedacht. Sein Verzicht auf eine positive Bestimmung, also auf die Ernennung von »Abstraktionen von Naturbestimmungen«[239] zu metaphysischen Wesenheiten, war der Verzicht auf tautologisches Denken. Durch ihn betrat Marx – unbewußt – Kants kritischen Weg. Freilich: um zu wirklicher Klarheit über die Bedeutung der inneren als der konstituierenden Form natürlicher Dinge zu gelangen, hätte ihr Verhältnis zur Materie und zu den Gesetzen der Physik – in bewußtem Fortschreiten auf Kants kritischem Weg – der Bestimmung in einer negativen Metaphysik bedurft. Die erkannte Unmöglichkeit, ein ens naturale rein mechanistisch in Materie und Bewegung zu fundieren, implizierte die Unmöglichkeit einer Reduktion der Form auf die Materie. Sie schloß einen mechanischen Materialismus nicht weniger aus als umgekehrt eine idealistische Aufspreizung der Form zum Ganzen[240]. Beide

237 Karl Marx, Grundrisse, S. 265.
238 Vgl. Marx/Engels, Die heilige Familie, S. 258.
239 l. c., S. 96.
240 »Marx kritisiert« – worauf Alfred Schmidt hinweist – »den alten Materialismus, indem er idealistisch, den Idealismus, indem er materialistisch argumentiert« (A. Schmidt, Der

Extreme stimmten überein in ihrer Einseitigkeit: der Tendenz, das Materie-Form-Problem durch die Absolutsetzung eines der beiden Momente zu lösen. Aus dieser Erkenntnis postulierte Marx gegen Hegels abstrakten Idealismus keinen abstrakten Materialismus, sondern eine Position, in der die Einseitigkeit der Extreme überwunden wäre. Die Genesis der seienden Dinge ließ sich nur begreifen durch ein Prinzip, das Materie und Form als Verschiedene in ursprünglicher Einheit umfaßt, also seiner Potenz nach nicht ärmer ist als sein principiatum. Daher war und ist die Möglichkeit eines ens naturale auch nicht erklärbar aus der Summe seiner Teile. Jeder Versuch einer solchen Erklärung lebt von einem »unkritischen« Positivismus: der These, daß die Kenntnis der naturwissenschaftlich allein fixierbaren Teile gleichbedeutend sei mit der Kenntnis des Ganzen, dieses sich in jenen erschöpfe. Die Erklärung seiner Genesis verlangt mehr: weil nämlich die gleichen physikalischen und chemischen Gebilde bei der Genesis belebter Körper einer höheren Form gehorchen als bei der Entstehung unbelebter Körper, kann die Kenntnis der Teile nicht die Kenntnis des Ganzen vermitteln, dem sie angehören. Die positive Erkenntnis eines Ganzen wäre nur möglich durch die Erkenntnis seiner naturwissenschaftlich nicht fixierbaren inneren Form: dessen, was Kant das intelligible Substrat der Erscheinungen nannte[241].

Begriff der Natur in der Lehre von Marx, Frankfurt am Main 1962, S. 96). Die doppelte Basis seiner Argumentation zeugt von der nicht ausreichend durchdachten eigenen Theorie. Deren volle Entfaltung hätte die Thematisierung des konstituierenden Fundaments der Natur in Richtung auf eine negative Metaphysik erforderlich gemacht. Vgl. hierzu auch Jürgen Habermas, Erkenntnis und Interesse, Frankfurt am Main 1968, S. 47 ff.

241 Die systematische Nähe der beiden Begriffe manifestiert sich im Gegensatz von innerer und äußerer Form. Wie die stofflichen Gebilde »existiert« auch deren »äußere Form … selbst

Durch die Unmöglichkeit, die innere Form natürlicher Dinge positiv zu bestimmen, ist es zugleich unmöglich, den Prozeß der Begründung – das principiare principiati – positiv darzustellen. Gegenüber Hegel hatte Marx erkannt, daß der Träger dieses Prozesses, seine konstituierende Form, sich nicht in reiner Negativität erschöpfen darf: nicht in einer »absoluten Idee«, die »sich als nichts«[242] weiß. Die nur negative Bestimmbarkeit der inneren Form, eines inhaltlichen Prinzips, zwingt ihn zur Beschränkung: zum Verzicht auf eine Dialektik der Natur als deduktiven Zusammenhang von principium und principiatum. Sagen läßt sich nur, was die innere Form ermöglicht: die Konstitution von entia naturalia, die in ihrer Singularität durch die Gattungen und Arten, denen sie angehören, zugleich in Beziehung stehen. Das Vorhandensein beider Aspekte – der Verschiedenheit in der Natur und der Synthesis des Verschiedenen – macht Natur von sich aus erkennbar.

Im Sinne einer solchen Natur, die von sich aus Intelligibilität besitzt, hat Marx das Verhältnis von Subjekt und Objekt bestimmt. Die konstitutiven Leistungen des menschlichen Subjekts beschränken sich auf die Bildung von Theorien zur experimentellen Erforschung und technischen Beherrschung der Natur – aber auch darin ist es nicht selbstherrlich, sondern abhängig von der Natur, die »sich ohne sein Zutun«[243]

nur stofflich« (Marx, Grundrisse, S. 265). Sie »löst« sich in eins mit ihnen »auf« (l. c.). Dagegen bleibt die »immanente Form« unberührt von den Veränderungen der stofflichen Erscheinung. In ihr haben »natürliche Substanzen« das »immanente Gesetz« ihrer Produktion und »Reproduktion« (l. c.). Es liegt – wie Kants intelligibles Substrat der Erscheinungen – in der Natur verschlossen. Bekannt sind nur seine constituta: die erscheinenden Dinge.

242 K. Marx, Kritik der Hegelschen Dialektik und Philosophie überhaupt, S. 94.

243 K. Marx, Das Kapital, Bd. 1, S. 186.

vorfindet, und dem akkumulierten Wissen über sie. Es vermag die Natur nur in dem Maße experimentell zu erforschen und technisch zu beherrschen, wie es ihm gelingt, sie – unter Ausnutzung ihrer erkannten Gesetzmäßigkeit – auf sich selbst wirken zu lassen. Der geschichtliche Stand ihrer Erforschung und Beherrschung ist der erkenntnistheoretische Ort: der seiner Pseudogöttlichkeit entkleidete transzendentale Bereich, von dem aus die empirischen Subjekte sich begrifflich auf die »Naturstoffe« beziehen. Das hat zur Konsequenz: ein in Kategorien der Wissenschaften bestimmtes Objekt kann niemals reines Objekt sein, sondern es umfaßt sich und das erkennende Subjekt, aus dessen geschichtlich vermittelter Perspektive es fixiert wurde. Die erscheinende Natur impliziert die Menschheit mit ihrer Erfahrung und Wissenschaft: sie läßt von der Entfaltung der Methoden ihrer Erkenntnis sich nicht trennen. Umgekehrt sind auch diese Methoden, als eine faktische Beziehung der Menschen auf die Natur, nur möglich in der wirklichen Welt. Im Begriff gegeben ist so weder eine Natur, die unabhängig wäre von der menschlichen Geschichte, noch eine Natur, die im Prozeß ihrer geschichtlichen Bestimmung als eine Gegebenheit aufginge. Als der Inbegriff des akkumulierten Wissens ist der geschichtliche Prozeß die gnoseologische Basis menschlicher Erkenntnis – nicht die ontologische des Erkannten. Die »Aneignung des Natürlichen für menschliche Bedürfnisse« ist und bleibt »ewige Naturbedingung des menschlichen Lebens und daher unabhängig von jeder Form dieses Lebens, vielmehr allen seinen Gesellschaftsformen gleich gemeinsam«[244]. Der Materialismus im philosophischen Denken von Karl Marx besteht in der Insistenz auf solcher Gebundenheit menschlichen Lebens an die Natur. Gegenüber den herkömmlichen Gestalten begreift er sich selbst

244 l.c., S. 192.

als dialektischen Materialismus durch die Erkenntnis der geschichtlichen Vermitteltheit aller Formen menschlicher Aneignung von Naturstoffen. Wie immer diese Aneignung erfolgen, in welchem Maße auch immer es gelingen mag, zwischen Mensch und Natur den industriellen Prozeß zu schieben, das Resultat kann niemals die völlige Freiheit der Menschen sein. Die Natur ist nicht auflösbar in menschliche Tätigkeit, gesellschaftliche Arbeit nicht das Absolute.

Alle Elemente für eine philosophische Theorie, die eine kritische Überwindung des Idealismus sowohl wie des Positivismus darstellt, finden sich bei Marx versammelt. An ihrer Entfaltung hing mehr als das Schicksal der Philosophie: ob sie durchgeführt wurde oder nicht, mußte universale Bedeutung gewinnen für den Sinn des menschlichen Daseins selber. Der kritische Weg einer negativen Metaphysik war zu beschreiten, der in der Nachfolge von Kant dogmatischem Denken geopfert worden war. Die deutsche idealistische Philosophie hatte in Hegel den Weg eines krassen Positivismus gewählt. Seine Apotheose der empirischen Welt war der Weg der Macht: der Begrenzung von Denken und Sein aufs begrifflich Fixierbare. Diese Begrenzung – in materialistischer Gestalt – wird zum Weg auch der offiziellen Nachfolger von Marx. Sie suchen in der gleichen Weise über Marx hinauszugehen wie einst Hegel über Kant. Von ihnen werden jene Elemente der kantischen wie der marxschen Theorie beseitigt, durch die allein es möglich war, der Reduktion von Mensch und Natur aufs positivistische System der Wirklichkeit entgegenzuwirken. Das Zentrum ihrer Kritik bildet das naturwissenschaftlich nicht fixierbare Ansichsein. Durch seine Auflösung in den Begriff wollen sie entfalten, was für Marx wie für Kant sich positiv nicht bestimmen ließ: das immanente Gesetz der Genesis natürlicher Dinge. Wie in Hegels absolutem Idealismus sollte das erkennende Subjekt fähig werden, von der »wirklichen Welt« ein begriffliches

»Spiegelbild«[245] zu erzeugen. Doch wie für Marx besaß auch für seine Nachfolger der idealistische Ausgangspunkt des hegelschen Systems keine Realität mehr. Die Erkenntnis der Nichtigkeit dessen, was bei Hegel das Absolute heißt, hatte Marx auf Kants kritischen Weg geführt: in die Nähe einer negativen Metaphysik. Seine Nachfolger unterscheiden sich von ihm durch die Inkonsequenz, daß sie ohne Hegels identitätsphilosophischen Ansatz an den Resultaten des Systems, insbesondere an der völligen Erkennbarkeit der Welt festhalten.

Inauguriert wurde diese Entwicklung durch den späten Engels. Der Untergang von Hegels absolutem Idealismus läßt für ihn unversehrt »die Dialektik« zurück: nämlich als »die Wissenschaft von den allgemeinen Gesetzen der Bewegung, sowohl der äußeren Welt wie des menschlichen Denkens – zwei Reihen von Gesetzen, die der Sache nach identisch« und nur »dem Ausdruck nach...verschieden sind«[246]. Solche »Gesetze der Bewegung« gelten für alle Entwicklung, verstanden als dialektischer Übergang von Niederem zu Höherem. Den kardinalen »Fehler« ihrer idealistischen Darstellung sieht Engels in der Spiritualisierung »wirklicher Entwicklungsgesetze der Natur«[247] zu Gesetzen eines göttlichen Geistes, der von oben her die Welt nach seinen Gedanken einrichtet. Das Ursprüngliche verwandelte sich in ein Abgeleitetes: in ein Produkt des menschlichen Denkens, das im Gott der europäischen Metaphysik sich selber hypostasiert hatte[248]. Wenn das erkannt und das wahre Verhältnis

245 Fr. Engels, Feuerbach und der Ausgang der klassischen deutschen Philosophie; in: K. Marx und Fr. Engels, Ausgewählte Schriften, Berlin 1966, Bd. II, S. 339.

246 l.c., S. 355.

247 Fr. Engels, Dialektik der Natur, Berlin 1961, S. 54.

248 Vgl. Fr. Engels, Feuerbach und der Ausgang der klassischen deutschen Philosophie, S. 338 f.

von Denken und Sein realisiert wird, verschwindet nach Engels »jede idealistische Schrulle«[249] der hegelschen Dialektik. Sie hört auf, die »Selbstentwicklung des Begriffs«[250] zu sein. Als »Begriffsdialektik« ist sie nur noch »der bewußte Reflex der dialektischen Bewegung der wirklichen Welt«[251]. Durch diese Konstellation von Denken und Sein stand für die Sphäre des Seins fest, daß die »wirklichen Dinge«[252] die Prinzipien ihrer Genesis in Gesetzen der Dialektik hätten, in ihrem Wesen also adäquat erkennbar wären. Kants unerkennbares Ding an sich mußte, wie für Hegel schon, sich reduzieren auf die leere Abstraktion – Abstraktion von jeder Bestimmtheit der allein als real zugelassenen Phänomene. Den »schlagendsten« Beweis, daß es wahrhaft mehr nicht sei als ein bloßer flatus vocis, sieht Engels in der »Praxis, nämlich dem Experiment und der Industrie«[253]. Sein Argument lautet: »Wenn wir die Richtigkeit unsrer Auffassung eines Naturvorgangs beweisen können, indem wir ihn selbst machen, ihn aus seinen Bedingungen erzeugen, ihn obendrein unsern Zwecken dienstbar werden lassen, so ist es mit dem Kantschen unfaßbaren Ding an sich zu Ende«[254]. Die Vorstellung, daß ein Naturvorgang in seinem Ansichsein damit erkannt sei, daß eine naturwissenschaftliche Disziplin seine experimentell faßbaren Bedingungen darstellt, ist das Pseudos des dialektischen Materialismus seit Engels. Von daher rührt seine Aufteilung der Natur in beherrschbare und noch nicht beherrschte Phänomene. Sie verdrängt die Differenz von Erscheinung und Ding an sich und entspringt aus der Intention, als Natur nur noch Phänomene von prinzipiel-

249 l. c., S. 354.
250 l. c., S. 354.
251 l. c., S. 355.
252 l. c., S. 355.
253 l. c., S. 340.
254 l. c., S. 340.

ler Durchschaubarkeit gelten zu lassen. Diese Intention lebt von jenem Pseudos. Denn was einen »Naturvorgang« als experimentell bestimmbares und technisch verwertbares Phänomen von sich selber als »unfaßbarem Ding an sich« unterscheidet, ist kein gradueller Unterschied, sondern sein Inhalt in relativer und absoluter Erkenntnis. In absoluter Erkenntnis würde er vom »inneren durchgängig zureichenden Prinzip der Möglichkeit einer Natur«[255] her erkannt. Durch eine solche Erkenntnis wäre er zugleich erkannt in seinem Zusammenhang mit allen anderen Naturvorgängen. Aber weder dieser universale Zusammenhang noch gar jenes Prinzip, das ihn konstituiert, kann Gegenstand naturwissenschaftlicher Erkenntnis sein. Beide stehen transzendent zum Bereich ihrer möglichen Gegenstände. Ihm immanent sind allein aus dem Gesamtzusammenhang separierte Naturvorgänge: partikulare Naturvorgänge, die sich unter meßbaren Bedingungen vollziehen. Der Prozeß der Separierung geht jedoch ein in die Bestimmung des untersuchten Objekts. Er restringiert sie auf die durch ihn erstellten Verhältnisse. Allerdings ist diese Bestimmung keine subjektive Setzung. Sie hat als die relative Erkenntnis eines Naturvorgangs ihre objektive Grundlage in der Struktur, die ihm unabhängig vom erkennenden Subjekt zukommt: seiner Bestimmtheit an sich selber. Ohne sie wäre der »Gegenstand« naturwissenschaftlicher Erkenntnis »an sich völlig unbestimmt«[256]. In einen solchen Gegenstand ließe sich widerstandslos »jede beliebige Gesetzmäßigkeit« hineinkonstruieren[257]. Die Unmöglichkeit, naturwissenschaftliche Erkenntnis durch derlei Projektionen zu verwirklichen, zeugt indirekt von einem Ansichsein der Gegenstände, nach denen sie sich zu richten

255 I. Kant, Kritik der Urteilskraft, B 317.

256 P. Bulthaup, Zur gesellschaftlichen Funktion der Naturwissenschaften, Frankfurt am Main 1973, S. 105.

257 l.c., S. 105.

hat. Seine Unerkennbarkeit bedeutet: der Schritt aus dem Bereich der Phänomene in den ihres metaphysischen Grundes ist unmöglich im Sinne positiver wissenschaftlicher Erkenntnis. Selbst durch die »aufgeklärteste Erkenntnis der Erscheinung« aller materiellen »Gegenstände«[258] bliebe unbekannt, worin das »innere durchgängig zureichende Prinzip der Möglichkeit einer Natur«[259] besteht. Nichts Geringeres als seine positive Bestimmung aber beanspruchte Engels mit der Deklaration von Dialektik als dem Urgesetz der Genesis von Welt. Die Fundierung der Natur in dialektischer Bewegung wird für ihn zur »absoluten Notwendigkeit« jeder »Naturwissenschaft, die das Gebiet verlassen hat, wo die festen Kategorien« der formalen Logik »ausreichten«[260]. Jede »Naturwissenschaft« nämlich, die nicht mehr – wie Newton und Linné noch – die Beziehungen fertiger Körper untersuche, sondern »die in der Natur vorkommenden Entwicklungsprozesse« von Körpern, habe in der »Dialektik« allein das »Analogon« und die »Erklärungsmethode«[261] ihres Gegenstandes. Daher ergehe – durch den geschichtlichen Gang der Untersuchungen selber – an naturwissenschaftliches Denken die Forderung, in der »Dialektik« das universale Prinzip des »Lebens der Natur« zu erkennen[262]. Resultieren aus solcher Erkenntnis soll die Einheit aller materiellen Prozesse: die »Natur als ein wenigstens in den großen Grundzügen erklärtes und begriffenes System von Zusammenhängen und Vorgängen«[263].

Engels ging es mit der Forderung an die Wissenschaften, in der Dialektik das innere Wesen der Natur zu erkennen, nicht

258 I. Kant, Kritik der reinen Vernunft, A 43.
259 I. Kant, Kritik der Urteilskraft, B 317.
260 Fr. Engels, Dialektik der Natur, S. 217.
261 l. c., S. 32.
262 l. c., S. 224.
263 l. c., S. 211.

»um eine Verteidigung des Hegelschen Ausgangspunkts: daß der Geist, der Gedanke, die Idee das Ursprüngliche, und die wirkliche Welt nur der Abklatsch der Idee sei«[264]. Was er intendierte, war vielmehr das Gegenteil: die Befreiung der Dialektik von eben diesem Ausgangspunkt – als einem Residuum aus der metaphysischen Tradition des europäischen Denkens. Nach Abzug des idealistischen Ansatzes sollte rein und unverhüllt Hegels »großer Grundgedanke« in Erscheinung treten, daß die »scheinbar stabilen Dinge nicht minder wie ihre Gedankenabbilder in unserm Kopf, die Begriffe, eine ununterbrochene Veränderung des Werdens und Vergehens durchmachen, in der bei aller scheinbaren Zufälligkeit und trotz aller momentanen Rückläufigkeit schließlich eine fortschreitende Entwicklung sich durchsetzt«[265]. Das war unkritisch sowohl gegenüber der hegelschen Dialektik als solcher, deren Möglichkeit untrennbar ist von ihrem Ausgangspunkt, als auch gegenüber ihrem Anspruch auf Gültigkeit für jede materielle und geistige Bewegung, der doch ebenso wie sie selbst in einem idealistischen Prinzip gründet: dem Prinzip reiner Identität als einem absolut Ersten. Ohne Ausgang von einem göttlichen principium mundi, das sich durch seine Produkte hindurch zu sich selbst zurückbewegt, läßt sich ein durchgehender dialektischer Zusammenhang im naturgeschichtlichen Prozeß nicht denken. Deshalb der Anfang des hegelschen Systems der Philosophie mit reinem als dem göttlichen Sein. Die Erkenntnis der Nichtigkeit dieses Seins, die Engels mit Marx teilte, hätte ihn zum Verzicht auf die idealistische Vorstellung von Natur als einem »System« ableitbarer »Vorgänge«[266] zwingen müssen. Doch nahm er an, daß den Phänomenen im naturgeschichtlichen

264 l.c., S. 37.

265 Fr. Engels, Feuerbach und der Ausgang der klassischen deutschen Philosophie, S. 355 f.

266 Fr. Engels, Dialektik der Natur, S. 211.

Prozeß dialektischer Zusammenhang von sich aus zukäme. In dieser Annahme bestand sein Rückfall hinter die marxsche Überwindung von Idealismus und Positivismus. Marx hatte im negativen Begriff der »immanenten Form« ein Prinzip anerkannt, das konstitutiv ist für die Genesis natürlicher Dinge. Seine kritische Überwindung von Hegels absolutem Idealismus bestand im Verzicht auf den Schein einer affirmativen Bestimmung des Wesens. Durch dessen Bewahrung in einem negativen Begriff war er zugleich gefeit gegen die positivistische Reduktion der Natur auf Funktionszusammenhänge. Im Unterschied zu Engels wußte er: die bloße Verwerfung von Hegels absoluter Idee führt nicht über Idealismus und Positivismus hinaus. Sie bleibt stehen bei einer Dialektik, die das »innere durchgängig zureichende Prinzip der Möglichkeit« von erscheinender »Natur«[267] nicht ist, sondern es voraussetzt. Das hatte Engels nicht erkannt: ihm entging, daß es dialektischen Zusammenhang in materiellen Prozessen nicht geben kann ohne das intelligible Substrat, durch welches die Stufen kosmischen Werdens aufeinander und auf ein Telos bezogen sind. Die Natur löst durch die bloße Verwerfung metaphysischer Prinzipien, die Engels schon für die Überwindung »alles Dogmatischen«[268] hielt, sich auf in einen wesenlosen »Komplex von Prozessen«[269]. Ein neuer Dogmatismus mußte sich durchsetzen: der Positivismus, der als real nur Prozesse, soweit sie naturwissenschaftlich fixierbar sind, gelten läßt. Auch ein dialektischer Materialismus, für den Dinge an sich leere Abstraktionen darstellen, konnte dem Schicksal dieses Dogmatismus nicht entgehen.

267 I. Kant, Kritik der Urteilskraft, B 317

268 Fr. Engels, Feuerbach und der Ausgang der klassischen deutschen Philosophie, S. 333.

269 l.c., S. 355.

Das für den Positivismus »unmittelbar Gegebene«[270] sind Phänomene: physische und psychische, die sich wissenschaftlicher Analyse in Gruppen gesetzmäßig zusammenhängender Elemente auflösen. Solche Gruppen können als körperhafte Dinge oder denkende Subjekte bezeichnet werden. Es gibt aber nach Ernst Mach, in dem Humes empiristisches Denken seine klassische Fortsetzung fand, real weder ein selbständiges Ding noch ein selbständiges Ich. Ihre »gemeinhin angenommene« Selbständigkeit, der »schroffe Gegensatz«[271] der Phänomene, beruht auf Schein: der »Nichtbeachtung weniger merklicher, schwächerer Abhängigkeiten« gegenüber der »vorzugsweisen Berücksichtigung auffallender, stärkerer Abhängigkeiten«[272]. Wie die scheinbare Selbständigkeit materieller Gebilde basiert »auf demselben graduellen Unterschiede der Abhängigkeiten ... auch der Gegensatz der Welt und des Ich«[273]. Ein »isoliertes Ich« existiert sowenig wie ein »isoliertes Ding«[274]. Beide, Ding und Ich, sind Abstraktionen: sie bezeichnen Gruppen von Elementen, aus deren Verbindung sie resultieren. Wenn sie sich auflösen, hat »nur eine ideelle, denkökonomische, keine reelle Einheit...aufgehört zu bestehen«[275]. Das heißt: nicht die Dinge, zu denen durch ihren Leib auch die Menschen gehören, sind das »Primäre, sondern die Elemente«[276]. Erscheinen dem »Physiker die Körper als das Bleibende, Wirkliche, die Elemente hingegen als ihr flüchtiger vorübergehender Schein, so beachtet er nicht, daß alle Körper nur Gedankensymbole für Elemen-

270 E. Mach, Erkenntnis und Irrtum, 6. Auflage, Darmstadt 1968, S. 13.
271 l.c., S. 9.
272 l.c., S. 15.
273 l.c., S. 15.
274 l.c., S. 15.
275 E. Mach, Analyse der Empfindungen, S. 19.
276 l.c., S. 19.

tenkomplexe«[277] sind. Als das wahrhaft Reale konstituieren Elemente die gegenständliche Welt. Was diese Elemente an sich selber sind, ist nicht sagbar. Sagen läßt sich nur, als was sie im Bereich der menschlichen Sinne, also für besonders hoch organisierte Gruppen von Elementen, erscheinen: nämlich als »Farben, Töne, Drucke, Räume, Zeiten«[278]. Sie, die »gewöhnlich Empfindungen« genannt werden, sind die »eigentlichen Elemente der Welt«[279]. Ihnen gegenüber ist jedes »Ding« eine Synthese: sein »Name ein Symbol für einen Komplex von Elementen, von deren Veränderung« abgesehen wird[280]. Die mannigfaltige und vielseitige »Abhängigkeit der Elemente voneinander« ist der Gegenstand der Wissenschaften: das einzig von ihnen »Erforschbare«[281]. Alles, was sich durch wissenschaftliche Experimente erforschen läßt, ist »durch die Abhängigkeit oder Unabhängigkeit der Elemente ... einer Erscheinung voneinander gegeben und erschöpft«[282]. Um durch die Bestimmung ihrer Konstellation ein Phänomen zu bestimmen, steht nur eine Methode zu Gebote: die naturwissenschaftliche Methode der Veränderung im Versuchsaufbau, der Variation also von Elementen oder ganzer Gruppen von Elementen. Diese Methode der Variation, als die »Grundmethode«[283] naturwissenschaftlicher Erkenntnis durchs Experiment, führt von den vermuteten zu den objektiv gegebenen Zusammenhängen der Elemente. Die Vermutung, von der die Anordnung des Experiments ausgeht, hat ihre systematische Voraussetzung in dem tradierten Wissen. Es bildet das historische Apriori für die »Ermittelung der

277 l.c., S. 23.
278 E. Mach, Die Mechanik, 9. Auflage, Darmstadt 1963, S. 459.
279 l.c., S. 459.
280 l.c., S. 459.
281 E. Mach, Erkenntnis und Irrtum, S. 15.
282 l.c., S. 203.
283 l.c., S. 203.

Abhängigkeit der Erscheinungselemente voneinander«[284]. Was aus solcher »Ermittelung« resultiert, ist weder ein »Ding an sich« noch überhaupt etwas Unmittelbares: sondern ein neuer Begriff und ein neuer Gegenstand, die sich durch ihre gemeinsame Genese gegenseitig umfassen. Sie gehören einem geschichtlichen Kontinuum an und sind nur in ihm möglich. Ihre historisch vermittelte Einheit, der von der »Anpassung der Gedanken an die Tatsachen« und der »Gedanken aneinander« getragene naturwissenschaftliche Erkenntnisprozeß[285], bildet das allgemeine Medium, in dem der individuelle Gedanke sich konstituiert und sein Objekt findet. Auf dieser Einheit des Subjektiven und Objektiven basiert jenes »übersichtlich geordnete, vereinfachte, widerspruchslose Gedankensystem, welches uns als Ideal der Wissenschaft vorschwebt«[286]. Es ist für Ernst Mach und den Positivismus ein System, in dem »die Frage nach Schein und Wirklichkeit ihren Sinn verloren«[287] hat. Objektivität besitzen allein die Tatsachen, die ihm angehören: die erkannten funktionalen Zusammenhänge der Elemente. Zu ihrem »Verständnis« soll ein »unerkennbares« intelligibles Substrat der erkennbaren Phänomene weder behilflich noch »nötig«[288] sein.

Diese These, die zur opinio communis der Positivisten wurde, setzt ein Denken voraus, das seine »Aufgabe« als »eine rein methodologische«[289] begreift. Es will exaktes Denken sein dank einem Verbot metaphysischer Fragen nach dem konstituierenden Fundament der Natur. Als sinnvoll gelten nur die Fragen, die mit naturwissenschaftlichen Methoden sich positiv beantworten lassen. Philosophie reduziert sich

284 l.c., S. 203.
285 l.c., S. 164f.
286 l.c., S. 20.
287 l.c., S. 10f.
288 l.c., S. 11.
289 l.c., S. 13.

auf Methodologie: die Untersuchung wissenschaftlicher Forschungsmethoden. Als solche darf und kann sie keine Theorie mehr bieten von der metaphysischen Möglichkeit der Gegenstände menschlicher Erkenntnis. Positivistisches Denken schließt jede Metaphysik aus. Es bleibt auf den Fakten sitzen: verweigert sich der Frage nach deren Möglichkeit, zu der es gezwungen wäre, würde von ihm kritisch auf das reflektiert, was es selber für das Primäre hält: die wie immer gearteten Elemente. Ihre funktionalen Abhängigkeiten aber, als die Fakten im strengen Sinne, die zu bestimmen Aufgabe der Wissenschaften ist, supponieren ihre Organisation zu erkennbarer Natur und eine Information, durch die sie aufeinander und auf ihre constituta bezogen sind. Ohne eine Information der Elemente, deren metaphysische Basis Kant in seiner Lehre vom intelligiblen Substrat der Erscheinungen negativ zu fixieren suchte, bleibt Natur etwas von sich aus völlig Irrationales. Logischer Aufbau käme ihr einzig als Phänomen des menschlichen Bewußtseins zu: als von ihm geordnete Mannigfaltigkeit an sich chaotischer Empfindungen. Das ist die Konsequenz, auf die im Gefolge von Lenin die dialektischen Materialisten den machschen Positivismus festlegten. Er ist für sie ein subjektiver Idealismus.

Gegenstände menschlicher Erfahrung, die an sich selber keine Struktur besäßen, könnten, was an ihnen erkennbar wäre, nur durch ein subjektives Prinzip zugeteilt erhalten. Diese Tendenz zum subjektiven Idealismus ist jeder Theorie immanent, die ein intelligibles Substrat der Natur nicht duldet: es als eine »metaphysische Teufelei«[290] verwirft. Ihre Aufhebung verlangt die Beseitigung ihrer Ursache: des einseitigen Materialismus in der Lehre von den konstituierenden »Elementen« der objektiven Welt. Um jene Tendenz in ihrem Ursprung zu negieren, ist über diesen Materialismus

290 l. c., S. 13, Anm.

hinauszugehen in Richtung auf einen Begriff der Natur, der erklärt, wie die objektive Welt möglich ist, auf welche die Naturwissenschaften sich beziehen. Zur Abwehr von Tendenzen einer Theorie, die zum subjektiven Idealismus führen, genügt es also nicht, einfach die erfahrbare Natur als »objektive Realität«[291] zu postulieren, sondern gefordert ist darüber hinaus, die Konstitution dieser Natur so zu denken, daß sie an sich selber als objektiv mögliche Realität erscheint. Das ist von Lenin, dem entschiedensten unter den materialistischen Gegnern idealistischen Denkens, kaum oder nur unzulänglich erkannt worden. Seiner programmatischen Forderung nach »objektiver Realität« blieb verborgen, daß die Tendenz zum subjektiven Idealismus, der Mach nicht entrann, sich auch durch dessen bloßes Gegenteil: den Materialismus, der sie auslöste, nicht überwinden läßt. Aus dem Mangel an Einsicht in den Zusammenhang der Extreme ist das Unwahre von Lenins eigener Theorie hervorgegangen: der heute offiziellen des dialektischen Materialismus.

Der von Ernst Mach begründete Positivismus tendiert zum subjektiven Idealismus nicht aus eigener Intention. Die Tendenz wuchs ihm zu durch die Beschränkung menschlicher Erkenntnis auf positiv Bestimmbares: naturwissenschaftliche Phänomene. Vermöge dieser Beschränkung wurde es für ihn unmöglich, von dem nur negativ bestimmbaren Ansichsein der Phänomene noch als einer Realität zu reden. Die realen Bausteine der Phänomene reduzierten sich auf wesenlose Elemente, aus denen nicht mehr erklärbar ist, was naturwissenschaftliche Forschung doch voraussetzt: eine objektive Welt. Gleichwohl hält an dieser Voraussetzung insgeheim auch der machsche Positivismus fest: seine Analyse naturwissenschaftlicher Erkenntnis partizipiert ebenso an ihr wie

291 W.I. Lenin, Materialismus und Empiriokritizismus, Berlin 1967, S. 122.

seine Fixierung der »Natur« als »gelöster Aufgabe ohne Auflösung«[292]. Die Teilhabe an ihr nennt die differentia specifica zwischen ihm selber und dem subjektiven Idealismus. Die Empfindungen sind für positivistisches Denken das Primäre nicht im Sinne subjektiver Idealisten, die sie als Setzung eines übermenschlichen Subjekts behaupten, sondern einzig nach Art des reflektierenden Naturwissenschaftlers, der weiß, daß durch Experimente vermittelte Empfindungen die erkenntnistheoretische Basis seiner Vorstellungen vom Objekt bilden. Erkenntnistheoretisch sind die Empfindungen früher als die Dinge, die immer nur so erscheinen, wie die Empfindungen ausfallen. Wie sie ausfallen, hängt – a parte cognoscentis – von den Instrumenten und Methoden der Untersuchung ab. Durch diese Abhängigkeit sind die erscheinenden Dinge relativ auf den geschichtlichen Stand der Wissenschaften. Doch sind sie ebensosehr Ausdruck ihres Ansichseins, ohne das sie Erscheinungen von nichts wären, und es Empfindungen, die einen objektiven Inhalt haben, nicht geben könnte. Der falsche Schluß, den Ernst Mach aus der richtigen Analyse naturwissenschaftlicher Erkenntnis zog, bestand in der Bestreitung eines Ansichseins von Welt: real sollte nur sein, was sich positiv bestimmen ließ. Seine Bestreitung war unvereinbar mit der stillschweigenden Voraussetzung objektiver Weltphänomene. Machs positivistische Theorie der Wirklichkeit mußte konsequentem Denken als ein zusammenhangloses »Durcheinander entgegengesetzter philosophischer Standpunkte«[293] erscheinen.

Für Lenin, der sie aufs schärfste bekämpfte, war der Antagonismus ihrer Bestandteile die Folge eines nicht durchgehaltenen Materialismus in der Bestimmung der Natur. Er sah, daß ohne ein Ansichsein der Dinge eine objektive Welt

292 E. Mach, Erkenntnis und Irrtum, S. 269.
293 W. I. Lenin, S. 46.

nicht denkbar ist. Mach und seine Anhänger, die gegen Kant polemisierten, weil er die »Existenz eines solchen«[294] zuließ, hatten den Anspruch auf die Voraussetzung einer objektiven Welt verwirkt. Deren Annahme verlangt die Anerkennung ihres Ansichseins. Es muß nach Lenin »realistischer«[295] gefaßt werden als in Kants negativer Bestimmung: nämlich positiv nach dem Modell der erscheinenden Natur. In diesem Postulat besteht seine Kritik an Kant: eine Kritik »von links«, der Kant »nicht genügend Materialist« ist, während er den Machisten »zu sehr Materialist«[296] war. Wie für Engels, dem er folgt, kann es für Lenin »zwischen der Erscheinung und dem Ding an sich« einen »prinzipiellen Unterschied«[297] nicht geben. Der unaufhebbare Gegensatz beider, den Kant statuierte, reduziert sich auf den von Engels proklamierten Unterschied »zwischen Erkanntem und noch nicht Erkanntem«[298]. Mit der positivistischen Bestreitung von Dingen an sich, die sie bekämpft, stimmt diese Reduktion darin überein, daß auch sie die Existenz von Unerkennbarem nicht duldet. Das rein »materialistisch«[299] gedachte Ansichsein der Natur soll in erkennbarer Materie aufgehen. Der einseitige Materialismus in Machs Lehre von den »Elementen« erweitert sich damit zur materialistischen Metaphysik – und in dieser Erweiterung wird zugleich das Medium seiner Befreiung von den Tendenzen zum subjektiven Idealismus gesehen. Für Lenin haben alle Phänomene – von den einfachsten stofflichen Gebilden bis hinauf zum Menschen – ihr Wesen in der »Materie« als dem »ursprünglich Gegebenen«[300]. Das aber

294 l.c., S. 196.
295 l.c., S. 196.
296 l.c., S. 196.
297 l.c., S. 96.
298 l.c., S. 96.
299 l.c., S. 196.
300 l.c., S. 37.

hat zur Konsequenz, daß Lenin, der in der Bestimmung des Ansichseins von Welt den Materialismus von Mach nur radikalisiert, wie dieser unerklärt lassen muß, wodurch Natur eine an sich selber geformte Natur ist. Seine Einsicht in die Notwendigkeit an sich bestimmter Dinge als der realen Basis einer objektiven Welt wird pervertiert durch das, was er nicht erkennt: die logische Unmöglichkeit einer rein materialistischen Naturerklärung. Wie bei Ernst Mach besteht auch in seiner Theorie ein Chorismos zwischen rein materiellem constituens und dessen constitutum, der objektiven Welt, die in jenem nicht aufgeht. Die Kluft, die principium und principiatum trennt, wäre zu schließen einzig durch den Begriff der inneren Form, mit dem Marx sich gegen Hegels absoluten Idealismus kritisch absetzte. Bar eines solchen Begriffs fehlte Lenins materialistischer Kritik an den idealistischen Tendenzen des Positivismus der innere Halt. Sie lebte von einem Dogma: der These von Engels, daß die objektive Welt sich begreifen ließe aus einer nach Gesetzen der Dialektik bewegten Materie. Das war die Position eines um seine Prämissen verkürzten Idealismus: einer Dialektik, die alle erkennbaren Phänomene für autonome Setzungen der Materie hielt.

Lenins materialistische Reduktion des Verhältnisses von Erscheinung und Ansichsein der Dinge auf das von Erkanntem und noch nicht Erkanntem setzt wissenschaftliche Erkenntnis absolut – nicht weniger als die Verwerfung der Dinge an sich durch Ernst Mach. Hier wie dort soll die seiende Natur aufgehen in ihrer Bestimmung durch die Wissenschaften, einzig mit der Differenz, daß Mach in den fixierten Gegenständen nur Relatives anerkennt, funktionale Abhängigkeiten von Elementen, während Lenin glaubt, der Prozeß naturwissenschaftlicher Erkenntnis führe zum Ansichsein der Dinge. Seine abbildrealistische Erkenntnistheorie gründet in diesem Glauben. Im positivistischen Ausgang von den »Empfindungen« gibt es für ihn nur die Wahl zwischen der »Linie des Subjektivismus«, die im »Solipsismus« einer restlosen Auflösung der Außenwelt in »Verbindungen von Empfindungen« ende, und der »Linie des Objektivismus«, von dem in Gestalt des »Materialismus« die »Empfindungen« als »Abbilder der Körper«[301] begriffen würden. Die Möglichkeit einer Position zwischen den Extremen schließt Lenin aus: jede, die – wie Kant – die »Erkennbarkeit des Dinges an sich« verneint, soll durch ihren »Agnostizismus« ebenso »unvermeidlich« dem »Subjektivismus« verfallen wie Mach und vor ihm Hume, die »nicht einmal den Gedanken« an ein »Ding an sich«[302] tolerierten. Einzig durch »Inkonsequenz« könne eine solche Petition die »objektive Realität« als »Quelle der Wahrnehmung« behaupten und zugleich von der Unerkennbarkeit der Dinge in ihrem Ansichsein reden[303]. Wäre ihr Agnostizismus konsequent, so müsse er alle Inhalte, die menschlicher Erfahrung angehören, für rein subjektive Setzungen ausgeben. Die Vermeidung dieser Konsequenz schien Lenin möglich durch einen Materialismus, der die unmittelbare »Überzeugung« der Menschen, daß ihre »Empfindungen« das »Abbild der Außenwelt« seien, zur »Grundlage seiner Erkenntnistheorie gemacht«[304] hat. Die richtige Einsicht, die in solchem »naiven Realismus«[305] zum Ausdruck kommt, besteht in der Forderung nach dem Vorrang des Objekts gegenüber dem Subjekt. Der konkrete Gedanke läßt sich nicht als unabhängig vorstellen von dem, was gedacht wird, wohl aber die Dinge als unabhängig vom menschlichen Denken. Doch hat Lenin übersehen, daß ihre ontologische Unabhängigkeit eine erkenntnistheoretische nicht einschließt. Jedes erkannte Objekt ist

301 l.c., S. 121.
302 l.c., S. 122.
303 l.c., S. 122.
304 l.c., S. 61 f.
305 l.c., S. 61 f.

durch die Mittel und Methoden seiner Erkenntnis relativ auf deren geschichtliche Basis. Statt diesen dialektischen Aspekt in Machs positivistischer Erkenntnistheorie festzuhalten und zu entfalten, wurde von Lenin ein Prozeß der Wahrnehmung propagiert, der ungebrochen vom wahrnehmbaren Ding zu seinem Abbild im menschlichen Bewußtsein führt. Dergestalt abbildrealistisch aber könnte der Erkenntnisprozeß nur verlaufen, wenn die Erscheinung der Dinge – wie für den antiken und mittelalterlichen Realismus – die unmittelbare Manifestation eines ihnen eigenen Wesens wäre. Mit dieser vorkritischen Bestimmung von essentia und res, die eine tautologische war, hatte die moderne Naturwissenschaft gebrochen. Der abbildrealistische Erkenntnisbegriff der via antiqua ist für sie ein vordergründiger Erkenntnisbegriff. Ihr eigener, der Subjekt und Objekt im Experiment aufeinander bezieht, schließt reinen Objektivismus ebenso aus wie reinen Subjektivismus. Die gesetzmäßigen Zusammenhänge von Phänomenen, in denen naturwissenschaftliche Erkenntnis ihr Formalobjekt hat, müssen als reale Zusammenhänge im Ansichsein der Phänomene gründen. Aber es ist als ihr konstituierendes Fundament nicht stückweise durch sie abbildbar: setzt sich als die »absolute Wahrheit« nicht zusammen »aus der Summe der relativen Wahrheiten«[306]. Lenins abbildrealistische Erkenntnistheorie, die das zu leisten vermeint, erhebt partikuläre Gesetzmäßigkeiten in den Rang des ontologischen »Wesens der Dinge«[307]. Ihre Intention auf reinen Objektivismus entspricht dem einseitigen Materialismus in der Ontologie. Beidemal ist eine Residualtheorie das Resultat: der Ontologie fehlt eine »innere Form« der Dinge und die Erkenntnislehre abstrahiert von der konstitutiven Rolle der Subjektivität im Prozeß des Erkennens. Von der »Mate-

306 l.c., S. 129.
307 l.c., S. 130.

rie«, die allein übrigbleibt, wird erwartet, daß sie als das »Primäre« rein aus sich sowohl die Dinge konstituiert wie auch die »Empfindung« und das »Bewußtsein«[308] von den Phänomenen. Dieser reine Materialismus, durch die Tätigkeit der philosophierenden Abstraktion vermittelt, konnte nicht sein, wofür er selber sich hielt: die Überwindung des subjektiven Idealismus.

VI

Extreme stehen durch ihre Genesis, die sie in der philosophierenden Abstraktion haben, in innerem Zusammenhang. Das eine bedingt das andere. Wird ein konstitutives Element aus den Reichen des Denkens und Seins verbannt, so kehrt es jeweils zurück als Rächer, mit dem Anspruch, alleiniger Grund des Ganzen zu sein. Daher war für Marx eine kritische Absetzung gegen Hegel nur möglich, indem er sich von den Extremen schied, die der absolute Idealismus in sich vereinigte: von mechanischem Materialismus und subjektivem Idealismus. Sie hatte ihr philosophisches Fundament im Begriff der inneren Form, ohne den sie in sich zusammenbrechen mußte. Die Geschichte des dialektischen Materialismus ist der negative Beweis für die Richtigkeit des marxschen Ansatzes. Marx hatte eine Rückannäherung an aristotelisches Denken vollzogen, für das die seiende Natur noch nicht eingeengt war auf das, worin sie in der Moderne in steigendem Maße aufgehen sollte: das mathematisch an ihr Faßbare. An der wahrhaft kritischen Entfaltung jenes Denkens, die in der Nachfolge von Marx unterblieb, hing das Schicksal philosophischen Denkens schlechthin. Entweder

308 l.c., S. 47.

es wurde sich in der Reflexion auf seine geschichtliche Genesis bewußt, wie seine Entwicklung hätte verlaufen müssen, oder es ging in Verkennung seiner historischen Aufgabe endgültig unter im Positivismus. Solche Reflexion war auch für die Philosophie notwendig, die sich selbst als den legitimen Erben aristotelischer Metaphysik verstand: die scholastische der katholischen Tradition.

Sie hatte seit dem Untergang der Gott und Welt umfassenden Systeme des hohen Mittelalters ein »kümmerliches Dasein« abseits vom »lebendigen Strom der philosophischen Entwicklung« geführt, einer Entwicklung, die von den nominalistischen Extremen des »Rationalismus und Empirismus«[309] beherrscht wurde. Ihnen gegenüber fehlte ihr die »Kraft« der Behauptung: die Fähigkeit, durch tiefere Erkenntnis des Seienden den wahren Kern ihrer Lehre »zur Geltung und zum Siege zu bringen«[310]. Erst als die philosophische via moderna im Zusammenbruch von Hegels absolutem Idealismus ihre Dynamik verlor, trat nach Jahrhunderten der Isolierung die scholastische Philosophie mit dem Anspruch eines »zeitüberdauernden Denkens«[311] wieder in Erscheinung. Bis vor wenigen Jahrzehnten wurde dieser Anspruch mit dem Besitz einer höheren Wahrheit begründet. Konkurrierende Philosopheme hätten nur »historisch« über sie triumphieren können[312]. Wollte die Restauration ihres objektiven Realismus mehr sein als nur ein »antimodernes« Ereignis: nämlich »ultramodern für alle in der kommenden Zeit verborgenen Wahrheiten«[313], dann war ihr die Aufgabe gestellt, jenen höheren Wahrheitsbesitz gegenüber den nach-

309 A. Stöckl, Grundriß der Geschichte der Philosophie, Mainz 1919, S. 433.
310 l. c., S. 433.
311 J. Maritain, Antimodern, Augsburg 1930, S. 5.
312 l. c., S. 106f.
313 l. c., S. 6.

hegelschen Systemen – dem Positivismus und Subjektivismus und Materialismus – zu verifizieren.

Eins hat die Neuscholastik jeder anderen Philosophie ihrer Zeit voraus, sie weiß, warum das mittelalterliche Universalienproblem auch in der nominalistischen via moderna das zentrale Problem der Philosophie bleibt, obgleich in anderer Gestalt und unter anderen Titeln[314]. Die nominalistische Zurücknahme der Universalien ins Subjekt wandelte es um ins moderne Verhältnis von Denken und gegenständlicher Welt: als Problem der Konstitution von Objektivität durch ein autonomes Subjekt. Das ontologische Thema der Neuscholastik ist also das gleiche wie das modernen Philosophierens auf seinem Höhepunkt, im transzendentalen Idealismus. Doch kehrt sie zur ursprünglichen Gestalt des Problems zurück: sie fragt nach der metaphysischen Konstitution einer Natur, die von sich aus erkennbar sein soll. Im Lösungsversuch des Nominalismus entdeckt sie die geschichtliche Basis sowohl des Empirismus und Materialismus wie des subjektiven und absoluten Idealismus. Unterschieden sind die beiden Hauptrichtungen der neueren Philosophie durch die erkenntnistheoretischen Konsequenzen, welche sie aus der nominalistischen Herabsetzung der essentiae rerum zu bloßen signa rerum gezogen haben. Es kann – der richtigen Einsicht der Neuscholastik zufolge – auf nominalistischem Boden, also unter Voraussetzung der Wesenlosigkeit des empirisch Gegebenen, stets nur versucht werden, die Möglichkeit menschlicher Erkenntnis entweder sensualistisch oder idealistisch »aus einem einzigen Prinzip« zu »erklären«[315]. Mit anderen Worten: dem nominalistischen Verstoß gegen die Natur der Dinge, die Materie und Form umfaßt, mußte der Angriff auf die »geistig-sinnliche Dop-

314 M. Liberatore, Die Erkenntnistheorie des hl. Thomas von Aquin, Mainz 1861, S. 44.

315 l.c., S. 131.

pelnatur des Menschen«[316] folgen. Menschliche Erkenntnis, die nicht mehr denkbar war als Fixierung des intelligibile in sensibili durch einen geistigen Akt auf der Grundlage sinnlicher Wahrnehmung, hatte sich auf das zu reduzieren, was jene Philosopheme für die ersten Elemente jeder cognitio intellectualis hielten: auf Begriffe, die zu abgeschwächten oder umgestalteten Sinneswahrnehmungen geworden sind, zu autonomen Schöpfungen des reinen Ich oder auch zu idealen Manifestationen einer absoluten Substanz[317]. In diesem Sinne gedachte Begriffe konnten zu keinen Erkenntnissen von Dingen an sich mehr führen. Sie stellten Produkte empirischer oder transzendentaler Bewußtseinsprozesse dar. Auf sie hatte sich die Objektivität der erkannten Natur reduziert. Solche in Bewußtseinsprozessen gegründete Objektivität war die einer aus »bloßen Phänomenen«[318] oder »Erkenntniserscheinungen«[319] zusammengesetzten Natur. Deren Bewußtseinsimmanenz sollte sich durchbrechen lassen, wenn die »Existenz von transzendentem Realen« nachgewiesen und darüber hinaus die »Erkennbarkeit der Natur des Existierenden«[320] überzeugend dargetan würde. Um das zu leisten, mußte die Neuscholastik den zentralen Fehler der antiken und mittelalterlichen Metaphysik vermeiden, aus dem der Subjektivismus der via moderna hervorgegangen war: die tautologische Bestimmung der essentia rei durch die abstrakte Imitation der res.

Die neuscholastische Philosophie ist der bewußte Versuch, ein Denken zu restaurieren, für welches der Begriff der

316 J. Gredt, Die aristotelisch-thomistische Philosophie, Freiburg i. Br. 1935, Bd. 1, S. 395.
317 M. Liberatore, S. 61.
318 M. Liberatore, S. 44.
319 J. Gredt, Bd. 2, S. 64.
320 J. Geyser, Allgemeine Philosophie des Seins und der Natur, Münster i. W. 1915, S. 401.

Natur noch nicht auf das Meßbare reduziert war. In der Wiederherstellung jenes Denkens sah sie das allein und wahrhaft Fortschrittliche. Es sollte zurückführen zu einer Metaphysik, die in allen Naturkörpern ein Wesenhaftes erkennt. In ihm sei die Beständigkeit ihres Seins und Wirkens begründet[321]. Ohne metaphysische Wesenheiten fehle dem gesetzmäßigen Verhalten körperlicher Dinge die reale Grundlage. Indem sie an diese aristotelische Doktrin erinnerte, wandte die Neuscholastik sich gegen den mechanischen Materialismus der Moderne, welchen sie – der Struktur des Denkens nach – dem antiken Atomismus gleichsetzte. Reduktion der Natur auf Materie und Bewegung wird verworfen: eine philosophisch ebenso »ungenügende Erklärung der Körperwelt«[322] wie jene des – nur scheinbar antimaterialistischen – deutschen Idealismus. Was dieser der materialistischen Welterklärung hinzufügte, war ein Nichts: die Selbstnegation des Göttlichen, durch die es zum Weltprozeß werden und »sich so zu allem Seienden entwickeln«[323] sollte, das es zu erklären galt. Unzulänglich seien beide Ansätze zur Erklärung der Natur aus der gleichen Ursache: dem dogmatischen Festhalten am nominalistischen Verbot metaphysischer Wesenheiten. Dieses Verbot war die rein negative Konsequenz aus der hochscholastischen Tautologie von essentia und res. Der Nominalismus, der es erlassen hatte, sah nur die Tautologie, nicht die richtigen Intentionen der von Aristoteles inaugurierten Metaphysik. Deren wahrer Kern wurde von der Neuscholastik gesehen – aber sie erkannte nicht die tautologische Bestimmung der essentiae rerum durch abstrakte Imitation der empirischen Dinge. Das nominalistische Denken der Moderne erscheint der Neuscholastik als geschichtlich und sachlich unvermittelter Abfall von der wahren Lehre. Die

321 J. Gredt, Bd. 1, S. 141.
322 l. c., S. 138.
323 J. de Vries, Denken und Sein, Freiburg i. Br. 1937, S. 136.

»Entartung« der Philosophie bei Beginn der neueren Zeit soll allein Wilhelm von Ockham verursacht haben[324]. Für die neuscholastische Erkenntnistheorie und Metaphysik hieß das: unter Anwendung »thomistischer Prinzipien«[325] zu zeigen, wie die empirischen Dinge in ihrem Ansichsein erkennbar sind, mithin unabhängig vom menschlichen Bewußtsein existieren. Das »thomistische Prinzip« der Erkenntnis dessen, was die Dinge an sich selber sind, aber war das abstrahierende Denken. Es blieb das Prinzip metaphysischer Seinserkenntnis auch für die Neuscholastiker. Nach ihrer einhelligen Meinung erkennt die menschliche Vernunft das Wesen in den Gegenständen sinnlicher Wahrnehmung, indem sie von den »materiellen Bestimmungen« seiner »konkreten Existenz« absieht[326]. Wie schon bei Thomas hat die Materie die Funktion, essentielle Formen auf konkrete Dinge einzugrenzen, während die Vernunft das begrifflich Fixierte, insoweit aber nicht Individuierte festhalte[327]. Vom abstrakten »Denkinhalt« unterscheidet sich der konkrete »Seinsinhalt« nicht in kategorialen Bestandteilen, sondern einzig durch die Differenz zwischen »Denkweise und Seinsweise«[328]. Die sachliche Identität von Denkinhalt und Seinsinhalt bedeutet: der im Begriff gedachte Gehalt eines Seienden existiert wirklich, und zwar »in dem Konkreten, welches nichts anderes ist, als das individualisierte Abstrakte selbst«[329]. Ein und »dasselbe Objekt« ist »in einer Hinsicht sinnlich« und »unter einer anderen intelligibel«[330]. Der erkenntnistheoretischen Einheit von Begriff und Gegenstand entspricht die ontologische

324 J. Maritain, Antimodern, S. 111.
325 l.c., S. 108.
326 M. Liberatore, S. 56.
327 J. de Vries, S. 278.
328 l.c., S. 75.
329 M. Liberatore, S. 56.
330 l.c., S. 56.

von constituens und constitutum: das abstraktiv gewonnene Eidos ist die konstituierende Form und das sinnliche Phänomen die aus Form und Materie konstituierte Sache. Das ist die Wiederkehr des aristotelischen und später thomistischen Erkenntnisdilemmas gegenüber dem ontologischen Problem der Konstitution von Seiendem. So war es nicht verwunderlich, daß der Neuscholastik Kritik erwuchs. Gegen die Restauration des dogmatischen Denkens trat die Transzendentalphilosophie des Neukantianismus an.

Für ihn ist dogmatisch jedes Denken, das die »Autonomie« des Denkens selber einem »Standpunkt« außerhalb des »Denkens«[331] opfert. Das neukantianische Postulat nach absoluter Selbstbestimmung von rein im Denken fundierter Erkenntnis richtete sich in erster Linie gegen die »Heteronomie eines sie meistern wollenden Metaphysizismus«[332]. An Stelle jeder Konstruktion einer Erkenntnis von außen soll das für menschliches Denken unmittelbar Gegebene den Anfang bilden: Denken als Prozeß des Erkennens. In ihm könne es denkfremde Inhalte, denen »das Denken sich lediglich zu fügen«[333] hätte, nicht geben. Die Annahme von Inhalten des Denkens, die Abbilder transzendenter Wesenheiten wären, gilt als »erkenntnistheoretisch wertlos«[334]. Dem Neukantianismus entging nicht, daß es sich hier um eine naive Verdoppelung empirischer Objekte handelte: inhaltliche Bestimmungen der allein bekannten immanenten Wirklichkeit waren zu Bestimmungen »transzendenter Realitäten«[335] ernannt worden. Von dieser richtigen Kritik der traditionel-

331 Paul Natorp, Kant und die Marburger Schule; in: Kant-Studien Bd. 17, 1912, S. 201.
332 l. c., S. 198.
333 l. c., S. 205.
334 Heinrich Rickert, Der Gegenstand der Erkenntnis, 6. Auflage, Tübingen 1928, S. 346.
335 l. c., S. 346.

len Ontologie ist der Neukantianismus zu seiner idealistisch-positivistischen Konsequenz fortgeschritten: aufzuheben sei die alte metaphysische Unterscheidung von Ansichsein und Erscheinung der Dinge zugunsten der alleinigen Realität begrifflich fixierbarer Bewußtseinsinhalte. Kant selber war in diesem zentralen Punkt der von ihm inaugurierten Transzendentalphilosophie der Metaphysik treu geblieben. Im Begriff eines nur negativ bestimmbaren Ansichseins der Erscheinungen hatte er das Wahre festgehalten, das sich in der metaphysischen Lehre von den essentiae rerum verbarg. Er verzichtete – ungeachtet des idealistischen Ansatzes seiner Deduktion der Naturgesetze – auf konsequenten Idealismus: den Fichtes und Hegels, welche unerkennbare Dinge an sich verwarfen und den Ursprung des Weltganzen in reines Denken verlegten. Im Geiste von Fichte und Hegel war – nach den antimetaphysischen Vorstellungen der Erneuerer von Transzendentalphilosophie – die Reduktion der kantischen Lehre auf ihre idealistischen Motive fortzusetzen und zu vollenden. Objekt und Subjekt sollten aufhören, etwas »vor der Erkenntnis« an sich Bestimmtes zu sein. Gewarnt wird vor ihrer Hypostasis zu ontologischen Entitäten, aus deren »Wechselbeziehung« des gebenden »Affizierens« und des nehmenden »Affiziertwerdens« reale »Erkenntnis erst entspringe«[336]. Was der metaphysische Realismus für das Zweite hält, sei vielmehr das Erste: der Prozeß des Denkens sei die Grundlage von Subjekt und Objekt. Diese Vertauschung von principium und principiatum – die Verwandlung des erkenntnistheoretisch Ersten in ein absolut Erstes – bildet das philosophische Fundament des Neukantianismus. In ihr reflektiert sich das geschichtlich herrschende Bewußtsein: der vom Positivismus geprägte Zeitgeist, der zu wissen meinte, daß die physikalischen Wissenschaften zu objektiven

336 P. Natorp, Kant und die Marburger Schule, S. 201.

Erkenntnissen gelangten ohne eine an sich seiende Natur. Die Erhebung des Denkens zum absolut Ersten postulierte eine Welt der reinen Immanenz. Wie für die Wissenschaften sollte es auch für die Philosophie ein der Empirie transzendentes Sein nicht mehr geben. Doch für die Naturwissenschaften war und ist die Beschränkung von objektiver Realität auf empirische Gegenstände nur eine Forderung ihrer experimentellen Methode. Ein prinzipiell unerfahrbares Sein kann durch das Experiment nicht in seiner Gesetzlichkeit fixiert werden. Aus dieser methodischen Beschränkung von objektiver Realität auf positiv Bestimmbares, die sich weder für noch gegen die Existenz einer an sich bestimmten Natur entscheidet, hatte der philosophische Positivismus seit Ernst Mach ein quasiontologisches Dogma gemacht. Es sollte verboten sein, nach einem positiv nicht fixierbaren Jenseits der empirischen Wirklichkeit, dem Ansichsein der Phänomene, auch nur zu fragen. Der Neukantianismus folgte diesem Dogma und deklarierte das positivistische Verbot metaphysischer Wesenheiten als notwendigen Schritt auf dem Wege zur »Erlösung« des Denkens »von allen transzendenten Objekten«[337]. Die von Hegel eingeleitete Idealisierung alles Dinglichen soll sich vollenden durch restlose Auflösung alles Realen in den Prozeß seiner wissenschaftlichen Bestimmung. Weil nur in ihm Phänomene zu »Tatsachen« objektiver Erkenntnis werden, geht für den Neukantianismus die erscheinende Welt im »Determinationsprozeß des Denkens« auf[338]. Das wissenschaftliche Verfahren der gedanklichen Bestimmung von Phänomenen hat die reale Genesis des Bestimmten zu ersetzen. Natur, die aufhört, der transzendente Gegenstand wissenschaftlicher Forschung zu sein,

337 H. Rickert, Der Gegenstand der Erkenntnis, S. 127.

338 P. Natorp, Die logischen Grundlagen der exakten Wissenschaften, 2. Auflage, Leipzig und Berlin 1921, S. 95.

reduziert sich auf das positive Wissen über sie: auf ihre begrifflich fixierte Gesetzlichkeit. Diese Gesetzlichkeit gründe einzig in der Schöpferkraft des Denkens, das sie in kontinuierlichen Akten hervorbringe. Wie von jeglicher Metaphysik distanziert durch solche Fundierung und Beschränkung von Realität der Neukantianismus sich auch vom machschen Positivismus. Dessen empiristische Konzeption der Natur hatte die gesetzmäßigen Zusammenhänge der Phänomene auf Assoziationen von Vorstellungen zurückführen wollen. Schlechthin alle leges naturae galten als ein »Erzeugnis« des »psychologischen Bedürfnisses« der Menschen, die »Natur« zu ordnen: den »Vorgängen« in ihr »nicht fremd und verwirrt gegenüber zu stehen«[339]. In der Konsequenz dieser Reduktion lag, den Begriff des Naturgesetzes zu streichen und nur die allein gegebenen Phänomene noch anzuerkennen. Der Neukantianismus befürchtete von einem so totalen Empirismus den Verlust von objektiver Erkenntnis – ja von Erkenntnis überhaupt. Notwendig war, um den »theoretischen Nihilismus«[340] der positivistischen Immanenzphilosophie abzuwehren, eine von den Leistungen empirischer Subjekte unabhängige Naturgesetzlichkeit. Ein transzendentes Ansichsein der Natur hatte jedoch der Neukantianismus gemeinsam mit dem Positivismus verworfen – und damit auch die Zulässigkeit einer metaphysischen Begründung solcher Gesetze. Übrig blieb nur noch eine idealistische: im Unterschied zum Vorstellungsmonismus der Positivisten ein Denkmonismus. Für den Neukantianismus ist »Alles Denken« und »Denken Alles«[341]. Dieses allmächtige Denken duldet »kein Sein, das nicht im Denken selbst gesetzt«[342]

339 E. Mach, Erkenntnis und Irrtum, S. 453 f.
340 H. Rickert, Der Gegenstand der Erkenntnis, S. 358.
341 P. Natorp, Kant und die Marburger Schule, S. 212.
342 P. Natorp, Die logischen Grundlagen der exakten Wissenschaften, S. 48.

wäre. Nichts darf ihm gegeben sein: weder ein »Mannigfaltiges der Anschauung« noch überhaupt ein durch Denken nicht gesetztes »Material der Synthesis«[343]. Alles Erkennbare muß seinen »Ursprung«[344] in ihm haben: in seiner Tätigkeit, die so sich selbst zum Inhalt wird – als die »Erzeugung« zum »Erzeugnis«[345]. Bar jeder äußeren Schranke fände seine Spontaneität eine Begrenzung nur durchs »eigene schöpferische Gesetz«[346]. Es ist – neukantianischem Idealismus zufolge – jenes Urgesetz, das Einheit und Mannigfaltigkeit, die Faktoren, aus denen jeder konkrete Gedanke sich konstituiert, durch Denkakte entstehen läßt. Das »synthetische« als das »schöpferische Denken«[347] besitzt in ihnen die »streng aufeinander bezogenen Bestimmungsweisen«[348] seiner selbst. Würde einer der Faktoren von ihm abgetrennt, so wäre es nicht mehr als ein Denken bestimmbar: als reine Einheit leer und als bloße Mannigfaltigkeit blind. In der spezifischen Synthesis beider Faktoren, die erzeugendes Denken und das hic et nunc Erzeugte umfaßt, sieht der Neukantianismus gedankliches Werden terminieren. Diese Synthesis hat als der »Endpunkt eines voraufgehenden Schrittes« zu gelten. Der aber soll zugleich über sich hinausweisen, als der »Anfangspunkt« eines neuen »Procedere«[349]. Auch er selber wird getragen von unendlich vielen Schritten des gedachten Denkens. Nur von diesem denkenden »Procedere« als der reinen Vermittlung aller Fakten, welche die Wissenschaft »festzustellen« (sc. fest zu stellen) sucht, darf im strengen

343 H. Cohen, Logik der reinen Erkenntnis, Berlin 1902, S. 24.
344 l. c., S. 33.
345 l. c., S. 50.
346 P. Natorp, Kant und die Marburger Schule, S. 199.
347 P. Natorp, Die logischen Grundlagen der exakten Wissenschaften, S. 271.
348 l. c., S. 48.
349 l. c., S. 50.

Sinne »gesagt werden: es ist«[350]. Die empirischen Subjekte und ihre Objekte sinken in ihm zu korrelativen »Einzelstationen«[351] herab: zu Medien reinen Denkens, das in ihnen sich auf sich als seinen »Gegenwurf«[352] bezieht.

Wie reines Denken aus sich die Welt hervorbringt, in seinen Erzeugnissen sich objektiviert, also zum »Gegenwurf« seiner selbst wird, war das zentrale Thema der klassischen deutschen Philosophie gewesen. In Hegels absolutem Idealismus stiftete reines als ein göttliches Denken durch seine Selbstauflösung den kosmisch-geschichtlichen Prozeß. Für den Neukantianismus sind deduktive Erklärungen der Vielheit aus reiner Einheit noch Metaphysik. Ähnlich wie bei der Behauptung von Dingen an sich werde auch bei ihnen aus dem Prozeß des Denkens herausgesprungen und versucht, in dem »dürftigen Sinn einer logischen Eins« den »alleinigen und ganzen Ursprung«[353] zu konstruieren, von dem auszugehen sei. Um nicht in den Dogmatismus der metaphysischen Systeme zurückzufallen, müsse es heißen: wo der »starke Strom der Erkenntnis« fließt, wird »auch ein Quell sein, aus dem er fließt«[354]. Realität wird diesem transzendentalen Quell allerdings nur in seinem Produkt, dem Strom der Erkenntnis, zugestanden. Aber dieser angeblich reale Strom erklärt sowenig wie sein unwirklicher Ursprung die objektive Möglichkeit inhaltlicher Erkenntnisse. Er dürfte – als ein Ereignis reinen Denkens – eigentlich nur das enthalten, was ihm von reinem Denken her zukommen kann: völlig inhaltsleere »Abwandlungen des Prinzips des Ursprungs«[355]. Seine Konstituentien, die abstrakten Momente der Einheit und

350 l.c., S. 14.
351 l.c., S. 50.
352 l.c., S. 33.
353 l.c., S. 23.
354 l.c., S. 22.
355 H. Cohen, Logik der reinen Erkenntnis, S. 33.

der Mannigfaltigkeit, die reines Denken vermöge des eigenen schöpferischen Gesetzes hervorbringen und durch die es sich selbst bestimmen soll, ergeben auch in ihrer Synthesis keinen faßbaren Inhalt. So wie in Hegels absolutem Idealismus, der in der Dialektik reinen Denkens das »schöpferische Gesetz« inhaltlicher Erkenntnisse zu fixieren suchte, muß auch im Neukantianismus dem gedanklichen Prozeß der Inhalt von außen zugeführt werden. Unmittelbar – ohne Hegels deduktive Anstrengungen – findet sich der Inhalt im Prozeß vor. Die philosophische Erklärung der Möglichkeit inhaltlicher Erkenntnisse reduziert sich auf das Postulat der »Möglichkeit des Überganges«[356] von schon gemachten zu neuen Erkenntnissen. Doch diese haben in jenen einzig ihr historisches Apriori; als erkenntnistheoretisches vermag es ihre objektive Möglichkeit nicht zu decken. Nicht reduzierbar auf das akkumulierte Wissen macht die Sphäre ihrer objektiven Möglichkeit den Begriff von an sich bestimmter Natur zu einer Denknotwendigkeit. Diese Einsicht hatte der Neukantianismus durch die Eingrenzung des kritischen Denkens auf eine reine Immanenz sich selbst verwehrt. Sein transzendentaler Idealismus sollte in sich völlig rational sein. Das verleitete die Neukantianer zu dem Gewaltakt, alles, was in wissenschaftliches Denken nicht eingeht, für nichtig zu erklären. Die volle Verwirklichung dieser Rationalität forderte einen weiteren Gewaltakt: Verzicht auf den irrationalen Glaubensgrund des Neukantianismus, die transzendentalphilosophische Rede vom »Ursprung«.

356 P. Natorp, Die logischen Grundlagen der exakten Wissenschaften, S. 23.

VII

Der moderne Positivismus hat diesen Verzicht realisiert, indem er sein Leitmotiv praktizierte: »Wovon man nicht sprechen kann, darüber muß man schweigen«[357]. Er führt die vom Neukantianismus betriebene Reinigung der Philosophie von allen Begriffen, die an Metaphysik erinnern, zu Ende. Die gesetzmäßigen Beziehungen empirischer Phänomene werden auf kein transzendentales Prinzip mehr bezogen: auf keinen »Ursprung« ihrer objektiven Gültigkeit. Jedes idealistische wie realistische Fragen nach ontologischen Gründen der erscheinenden Natur gilt als sinnlos, weil es nach Transzendentem fragt: nach unerkennbar »hinter« wissenschaftlich erkennbaren »Vorgängen« ruhenden »Wesenheiten«[358]. Sinnvoll sind für positivistisches Denken nur »sachhaltige Aussagen«[359]. Sie müssen, im Gegensatz zu den Prinzipien von Transzendentalphilosophie und Metaphysik, denkbare Sachverhalte fixieren: eindeutige Korrelationen zwischen meßbaren Größen physikalischer Vorgänge[360]. Dieses Postulat führt zu einer extremen Einschränkung: Wittgenstein folgert, die »richtige Methode der Philosophie« wäre eigentlich: nichts außer »Sätzen der Naturwissenschaft« zu sagen, nur etwas also, was keine Philosophie ist, um »immer, wenn ein anderer etwas Metaphysisches sagen wollte, ihm nachzuweisen, daß er gewissen Zeichen in seinen Sätzen keine Bedeutung gegeben hat«[361].

357 L. Wittgenstein, Tractatus logico-philosophicus 7, 6. Auflage, Frankfurt am Main 1969.

358 O. Neurath, Soziologie im Physikalismus, Erkenntnis II, Leipzig 1932, S. 406.

359 R. Carnap, Scheinprobleme in der Philosophie, Frankfurt am Main 1966, S. 52.

360 O. Neurath, S. 405.

361 L. Wittgenstein, Tractatus 6.53.

Eine derart radikale Verbannung jeglicher »Metaphysik aus der Philosophie«[362] ist gleichbedeutend mit dem Verbot, die Möglichkeit der Naturwissenschaften in irgendeiner »Ordnung der Welt«[363] zu fundieren: letztere verstanden als »Scheinbegriff« eines »Unbedingten« jenseits von »allem Bedingten«[364]. Möglich sollen die physikalischen Wissenschaften ausschließlich durch sich selber sein. Ihre Autonomie entstehe durch Fortschritt: indem sie die Masse sachhaltiger Aussagen ständig vermehrten, schüfen sie aus sich ein System verwendbarer Sätze zur Erklärung von Tatsachen und »für erfolgreiche Voraussagen«[365]. Richtig oder wahr heißen neue Aussagen, die sich ins System bereits vorhandener Aussagen eingliedern lassen. Das führt zu der merkwürdigen Begriffsverwirrung, daß jede Aussage, die nicht mit dem System in Einklang zu bringen ist, in ihrer Unwahrheit erkannt wäre[366]. Wahrheit ist daher lediglich Kohärenz von Aussagen – nicht aber ihre Übereinstimmung mit »einer Welt, noch mit sonst etwas«[367]. Die traditionelle Rede von

362 R. Carnap, Der logische Aufbau der Welt, 3. Auflage, Hamburg 1966, S. XIX.

363 O. Neurath, S. 397.

364 R. Carnap, Die alte und die neue Logik, Erkenntnis I, Leipzig 1930-1931, S. 25.

365 O. Neurath, S. 397.

366 l. c., S. 403.

367 l. c., S. 403. – Moritz Schlick, der Carnaps und Neuraths antimetaphysische Einstellung teilt, war gleichwohl nicht bereit, ihrer Reduktion von Wahrheit auf die Verträglichkeit von Aussagen zuzustimmen. Ihnen hält er entgegen: »Wer es ernst meint mit der Kohärenz als alleinigem Kriterium der Wahrheit, muß beliebig erdichtete Märchen für ebenso wahr halten wie einen historischen Bericht oder die Sätze in einem Lehrbuch der Chemie, wenn nur die Märchen so gut erfunden sind, daß nirgends ein Widerspruch auftritt. Ich kann eine grotesk abenteuerliche Welt mit Hilfe der Phantasie ausmalen; der Kohärenzphilosoph muß an die Wahrheit meiner Beschreibung glau-

der Wahrheit einer Aussage durch ihre »Übereinstimmung mit der Wirklichkeit« darf konsequenter Positivismus »nicht einmal als Metapher« mehr dulden[368]. Zur Debatte stehen für ihn nur noch »in sich widerspruchslose Satzgesamtheiten«[369]. Sie haben die »Wirklichkeit« zu »ersetzen«[370]. Das ist wortwörtlich zu nehmen, in dem Sinne nämlich, daß es dem Philosophen gelungen sei, die Wirklichkeit abzuschaffen – zumindest jene, die widersprüchlich erscheint. An ihre Stelle treten künftig die »widerspruchslosen Satzgesamtheiten«. Was transzendent zu ihnen steht, nicht einem »Beziehungsgefüge«[371] korrelativer Aussagen ange-

ben, wenn ich nur für die Verträglichkeit meiner Behauptungen sorge und zur Vorsicht noch jede Kollision mit der gewohnten Weltbeschreibung vermeide, indem ich den Schauplatz meiner Erzählung auf einen entfernten Stern verlege, wo keine Beobachtung mehr möglich ist. Ja, streng genommen habe ich jene Vorsicht gar nicht nötig, ich kann ebensogut verlangen, daß die anderen sich meiner Schilderung anzupassen haben, und nicht umgekehrt. Die anderen können dann nicht etwa einwenden, daß dies Verfahren den Beobachtungen widerstreite, denn nach der Kohärenzlehre kommt es auf irgendwelche Beobachtungen gar nicht an, sondern allein auf die Verträglichkeit der Aussagen« (M. Schlick, Über das Fundament der Erkenntnis, Erkenntnis IV, 1934, S. 86). Das ist zwar richtig, aber als Appell an den gesunden Menschenverstand für den Philosophen höchstens ein Ansatz. Eine kritische Analyse der positivistischen Immanenzlehre hat von ihren systematischen und geschichtlichen Prämissen auszugehen und deren Unwahrheit aufzudecken. Zur philosophischen Kritik einer Theorie genügt nicht die bloße Ablehnung ihrer Konsequenzen – mögen sie auch noch so unsinnig sein.

368 O. Neurath, Radikaler Physikalismus und Wirkliche Welt, Erkenntnis IV, Leipzig 1934, S. 354.

369 l. c., S. 354.

370 O. Neurath, Soziologie im Physikalismus, Erkenntnis II, S. 404.

371 R. Carnap, Der logische Aufbau der Welt, S. 83.

hört, existiert nicht. Selten hat die »Furie des Verschwindens«[372] einen so realen Auftritt feiern können wie in diesem Verdikt des Neopositivismus. Wie die Prinzipien metaphysischer Philosophie trifft das auch die Bausteine empirischer Gebilde, auf die Machs atomistischer Positivismus nicht verzichten wollte: er hatte noch unableitbare Elemente als Gegebenheiten angenommen. Auch ihre Annahme erscheint rein funktionalistischem Denken »nicht mehr einleuchtend«[373]. Evidenz wird einzig Aussagen zugestanden. Sie beginnen und beschließen alles, sind »Ausgangspunkt und Ende der Wissenschaft«[374]. Dieser »überhaupt nicht von einem Etwas«[375] mehr redende Positivismus begreift sich daher als einen logischen. Für ihn verbleibt menschliches Denken im Bereich der Aussagen. Es existiert selber nur in ihnen als physikalischen Vorgängen: nur als ein »Sprechdenken«[376]. Diese positivistische These darf nicht materialistisch aufgefaßt, physikalischen Vorgängen kein stoffliches Substrat untergeschoben werden. Dessen Annahme wäre ebenso eine »metaphysische Beimengung«[377] wie die idealistische Rückführung von Denken auf ein geistiges Prinzip. Aussagen als physikalische Vorgänge meinen Prozesse, die sich in physikalischer Sprache formulieren lassen – sonst nichts. Insofern ist es sinnlos, von »Ich« und von »Welt« zu reden[378]. Legitim sei allein die Unterscheidung zwischen

372 Hegel, Phänomenologie des Geistes, WW II, Stuttgart 1927, S. 453.
373 R. Carnap, Die physikalische Sprache als Universalsprache der Wissenschaft, Erkenntnis II, S. 439.
374 O. Neurath, Soziologie im Physikalismus, Erkenntnis II, S. 405 und S. 397.
375 l. c., S. 411.
376 l. c., S. 404.
377 R. Carnap, Die physikalische Sprache als Universalsprache der Wissenschaft, S. 461.
378 O. Neurath, Soziologie im Physikalismus, S. 402.

Aussagen über physikalisch beschriebene Personen und physikalisch beschriebene Gegenstände[379]. Gleich den Aussagen sind auch ihre Inhalte nicht qualitativ verschieden[380]. Personen wie Gegenstände stellen als »physikalische Sachverhalte« rein »quantitativ bestimmbare Beschaffenheiten« von »Raum-Zeit-Stellen« dar[381]. Für die Gesellschaftswissenschaften heißt das: »jeder Soziologe, wenn er sich von Fehlern frei halten will«, muß »darauf achten, menschliches Verhalten immer ganz schlicht physikalistisch zu beschreiben«[382]. Er darf als Fakten nur noch Aussagen befragter Personen oder Institutionen gelten lassen – keine physikalistisch nicht fixierbaren »Gebiete des Seelischen«[383]. Die von jenen Aussagen her gewonnenen »Gesetze« über das Verhalten bestimmter »Gruppen« von »Individuen« bilden die Basis seiner »Voraussagen«[384]. Dabei wird sowohl die Gleichwertigkeit aller einzelnen Daten wie die Irrealität alles dessen vorausgesetzt, was sich physikalistisch nicht formulieren läßt. Maßstab des Wirklichen ist das Kalkulierbare – daher der Satz: alle »Persönlichkeitskoeffizienten, die ein Individuum von einem anderen trennen, sind physikalistischer Art«[385]. Ausschließlich die Klassifikation von Quantifizierbarem soll das – gewöhnlich »Natur« genannte – System physikalischer Erkenntnis ergeben.

Aussagen sind das Primäre. Nur in ihrer Sphäre kann nach konstitutionalen Zusammenhängen gefragt werden: es sind

379 l.c., S. 402.

380 l.c., S. 409.

381 R. Carnap, Die physikalische Sprache als Universalsprache der Wissenschaft, S. 463. – Auf keine Doktrin paßt das Wort Nihilismus so genau wie auf die positivistische Vernichtung alles Seienden.

382 O. Neurath, Soziologie im Physikalismus, S. 412.

383 l.c., S. 411.

384 l.c., S. 413.

385 l.c., S. 402.

Zusammenhänge zwischen singulären Beobachtungen und universellen Gesetzen – den Faktoren naturwissenschaftlicher Erkenntnis. Beiden kommt »theoretischer Gehalt«[386] einzig im Beziehungsgefüge korrelativer Aussagen zu. In ihm sagt – gegenüber der singulären Beobachtung – ein universelles Gesetz, daß »in jedem Einzelfall, an jedem Ort und zu jeder Zeit gilt: wenn Eines wahr ist, dann ist auch ein Zweites wahr«[387]. Diese physikalische Bedingungsaussage behauptet mehr, als die beobachteten Einzelfälle erlauben, mehr also auch, als sich auf der Grundlage von Beobachtungen – experimentellen wie vorexperimentellen – jemals »rechtmäßigerweise behaupten« läßt[388]. Keine noch so große Zahl von Beobachtungen kann »das universelle Gesetz vollständig sichern«[389]. Es im strengen Sinne zu verifizieren, ist prinzipiell unmöglich, weil niemals »alle Fälle als Beobachtungsmaterial« vorliegen: stets vielmehr »eine unbekannte Zukunft« bleibt[390]. Daher hat der induktive Übergang von einem beobachteten Bedingungsverhältnis zu dessen allgemeiner Gültigkeit »keine logisch strenge Berechtigung«[391]. Er gründet immer in einem »Entschluß«[392]. Durch ihn wird die Regelmäßigkeit beobachteter Tatsachen zum universellen Gesetz erhoben. Ein solches Gesetz will nicht mehr sein als eine allgemeine Formel – aufgestellt zur Deduktion von Prognosen[393]. Über seine Anerkennung ent-

386 R. Carnap, Scheinprobleme in der Philosophie, S. 15 ff.

387 R. Carnap, Einführung in die Philosophie der Naturwissenschaft, 3. Auflage, München 1976, S. 29.

388 R. Carnap, Physikalische Begriffsbildung, Darmstadt 1966, Nachdruck der Ausgabe von 1926, S. 8.

389 R. Carnap, Einführung in die Philosophie der Naturwissenschaft, S. 29.

390 R. Carnap, Physikalische Begriffsbildung, S. 8.

391 l.c., S. 8.

392 O. Neurath, Soziologie im Physikalismus, S. 412.

393 R. Carnap, Die physikalische Sprache als Universalsprache

scheidet die naturwissenschaftliche Tradition, das heißt in diesem Falle, ob es sich in den logischen Zusammenhang bereits anerkannter Gesetze einfügt. Deren Kohärenz wird so zum geschichtlichen Apriori jeder neuen Gesetzesdeklaration. Von ihr geleitete Aussagen fügen »Gesetz an Gesetz«[394] und lassen im Zusammenschluß der Gesetze zu immer umfassenderen Theorien einen logischen Aufbau der Welt entstehen. Es ist ein logischer Aufbau, in dem – platonisierend – die nominalistische Auflösung der Welt in Zeichensysteme ihren Abschluß findet. Die physikalischen Wissenschaften sind für diesen Logizismus rein subjektive Schöpfungen der menschlichen Vernunft. Nicht Eigenschaften der Welt bestimmen eine wissenschaftliche Konstruktion, sondern diese bestimmt die Eigenschaften einer künstlichen Welt: einer von Menschen »geschaffenen Begriffswelt, implizit definiert

der Wissenschaft, S. 434 und 450. Für den modernen Positivismus können – seiner nominalistischen Denkweise gemäß – Naturgesetze keine ontologische Bedeutung haben. Sie sollen nichts aussagen über strukturelle Eigenschaften der Welt, sondern nur »Anweisungen darüber« sein, wie »man von Beobachtungsaussagen zu Voraussagen gelangt« (O. Neurath, Soziologie im Physikalismus, S. 398). Unterschlagen wird bei dieser Bestimmung der Naturgesetze, daß sie auch als »Anweisungen« einer ontologischen Grundlage bedürfen: ebenso wie die Beobachtungen, von denen her sie konzipiert wurden – in Gestalt von Hypothesen. Empirisch überprüfbare Prognosen wären sonst nicht möglich. Das positivistische System der Aussagen als der angeblich einzig existenten Gegebenheiten lebt von seiner Herkunft aus dem nominalistischen Denken der Moderne: von dessen permanent fortschreitender Reduktion wissenschaftlich erkannter Strukturen der Wirklichkeit auf signa rerum. Diesem Reduktionsprozeß verdankt der logische Positivismus seine Beziehung zur wirklichen Welt. Das Reduzierte ist aufgehoben im positivistischen System reiner Aussagen.

394 O. Neurath, Soziologie im Physikalismus, S. 421 f.

durch die von ihnen festgesetzten Naturgesetze«[395]. Das auf dezisionistische Aussagen reduzierte Weltsystem der Neopositivisten verbietet in eins mit Metaphysik auch jede Erkenntnistheorie, die von der Verschiedenheit und Beziehung von Subjekt und Objekt ausgeht[396]. Erkenntnis kann in ihm nur noch in der Rückführung einer Aussage auf andere Aussagen bestehen: auf jene, die bereits gerechtfertigt sind – vermöge ihrer Kohärenz. Durch rückführende Analysen eine Aussage als gültig zu legitimieren, ist das einzige Geschäft, das moderner Positivismus der Erkenntnistheorie zugesteht. Sie wird auf diese Weise zu »angewandter Logik«[397]. Fragen, welche das System der Aussagen transzendieren, insbesondere Fragen danach, wie Aussagen zu ihrem Inhalt kommen, werden als sinnleer abgewertet. Im totalen Verzicht auf Fragen von solchem Charakter begründet der moderne Positivismus seinen Anspruch auf Wissenschaftlichkeit. Seine antimetaphysische Selbstbeschränkung aber macht ihn für die exakten Wissenschaften unbrauchbar. Er muß unerörtert lassen, was sie voraussetzen: eine Natur, die von sich aus erkennbar ist.

Die Frage nach der Möglichkeit einer solchen Natur können die physikalischen Wissenschaften selbst nicht beantworten. Ihre durch Experiment und Induktion gekennzeichnete Methode läßt nur Antworten auf Fragen nach dem Verhältnis von Phänomenen und empirischen Gesetzen zu – keine Antworten auf Fragen nach dem metaphysischen Wesen der Natur. Einzig die Notwendigkeit einer Welt, die Ansichsein besitzt, ergibt sich aus Zusammenhang und Methode der Physik als Axiom ihres Denkens. Die wahrgenommene Welt der physikalischen Analysen weist –

395 K. R. Popper, Logik der Forschung, 6. Auflage, Tübingen 1976, S. 48.

396 O. Neurath, Soziologie im Physikalismus, S. 404.

397 R. Carnap, Die alte und die neue Logik, Erkenntnis I, S. 16.

durch ihren Inhalt – zurück auf eine »reale Außenwelt«[398]. Dieser Inhalt kann nicht in Akten reiner Wahrnehmung gründen. Ohne ein Etwas, das wahrgenommen wird, wäre menschliche Wahrnehmung leer. Die primäre Rolle in der Genesis inhaltlicher Perzeptionen können insofern nicht – wie die empiristischen Vorläufer der logischen Positivisten meinten – die Sinnesempfindungen spielen, sondern nur Gegenstände, welche ihrerseits erst die Empfindungen hervorrufen[399]. Sinnesempfindungen und menschliches Wahrnehmen schwebten sonst »in der Luft, ähnlich wie ein Rock, für den kein Nagel zum Aufhängen da ist«[400]. Wohl können Menschen nur durch das Medium der Sinnenwelt hindurch die reale Außenwelt erkennen, einzig im Ausgang von jener den »Aufbau der exakten Wissenschaft«[401] betreiben; aber die Sinnenwelt ist das Erste nur im Prozeß des Erkennens – nicht das ontologisch Erste. Der intelligible Gehalt erkannter Objekte bezeugt die Präponderanz einer von sich aus rationalen Natur gegenüber der Welt sinnlicher Wahrnehmungen[402]. Die begriffliche Relativität der physikalisch erfaßten Phänomene auf menschliches Denken ist keine, die ihnen durch ihre eigene Konstitution zukäme, sondern resultiert aus der Ohnmacht des Subjekts, seine Gegenstände unmittelbar und vollständig zu erfassen. Gebunden an Raum und Zeit sind die Menschen angewiesen auf sinnliche Medien und geschichtlich übermittelte Theorien der Naturerkenntnis. Sie können nur die »jeweils plausiblen

398 M. Planck, Positivismus und reale Außenwelt, in: Vorträge und Erinnerungen, 7. Auflage, Darmstadt 1965, S. 228 ff.

399 M. Planck, Sinn und Grenzen der exakten Wissenschaft, S. 369.

400 M. Planck, Vom Relativen zum Absoluten, S. 180.

401 M. Planck, Sinn und Grenzen der exakten Wissenschaft, S. 365.

402 Vgl. l. c., S. 372 f.

oder selbstverständlichen Begriffsschemata auf immer neue Bereiche des Wirklichen« anwenden und an ihnen »experimentell« erproben[403]. Halten die tradierten Lehrsätze der Erprobung nicht stand, versagen sie in der Deutung neuer Phänomene, so sind umfassendere Theorien auf der Basis der überlieferten zu bilden. Dieser »historische Prozeß«[404] der menschlichen Naturerkenntnis zeigt die Abhängigkeit, in welcher das »Objekt« gehalten wird, gleichzeitig aber, daß eine Weiterentwicklung des Subjekts und seines Begriffsapparates auf die ständige Konfrontation mit Objekten angewiesen ist. Ein Subjekt ohne Objekte, zu denen es als leibhafter Mensch auch selber gehört, wäre leeres Denken: also »buchstäblich nichts«[405]. Der moderne Positivismus hat durch seine Destruktion von Subjekt und Objekt leeres Denken absolut gesetzt. Gegen ihn stellt Max Planck klar: die exakten Wissenschaften besitzen – infolge der Unerkennbarkeit metaphysischer Wesenheiten – kein von vornherein gesichertes allgemeines Fundament, auf dem sie ihr Gebäude errichten könnten. Sie müssen von einem äußerst »bescheidenen Punkte« ausgehen: von sinnlichen Phänomenen, und mit Hilfe des tradierten Wissens »stufenweise vom Speziellen zu immer Allgemeinerem« emporsteigen[406]. Aber so weit sie bei diesem Aufstieg auch gelangen mögen, die »Kluft zwischen der phänomenologischen und der metaphysisch realen Welt« bleibt für sie unüberbrückbar[407]. Der induktive Weg zu immer allgemeineren Naturgesetzen ver-

403 C. Fr. v. Weizsäcker, Zum Weltbild der Physik, 10. Auflage, Stuttgart 1963, S. 172.
404 W. Heisenberg, Schritte über Grenzen, München 1971, S. 269.
405 Th. W. Adorno, Negative Dialektik, Frankfurt am Main 1966, S. 185.
406 M. Planck, Sinn und Grenzen der exakten Wissenschaft, l. c., S. 375.
407 l. c., S. 374.

läßt nicht die Erscheinungswelt. In ihr möglich ist er jedoch nur auf der Basis ihres metaphysischen Ansichseins – nicht unter der nominalistischen Voraussetzung wesenloser Phänomene.

Die Frage nach dem metaphysischen Ansichsein der empirischen Welt übergeht – wie der Positivismus – auch die antipositivistische Schule des kritischen Rationalismus. Für Karl Popper, der sie durch seine Logik wissenschaftlicher Forschung inaugurierte, ist das keine berechtigte Frage, weil ihm eine »letzte Erklärung« stofflicher Dinge schlechthin unmöglich erscheint[408]. Deren positive Erklärung aus letzten Prinzipien hatte ebenso wie die antike und mittelalterliche prima philosophia auch der cartesianische Rationalismus angestrebt. In ihm sieht der kritische zu Recht einen naiven Essentialismus, der eine vordergründige Eigenschaft physikalischer Körper – die Ausdehnung – für ihr Wesen hielt: ein explicandum für ein explicans, das »einer weiteren Erklärung weder fähig noch bedürftig« sei[409]. Descartes gegenüber weiß Popper: wenn die physikalischen Wissenschaften, als die einzigen Disziplinen inhaltlicher Naturerkenntnis, das »Verhalten eines Dinges kraft seines Wesens« erklären könnten, dann würde jede »weitere Frage« nach dem Sein und Werden stofflicher Phänomene überflüssig – bis auf die »theologische Frage nach dem Schöpfer der Wesenheiten«[410]. Wozu exakte Wissenschaft in ihren Erkenntnissen über die empirisch gegebene Natur gelangt, aber sind keine letzten Prinzipien oder Formen physischer Dinge. Den zentralen Inhalt ihrer Erkenntnisse bilden universelle Naturgesetze. Sie fallen nicht unter den Begriff letzter Prinzipien. Kein

408 K. Popper, Die Zielsetzung der Erfahrungswissenschaft, in: Theorie und Realität, herausgegeben von H. Albert, 2. Auflage, Tübingen 1972, S. 32.

409 l.c., S. 31.

410 l.c., S. 32.

Naturgesetz kann Auskunft geben über »ein letztes Wesen der Welt«[411]. Wie jedes Gesetz die Regelmäßigkeit singulärer Geschehnisse erklärt, so bedarf es selbst wieder der Erklärung »durch eine Theorie von höherer Universalität«[412]. Der hypothetische Entwurf allgemeinerer Theorien, aus denen weniger allgemeine vermöge ihrer Deduktion erklärbar sind, ist oberstes Ziel exakter Wissenschaft. Die neue Theorie muß aber wie die alten durch singuläre Folgerungen empirisch überprüfbar sein – singuläre Folgerungen meinen in diesem Falle experimentell überprüfbare Prognosen. In ihrer Erprobung wird die Theorie erprobt. Trifft die Prognose ein, so hat die Theorie ihre Prüfung »vorläufig bestanden«[413]. Fällt dagegen eine Entscheidung negativ aus, so trifft die »Falsifikation« der Folgerungen auch die Theorie, aus der sie abgeleitet wurden[414]. Definitive Beweise für die Richtigkeit einer Theorie gibt es nach der Lehre des kritischen Rationalismus nicht. Auch Theorien, die sich bewährt haben, sind im weiten Feld möglicher Prognosen stets neu überprüfbar. Der Prozeß der Prüfung endet mit einer Ernennung: von »Sätzen, die behaupten, daß sich in einem individuellen Raum-Zeit-Gebiet ein beobachtbarer Vorgang« abspielt, zu »Basissätzen«[415]. Vor ihnen macht die Nachprüfung einer Theorie halt: nicht aber, weil man auf eine letzte Schicht gestoßen wäre, sondern sofern der Stand empirischer Forschung zu der Annahme berechtigt, jene Sätze könnten das theoretische Bauwerk der exakten Wissenschaften tragen[416]. Die logische Unabschließbarkeit einer Prüfung verbietet den Rückschluß

411 l.c., S. 34.
412 l.c., S. 33.
413 K. Popper, Logik der Forschung, 6. Auflage, Tübingen 1976, S. 8.
414 l.c., S. 8.
415 l.c., S. 69.
416 l.c., S. 76.

von verifizierten Folgerungen auf die Wahrheit einer Theorie. Falsch hingegen dürfen Theorien genannt werden – aufgrund der Falsifikation von Prognosen. Die poppersche Lehre, nach der Theorien nie verifizierbar, aber immer falsifizierbar sind, zieht die Konsequenz aus dem positivistischen Begriff des Naturgesetzes, das nur von Fall zu Fall seine Bewährung erfährt. Eine gelungene Falsifikation enthält für Popper mehr als ihr Ergebnis unmittelbar anzeigt: indem sie durchs Scheitern einer wissenschaftlichen Hypothese menschliches Denken vor das »Unerwartete« stellt, drängt sie ihm die Erkenntnis auf, daß seine Theorien mit etwas zusammenstoßen können, das es nicht selbst erfunden hat[417]. Falsifikationen führen ein solches – zur Reflexion gezwungenes – Denken zu der »metaphysischen« Frage, woher es kommt, daß es Gesetzmäßigkeiten gibt[418]. Eine wissenschaftliche Antwort war für Popper nicht möglich: die Annahme realer Gesetzmäßigkeiten kann nicht falsifiziert werden. Wissenschaftlich wäre eine solche Annahme also nicht erlaubt. Darin stimmt Poppers Lehre mit der neopositivistischen überein. Trotzdem behauptet er gegen sie die objektive Geltung von Naturgesetzen. Seine antipositivistische These stützt sich auf ein »nicht-wissenschaftliches« Argument: ohne Gesetzmäßigkeit gäbe es keine Beobachtung und keine Sprache[419]. Beides setze eine Welt voraus, die Struktur besitzt: vermöge der eigenen Intelligibilität beobachtbar und sprachlich fixierbar ist. Eine so beschaffene Welt anzunehmen, sei aber »ontologischer Realismus«[420]. Ihn kannte Popper nur in der Form eines unkritischen Essentialismus, der mit tautologisch gedachten Wesenheiten die empirischen Dinge nicht erklären kann. Hier liegt der Grund, warum Popper nach

417 K. Popper, Die Zielsetzung der Erfahrungswissenschaft, S. 34.
418 K. Popper, Logik der Forschung, S. 72.
419 l. c., S. 226.
420 l. c., S. 226.

positivistischem Vorbild metaphysische Wesenheiten generell verneinte. Von ihrer Verneinung war der Positivismus konsequent zu radikalstem Nominalismus fortgeschritten: Beobachtungen und Gesetze sollte es einzig als korrelative Bestimmungen in einem System von Aussagen geben. Dieser Konsequenz wollte Popper entgehen. Das hätte ihn eigentlich zu einer Ontologie der Natur führen müssen. Weil er aber – wie der Positivismus – ontologisches Denken für überflüssig hält, bleibt ihm nur der Sprung ins Irrationale: das »metaphysische Glauben« an reale erkennbare Gesetzmäßigkeiten in der Welt[421]. Dem Gesetze konstituierenden »Entschluß« der positivistischen Doktrin steht der »metaphysische Glaube« gegenüber. Durch die Annahme allgemeiner Naturgesetze will Poppers Philosophie das Prädikat eines Rationalismus erwerben: als ein System prüfbarer Sätze über strukturelle Eigenschaften aller »räumlich-zeitlichen Gebiete der Welt«[422]. Auf der Grundlage von – nach eigenem Urteil – unwissenschaftlichen Glaubensakten ist dieser Rationalismus sowenig ein kritischer wie der dogmatische von Descartes[423].

Physik gründet auf der Annahme gesetzmäßigen Naturgeschehens. Die Frage nach ihrer Möglichkeit ist daher in erster Linie ein ontologisches Problem – kein methodologisches. Das kommt in Poppers »unwissenschaftlicher« Behauptung, es gebe Naturgesetze, ungewollt zum Ausdruck. Die weder verifizierbare noch falsifizierbare Behauptung hat für ihn metaphysischen Charakter, weil sie die Sphäre des physikalisch Prüfbaren transzendiert[424]. Wissenschaftlichkeit besitzen allein die empirisch überprüfbaren Theorien

421 l.c., S. 223 und S. 392 f.

422 K. Popper, Die Zielsetzung der Erfahrungswissenschaft, S. 34.

423 Vgl. hierzu auch K. Popper, Die offene Gesellschaft und ihre Feinde, 6. Auflage, München 1980, Bd. II, S. 283 ff.

424 K. Popper, Logik der Forschung, S. 392 f.

der Physik, während die Existenz dessen, was sie voraussetzen, allgemeingültiger Gesetze nämlich, einzig für den Glauben ein Faktum wäre. Aus solchem Glauben kann eine Überwindung des modernen Positivismus nicht erwachsen. Die einander nur äußerlich entgegengesetzten Positionen haben die gleiche theoretische Grundlage: nominalistisches Denken. Es nahm der erscheinenden Natur die Aura ihres Ansichseins, indem es essentiae in rebus leugnete. Von deren Leugnung führte der Weg nominalistischen Philosophierens gradlinig in den modernen Positivismus. Fichte und Hegel sorgten für seine Einhaltung, als sie jene Doktrin des kantischen Systems verwarfen, die einem Absolutismus reiner Vernunft entgegenstand: die Lehre, daß jeder Gegenstand naturwissenschaftlichen Erkennens auch ein Ding an sich ist. Ihre radikale Verwerfung ließ die empirische Welt in den Manifestationen reiner Subjektivität aufgehen: in den – für den modernen Positivismus allein »gegebenen« – Aussagen. Wie eine Überwindung seiner nihilistischen »Weltauffassung« zu erreichen wäre, ist die Frage, die sich dem philosophischen Denken jetzt stellt. Zu ihrer Beantwortung wird eine Reflexion auf Kant und das Problem der Metaphysik unumgänglich sein.

Kant stellt in der Entwicklung der abendländischen Metaphysik den entscheidenden Einschnitt dar. Was vor ihm Metaphysik für das Wesen empirischer Dinge hielt, war nur deren abstraktes Abbild. Sie erhob Inhalte, die aus der Erfahrung stammten, zu ideae rerum: aposteriorische zu apriorischen Gegebenheiten. Darin bestand der unausdrücklich ungewollte Positivismus affirmativer Metaphysik. Ihr gegenüber begriff Kant, daß Natur in ihrem Ansichsein positiv nicht bestimmbar ist: weder nach Art der naturwissenschaftlichen Gesetze noch durch Reduktion der res naturales auf ideae rerum. Diese tiefe Einsicht bedeutete die Beschränkung von Metaphysik auf negative Wesenserkenntnis. Entgegen nominalistischen Weltvorstellungen läßt sich die Notwendigkeit der Annahme eines intelligiblen Substrats der Natur zeigen – nicht jedoch, worin es inhaltlich besteht. Kants negative Formulierung der Metaphysik bietet keinen Raum für Aussagen über den Gültigkeitsgrad der von den physikalischen Wissenschaften erkannten Naturgesetze. Aus dem ontologischen Realgrund der Natur wäre er sowenig abzuleiten wie irgendeines der Gesetze selber. Von ihnen aber erwartete Kant allgemeine und notwendige Geltung; sie war insofern zu erweisen. Zu diesem Behuf berief er sich – in krassem Widerspruch zu seiner Lehre von der Bestimmtheit, die jeder Erscheinung durch ihr intelligibles Ansichsein zukommt – für den Ursprung der Naturgesetze auf ein transzendentales Subjekt. In hierarchischer Abstufung sollten aus ihm die notwendigen Gesetzmäßigkeiten aller Erscheinungen hervorgehen. Dieser Begriff eines transzendentalen Subjekts restauriert das traditionelle Ableitungsdenken, das Kant mit seiner negativen Metaphysik eben erst durchbrochen hatte: prima philosophia als absolutes Wissen über die Struktur des Weltganzen. Neu an der Konzeption des obersten Prinzips war einzig dessen Entsubstantialisierung. Parallel zur physikalischen Beschreibung empirischer Gebilde war es rein funktionell gedacht. Diese Neuerung am Alten folgte dem überlieferten Schema metaphysischer Wesensbestimmung: auch sie beruhte auf abstrahierender Imitation – der Fixierung des Prinzips nach Maßgabe des angeblich von ihm Hervorgebrachten. Jede affirmative Bestimmung des ontologischen Grundes von Ontischem huldigt einem Positivismus. Ihm gleichwohl zu entgehen, stellte sich Martin Heidegger in seinem Entwurf einer Fundamentalontologie zur Aufgabe. Eine wirkliche Überwindung positivistischen Denkens – des ungewollten wie des gewollten – ist für ihn identisch mit der Lösung jenes Problems, an dem Metaphysik immer wieder scheiterte: des Problems einer angemessenen Bestimmung des Seins – als Sein von Seiendem.

Den Weg zu einer angemessenen Seinsbestimmung sieht Heidegger in der kantischen Transzendentalphilosophie vorgezeichnet. Wie diese und in klarer Distanzierung vom deutschen Idealismus hält er an der Unterscheidung eines Seienden in Ding an sich und Erscheinung fest. Der von Fichte eingeleitete Kampf gegen das Ding an sich bezeugt für ihn ein zunehmendes »Vergessen« des von Kant Erarbeiteten. Kant hatte festgestellt, daß die Möglichkeit und Notwendigkeit ontologischen Denkens gebunden sind an die Endlichkeit des menschlichen Geistes[425]. Dagegen bedürfte göttlicher Intellekt weder ontologischen noch überhaupt eines Denkens, um Seiendes zu erkennen. Alles Seiende, das er im Anschauen der eigenen Wesenheit: der essentia essentiarum aller endlichen Entitäten – entstehen läßt, durchschaut er. Seinem absoluten Erkennen widerspräche ein Angewiesensein auf schon vorhandene Dinge. Deren denkende Bearbeitung ist das »Siegel der Endlichkeit« menschlichen Erkennens: weil der Mensch im Anschauen das anschaubare Seiende nicht erschafft, muß er auch denken, wenn er Angeschautes erkennen will[426]. Deshalb gründet die Endlichkeit seiner Erkenntnis in der »Endlichkeit seines Anschauens«[427]. Es ist ein hinnehmendes Anschauen eines von sich her schon Seienden[428]. Das sinnlich Wahrnehmbare affiziert die endliche Anschauung: es »meldet« sich[429]. Auf der Basis solcher Affektion erkennt der menschliche Geist – anschaulich Gegebenes bestimmend – das erscheinende Seiende: das Seiende als Gegenstand. Nur

425 M. Heidegger, Kant und das Problem der Metaphysik, 2. Auflage, Frankfurt am Main 1951, S. 220.
426 l. c., S. 31.
427 l. c., S. 31.
428 l. c., S. 32.
429 l. c., S. 32.

für endliche Erkenntnis, die aus der Bestimmung von schon Seiendem hervorgeht, kann es so etwas wie Gegenstand geben: das heißt etwas, das erscheinend ihr entgegensteht. Daher ist menschlichen Subjekten sich zeigendes Seiendes jederzeit ein Seiendes in der Erscheinung. Eben dieses Seiende ist göttlicher Erkenntnis »offenbar« in seinem Entstehen[430]. Für sie existiert nichts, dem sie ausgeliefert wäre. Niemals kann insofern Seiendes, das ein göttlicher Geist erkennt, ein von sich aus erscheinender Gegenstand sein. Vielmehr ist das von ihm erkannte Seiende stets eines in seinem Ansichsein. Kants doppelte Charakteristik des Seienden als »Ding an sich« und als »Erscheinung« entspricht, wie Heidegger gegen Fichte und Hegel ebenso wie gegen die Neukantianer inständig hervorhebt, der »zweifachen Art, gemäß der es zum unendlichen und endlichen Erkennen in Beziehung« steht: das »Seiende im Entstand und dasselbe Seiende als Gegenstand«[431]. Für den menschlichen Geist besitzt Seiendes Gegenständlichkeit dank seiner Erscheinung – auch ohne Kenntnis seines ontologischen Werdens, dessen also, was ein Seiendes von seinem göttlichen Ursprung her an sich selber ist. Seine Erscheinung kann nicht in Nichts gründen: ihre Faktizität stellt den Philosophen vor das Problem der vorgängigen Möglichkeit gegenständlicher Phänomene. Der ontologische Kern des Problems besteht in der Frage: »Wie muß das endliche Seiende, das wir Mensch nennen, seinem innersten Wesen nach sein, damit es überhaupt offen sein kann zu Seiendem, das es nicht selbst ist, das sich daher von sich aus muß zeigen können?«[432]. Die Frage legt den Platz fest, von dem aus Heidegger – an Kant orientiert – den Positivismus zu überwinden sucht.

430 l.c., S. 36.
431 l.c., S. 37.
432 l.c., S. 46.

Für Kant setzte die Tätigkeit des menschlichen Geistes die Tätigkeit eines transzendentalen Subjekts voraus. Es hatte den gesetzmäßigen Zusammenhang erscheinender Dinge zu stiften, der in den physikalischen Wissenschaften dargestellt wird. Wie den Zusammenhang aller Phänomene der Außenwelt bewirkte es auch die Synthesis aller Vorstellungen des menschlichen Bewußtseins. Wahrheit als die Übereinstimmung erkennbarer Objekte und erkennender Subjekte wäre ein Produkt seines Tuns. Mit dieser Reduktion menschlicher Erkenntnis auf ein transzendentales Geschehen zog Kant die idealistische Konsequenz aus der Unerkennbarkeit der Dinge in ihrem Ansichsein. Eine solche Konsequenz hätte Heidegger vermeiden müssen. Er stand dicht vor dem Gedanken, daß Seiendes sich menschlicher Vernunft von sich aus nur zeigen kann vermöge eines Gott allein bekannten Ansichseins. Gegenüber der Entwicklung, die Kants transzendentaler Idealismus eingeleitet hatte, einem Prozeß der Verflüchtigung an sich bestimmter Dinge, aber sah Heidegger nur die Alternative einer Rückkehr zu vorkritischer Metaphysik: einer Metaphysik, die ihren Namen zu Unrecht trüge[433]. Die Möglichkeit einer Metaphysik, die kritisch ist, indem sie auf den Versuch einer positiven Bestimmung der essentiae rerum verzichtet, trat nicht in sein Blickfeld. Auch Heidegger ist entgangen, was die kantische Lehre von der Unerkennbarkeit der Dinge in ihrem Ansichsein zutiefst

433 Heidegger zufolge muß bezweifelt werden, ob das in der aristotelischen Metaphysik »Zusammengeschlossene« überhaupt »Metaphysik« ist (M. Heidegger, Kant und das Problem der Metaphysik, S. 16). Wie Aristoteles bleibe auch allen Philosophen vor und nach ihm die »Wahrheit des Seins« verborgen (M. Heidegger, Was ist Metaphysik?, 5. Auflage, Frankfurt am Main 1949, S. 7ff.). Sie redeten in ihren Systemen vom »Sein« und meinten doch nur »das Seiende als das Seiende« (l. c., S. 11). So aber erreichten sie niemals, was sie intendierten: das »Erste des Denkens« (l. c., S. 9).

bedeutet: nämlich daß Metaphysik nur als negative Metaphysik möglich ist. Daher schien ihm eine Überwindung der vorkritischen Metaphysik, die seit ihren platonischen Anfängen den ontologischen Grund des Seienden stets in der Weise einer vorstellbaren Entität dachte, einzig möglich durch eine Bestimmung des Seins nach transzendentalphilosophischem Vorbild: als substratloses Erscheinenlassen von Seiendem[434]. Seine Fundamentalontologie will als kritische Metaphysik der Dinge in der Erscheinung die legitime Fortsetzung der kantischen Transzendentalphilosophie sein. Wie seiende Dinge, unbekannt in ihrem Ansichsein, gleichwohl dem Menschen als seiende Dinge »begegnen« können, soll fundamentalontologisch erklärt werden. Eine solche Erklärung verweist auf den inneren Grund menschlicher Erkenntnis von Seiendem: der Mensch kann als selbst seiender etwas, das ist, denken[435]. Jenen inneren Grund fixiert Heidegger in dem allgemeinen »Sein« des Istsagens. Es ist für ihn das »transcendens« schlechthin – das vorgängig zu

434 Vgl. M. Heidegger, Vom Wesen des Grundes, 3. Auflage, Frankfurt am Main 1949, S. 47.

435 Der Begriff des inneren Grundes entstammt der aristotelischen Tradition. Für sie war der innere Grund menschlicher Erkenntnis die essentia humana. Durch sein Wesen, das ihn zum animal rationale bestimmte, besaß der Mensch die Fähigkeit zur Erkenntnis seiender Dinge. Diese waren erkennbar vermöge ihrer eigenen Essenz und bildeten die äußere Grundlage menschlichen Erkennens. Dessen innere und äußere Basis noch realistisch im Sinne jener Tradition zu konzipieren, verbietet Heidegger der transzendentalphilosophische Standort seiner Fundamentalontologie. Zwar sollen die erscheinenden Dinge ein Ansichsein besitzen, doch ihm wird konstitutive Bedeutung für ihre Erkennbarkeit nicht zugestanden. Die apriorischen Gründe menschlicher cognitio rerum reduzieren sich auf ein Prinzip: das »weltentwerfend« *im* Menschen anwesende »Sein« (M. Heidegger, Vom Wesen des Grundes, S. 47).

seiner begrifflichen Explikation »immer schon verstandene« Medium alles Denkens[436]. Als der Grund, der seiende Dinge in ihrer Seiendheit erkennbar macht, muß das Sein von Seiendem verschieden sein[437]. Nicht als Substanz habe man sich das Sein vorzustellen: als »Weltgrund« sowenig wie einen »Gott«[438]. In seiner angeblich originären – einzig von Kant erahnten – Bedeutung definiert Heidegger es als das »Nicht-Seiende«[439]. Positiv soll diese negative Bestimmung besagen: Sein »gibt« es nur in der Form seiner »Lichtung«[440]. Durch sie stiftet es im Menschen ein Verstehen von Sein, das den gnoseologischen Raum öffne, in dem Natur als seiende erscheinen kann[441]. Die seiende Natur »be-rührt« den zu ihr anwesenden Menschen auf dem Grunde des im Menschen anwesenden Seins[442]. Von sich aus erreicht der Mensch nichts: nur solange Sein sich lichtet, ist für ihn – in eins mit dem Sein – auch »Seiendes immer schon offenbar gewor-

436 M. Heidegger, Sein und Zeit, 6. Aufl., Tübingen 1949, S. 38 und S. 5 ff.

437 M. Heidegger, Sein und Zeit, S. 6 ff.

438 M. Heidegger, Über den Humanismus, Frankfurt am Main 1949, S. 19.

439 M. Heidegger, Was ist Metaphysik?, S. 41.

440 M. Heidegger, Über den Humanismus, S. 24.

441 Darin besteht die entscheidende Differenz zum Neukantianismus: die Natur geht nicht auf in Phänomenen und deren Gesetzlichkeit. Wer von der »Natur« redet, bezieht sich nach Heidegger auf »Seiendes« (M. Heidegger, Vom Wesen des Grundes, S. 36). Das ist nur verständlich auf dem Hintergrund seiner Theorie von der Endlichkeit menschlichen Erkennens, das stets sich »an das schon Seiende ausgeliefert« sieht (M. Heidegger, Kant und das Problem der Metaphysik, S. 36). Unvereinbar mit dieser richtigen Einsicht, die realistische Züge trägt, ist Heideggers eigener Idealismus: sein Versuch, die Erkennbarkeit der seienden Natur transzendentalphilosophisch zu erklären.

442 M. Heidegger, Über den Humanismus, S. 20.

den«[443]. Sich lichtendes Sein »west« transitiv: genauer gesagt: es west an, es ist Übergang zum Menschen. Nicht in der Weise, als ginge Sein, seinen Ort verlassend, zu dem Mensch genannten Seienden hinüber, denn so wäre es wiederum als ein Seiendes vorgestellt. Sein »ist« nur innerhalb seiner Funktion: Lichtung – die auch bezeichnet wird als das Entbergen von Seiendem. Es kommt entbergend über das, was »durch solche Überkommnis erst als von sich her Unverborgenes«[444] ankommt – für den Menschen. Indem er »Sein-verstehend« zu Seiendem sich verhält, wird in ihm der Unterschied von Sein und Seiendem manifest: die »ontologische Differenz« zum Ereignis[445]. Es ist eine Differenz zwischen Grund und Begründetem – aber sie existiert, weil das Sein transitiv ist, nur in ihrem Vollzug. Wer sie gleichsetzt mit dem, was seit Platon in der abendländischen Metaphysik als Gegensatz von Wesen und Erscheinung aufgetreten ist, verfehlt ihre Struktur. Der von Heidegger »ontologische Differenz« genannte Unterschied des Seins zu Seiendem setzt die kantische Transzendentalphilosophie voraus: die Umwandlung der einst substantiell gedachten Wesenheiten in Funktionsbegriffe. Daß und wie deren Prinzip, die transzendentale Subjektivität, das menschliche Denken bestimmt, soll sich in der Beziehung des Menschen zu dem Seienden, das er selbst nicht ist, offenbaren. In dieser Beziehung verweile das menschliche Subjekt im »Überstieg« zu Gegenständlichem: in der »Transzendenz«[446]. Erst in ihr könne sich zeigen, wer ein »Selbst« und was ein Objekt ist[447]. Die über Subjekt und Objekt »entscheidende« Transzendenz sei »da« mit dem Ereignis des Verstehens von Sein und Seiendem. Vom Sein

443 M. Heidegger, Kant und das Problem der Metaphysik, S. 205.
444 M. Heidegger, Identität und Differenz, Pfullingen 1957, S. 62.
445 M. Heidegger, Vom Wesen des Grundes, S. 15.
446 l. c., S. 17ff.
447 l. c., S. 18.

her gesehen hieße das: Sein – kantisch gesprochen: die transzendentale Subjektivität – ereignet sich als »Transzendenz« des menschlichen Subjekts, als dessen »In-der-Welt-sein«[448]. Damit ergibt sich eine neue Definition: in dem Namen »In-der-Welt-sein« bedeutet Welt soviel wie die im Menschen faktisch gewordene »Offenheit des Seins«[449]. Nur wenn durch sie der Mensch – transzendierend – in die Dimension des Seienden eindringt, ereignet sich die ontologische Differenz: der »Unterschied von Sein und Seiendem«[450]. Menschen, die reflektierend auf sie eingehen und aus dem »Da« des »Seins« die Möglichkeit ontischer Unterscheidungen begreifen, überkommt die Macht »wesentlichen Denkens«[451]. Seinsgemäß richtet sich ihr Denken nicht mehr auf Seiendes, sucht in ihm keinen Anhalt mehr, sondern achtet jetzt »auf die langsamen Zeichen des Unberechenbaren und erkennt in diesem die unvordenkliche Ankunft des Unabwendbaren«[452]. Ein so geartetes Denken versteht sich selbst als Ereignis des Seins, auf das es zu »hören« hat. Was jegliches »Denken auf seinen Weg« bringt, kann für es »nur das Zudenkende selbst« sein. Indem »das Sein selbst ein Denken« treffe, gelange »dieses auf den Sprung, dadurch es dem Sein selbst« entspringe, um »so dem Sein als solchem zu entsprechen«[453]. Selbst wie die Menschen das Sein interpretieren,

448 l.c., S. 19 ff.

449 M. Heidegger, Über den Humanismus, S. 35.

450 M. Heidegger, Vom Wesen des Grundes, S. 15.

451 M. Heidegger, Was ist Metaphysik?, S. 44 ff.

452 l.c., S. 45. – Die absolutistische Tendenz des transzendentalphilosophischen Ausgangs von reiner Spontaneität, der Mensch und Natur bedingungslos unterworfen sind, kommt in Heideggers selbstherrlichem »Sein« unverhüllt zum Ausdruck. Das menschliche Subjekt, für das es nur noch »Unberechenbares« und »Unabwendbares« gibt, wird aus der Philosophie entlassen. Der letzte Rest einer Erinnerung an es findet sich im Begriff des »Da-seins« getilgt.

453 l.c., S. 9.

gilt als dessen »Geschick«. Wenn sie es seit der Antike mit Seiendem verwechselten, so ist das »nicht als ein Fehler« zu denken: sondern als »Ereignis«[454]. Der weltgeschichtliche Prozeß wird für die Menschen zum unabänderlichen Schicksal. Ob das, was in ihm geschieht, vernünftig oder unvernünftig ist, liegt ausschließlich beim Sein. Wahrheit reduziert sich auf seine Ankunft.

Heidegger wollte durch Überwindung der vorkritischen Metaphysik als einer Technik des Erklärens von Seiendem aus ontischen Ursachen die Überwindung positivistischen Denkens erreichen[455]. Das war und ist nicht möglich auf dem Wege transzendentalphilosophischen Erklärens erscheinender Dinge – einer Technik des Erklärens, die in reiner Tätigkeit, in sich Nichtigem also, ihren obersten Erklärungsgrund besitzt. Heidegger hat nicht bemerkt, was in Kants transzendentalem Idealismus zur Entfaltung kam: die Willkür nominalistischen Denkens. In dessen äußerster Konsequenz hält der moderne Positivismus das transzendentalphilosophische ebenso wie das metaphysische Erklären empirischer Dinge für sinnleeres Gerede[456]. Alle Aussagen scheinen ihm inhaltslos, welche das System wissenschaftlicher Sätze transzendieren: insbesondere Aussagen über ein oberstes Prinzip der Welt[457]. Dieser positivistischen Kritik »metaphysischer Scheinsätze«[458] suchte Heidegger zu ent-

454 l. c., S. 11.
455 M. Heidegger, Über den Humanismus, S. 8.
456 R. Carnap, Überwindung der Metaphysik durch logische Analyse der Sprache, in: Erkenntnis, 2. Bd., 1932.
457 l. c., S. 224 ff.
458 l. c., S. 229 ff. – Eine ausführliche Darstellung und Analyse der neopositivistischen Metaphysikkritik enthält das Buch von H. Schnädelbach: Erfahrung, Begründung und Reflexion, Frankfurt am Main 1971, S. 201-218. Treffend heißt es dort: »Die Bedeutung von Idealismus und Realismus als Theorien, die sich freilich nicht auf die Erfahrung, sondern auf die Möglich-

gehen, indem er das Sein subjektlos als reine Vermittlung von Seinsverständnis konzipierte: als etwas, ohne das es weder metaphysische noch wissenschaftliche Sätze geben könne, das selber aber kein Gegenstand solcher Sätze sei. Vermöge dieser Seinskonzeption sollte die positivistische Kritik ungültig werden. Das subjektlos gedachte Sein »ist« einzig im faktischen Seinsverständnis der Menschen: im Faktum nur als Faktum. Dadurch jedoch verfällt Heidegger dem Positivismus, den er überwinden möchte. Objektivität besitzt auch bei ihm nur ein System von Aussagen – von der positivistischen Doktrin einzig durch den Zusatz unterschieden: in allem »Sagen« spreche das »Sein«[459]. Der transzendentale Seinsbegriff seiner Ontologie erreicht nicht das Seiende, sondern ontologisiert Vorstellungen der naturbeherrschenden Subjektivität: »Zuhandenheit ist die ontologisch-kategoriale Bestimmung von Seiendem«[460]. Heidegger weiß zwar: »Was etwas in seinem Sein ist, erschöpft sich nicht in seiner Gegenständlichkeit«[461]. Aber es bleibt bei der kühnen Behauptung – aufgrund des transzendentalphilosophisch gedachten Ursprungs aller ontologischen Aussagen. Wie bei Kant führt auch bei Heidegger die Unerkennbarkeit der Dinge an sich zu dem Fehlschluß, daß ein unerkennbares Ansichsein bedeutungslos sei für die Erkennbarkeit der Dinge in ihrer Erscheinung. Bedeutungslos ist es nur für

keit von Erfahrung beziehen, die als Versuche konzipiert sind, sich darüber zu verständigen, was Erfahrung überhaupt sei, wird in Carnaps Kritik überhaupt nicht wahrgenommen: der strategische Sinn beider Konzeptionen, ihr terminus ad quem, verweist sie in den Bereich der philosophischen Reflexion, die nur insoweit als transzendente Metaphysik kritisiert zu werden verdient, als sie ihre Aussagen wie empirische Erkenntnisse vorträgt« (S. 207 f.).

459 M. Heidegger, Über den Humanismus, S. 47.

460 M. Heidegger, Sein und Zeit, S. 71.

461 M. Heidegger, Über den Humanismus, S. 34.

deduktive Naturerkenntnis aus letzten Gründen – nicht aber für die Erkennbarkeit seiner constituta: der erscheinenden Dinge. Sie sind, und sie sind erkennbar vermöge ihres intelligiblen Ansichseins. Dies ist der Punkt im kantischen System, von dem aus sich verwirklichen läßt, was Heidegger intendierte: die Überwindung positivistischen Denkens in seinen Ursprüngen. Zu ihnen gehört der transzendentale Idealismus ebenso wie die vorkritische Metaphysik. Die Erkenntnis des inneren Zusammenhangs beider öffnet einen Ausblick, wie der moderne Positivismus zu überwinden ist.

Fichte und Hegel hatten den kantischen Widerspruch zwischen an sich strukturierten Dingen und transzendentaler Erzeugung ihrer Gegenständlichkeit idealistisch aufgelöst. In ihren Systemen eines transzendentalen Idealismus war Transzendentalphilosophie von allen heterogenen Bestandteilen gereinigt. Einzig das kategorial Faßbare, also wiederum die idea rerum sollte Wirklichkeit besitzen – nicht ein unerkennbares Ansichsein der Dinge. Vorkritische Metaphysik und transzendentaler Idealismus verloren ihre Gegensätzlichkeit: sie erschienen nun wie aufeinanderfolgende Stufen in der Reduktion von Welt auf Geist. Die letzten Konsequenzen im Prozesse solcher Weltverflüchtigung zog der logische Positivismus: als existente Gegebenheiten blieben allein physikalische Aussagen übrig. Diesen Positivismus kann nur überwinden, wer das Falsche schon der ersten Schritte erkennt, die zu ihm hinführen, und schon dort einen Weg einschlägt, der nicht – der Homogenität des Systems zuliebe – bei einer Destruktion der seienden Natur endet. Aber gerade der Natur in ihrem Ansichsein hat Heidegger in der Hinwendung zu Kants transzendentalphilosophischer Welterklärung keine Bedeutung beigemessen. Wenn er, von Kant ausgehend, eine kritische Ontologie entwickeln wollte, mußte er in Widerspruch zu Kant treten: die transzendentale Einheit der Apperzeption war zu entontologisieren. Deutlich zu machen war, daß das transzendentale Bewußtsein nicht der ontologische Grund für die Gesetzmäßigkeit erscheinender Dinge ist – kein übermenschliches Subjekt. In ein gotthaftes Selbst ließ es Kants antiempiristische Forderung nach allgemeiner und notwendiger Gültigkeit der Naturgesetze aufsteigen. Deren universaler Grund durfte nichts Kontingentes sein, sondern hatte der Vielheit wandelbarer Erscheinungen vorherzugehen: als reines Ich. Es wurde für das absolute Konstituens gesetzmäßiger Naturzusammenhänge gehalten – wegen seiner Reinheit von allem Empirischen. Dieser Ontologisierung des transzendentalen Bewußtseins war Heidegger gefolgt. Ungesagt blieb, was kritische Metaphysik unter einer transzendentalen Einheit der Apperzeption zu verstehen hätte: nämlich die Einheit objektiven Wissens – eines auf der Basis von an sich bestimmter Natur gewonnenen Wissens. Als dessen Inbegriff ist sie konstitutiv für die Erforschung neuer Naturgesetze. Die Formulierung eines Naturgesetzes fußt auf einem geschichtlichen Apriori: einer Akkumulation von Wissen, welche das singuläre Denken der Menschen motiviert. In dieser Bedeutung verliert die transzendentale Apperzeption ihre ontologischen Qualitäten: sie ist weder ein reines noch ein ursprüngliches noch ein unwandelbares Bewußtsein[462]. Sie kann menschliches Denken in seiner Beziehung auf Natur leiten, weil sie aus menschlicher Naturerkenntnis – der alltäglichen wie der wissenschaftlichen – hervorgegangen ist. Noch ihre Erhöhung zu dem transzendentalen Subjekt, das mit seinen Kategorien der Natur die Gesetze vorschreibt, verrät ihre Herkunft. Daß ein transzendentales Subjekt über gesetzgebende Begriffe verfügt, stimmt nur unter der Voraussetzung empirischer Subjekte, die es als philosophisches Konstrukt herstellen: als Grund der relationalen Eigen-

462 I. Kant, Kritik der reinen Vernunft, A 107.

schaften erscheinender Dinge. Die nach transzendentaler Logik von ihm konstituierte Natur geht für Hegels absoluten Idealismus auf im philosophischen System. Es allein, ein System von Begriffen, sollte Objektivität besitzen. Das positivistische Verbot, nach Transzendentem zu fragen, wird unvermeidlich, wo die Welt zum Inbegriff der Begriffe wird. Trotz richtiger Einsichten, die im kantischen System jenen Punkt tangierten, an dem eine Umwendung subjektivistischen Denkens möglich wäre, blieb auch Heidegger dessen Reduktionismus verhaftet. Ein in sich nichtiges Sein wurde zum Ursprung menschlicher Aussagen über Seiendes, deren Inhalte doch nur erklärbar sind aus dem, was Seiendes in seiner Erscheinung konstituiert: dem intelligiblen Ansichsein der Natur. Ihm verdanken Subjekt und Objekt ihre spezifische Bestimmtheit. Ohne spezifische Bestimmtheit besäße weder der Mensch die Fähigkeit zur Erkenntnis noch das für den Menschen erkennbare Seiende die Fähigkeit zur Manifestation. Die philosophische Erklärung solcher Bestimmtheit aus dem intelligiblen Ansichsein der Natur nimmt den Leitgedanken des Universalienrealismus wieder auf – aber nicht sowohl in der Weise einer vorkritischen Ontologie als vielmehr des reflektierenden Denkens von negativer Metaphysik. Die Konstruktion der transzendentalen Subjektivität war eine gigantische Anstrengung, um des Objekts von seinem Gegenpol aus mächtig zu werden. Erst in der Reflexion auf jene Konstruktion ist kritischem Philosophieren »der Vorrang des Objekts erreichbar«[463]. Er resultiert aus der Erkenntnis, daß transzendentale Subjektivität nichts von dem Objektiven, das sie stiften soll, aus sich heraus zu entwickeln vermöchte[464]. Die so zerstörte Präponderanz des Subjekts bedeutet gleichwohl keinen Rückfall in den naiven Realismus der Antike und des Mittelalters. Er war selber eine

463 Th. W. Adorno, Negative Dialektik, S. 184.
464 l.c., S. 182.

Form des Identitätsdenkens: der abstrahierenden Zurichtung von Natur auf reine Einheit als ihr oberstes Prinzip – zuinnerst also ein subjektivistisches Denken. Seine ontologischen Weltkonstruktionen konnten ihrem Anspruch auf Deduktion des Konkreten aus Abstraktem sowenig genügen wie die idealistischen Systeme der Neuzeit. Kritische Einsicht in die Ohnmacht aller Identitätsphilosophie ließ Theodor W. Adorno auf die Dimension kantischer Naturerklärung stoßen, von der Heidegger gleich Fichte, Hegel und den Neukantianern nichts wissen wollte: die Dimension einer negativen Metaphysik. Darin besteht seine Bedeutung für die künftige Geschichte des philosophischen Denkens.

Der logische Positivismus ist, ohne es zu wissen, ein Gefangener der Weltauffassung, die er stets aufs äußerste bekämpfte: der abendländischen prima philosophia. Er ist das Resultat ihrer Methode, der fortschreitenden Reduktion von Seiendem auf Begriffe. Über ihre wie über die eigene Position kann ihn erst die Reflexion auf seine geschichtliche Genesis hinausführen. Der positivistische Verzicht auf solche Reflexion zwingt auch zum Verzicht auf Unterscheidung des Richtigen und Falschen in der philosophischen Tradition. Die richtige Erkenntnis, daß ontische Gebilde ontologische Gründe ihres Seins und Werdens voraussetzen, ist ihm eins mit dem irrationalen Verfahren deduktiver Weltsysteme. Irrational waren die Übergänge von einem Ersten zu einem Zweiten in der vorkritischen Metaphysik so gut wie in der deutschen Transzendentalphilosophie. Diesem Irrationalismus deduktiven Philosophierens entgeht man nicht durch eine Streichung der Dimension des Grundes. Er wird im Gegenteil durch solche Streichung verschärft: selbst die Frage, ob Natur erkennbar sei, ist dann ungehörig. Das positivistische System der physikalischen als der allein rationalen Aussagen umhüllt eine Sphäre des Irrationalen. Sie resultiert aus der Ausklammerung von etwas, das in die

Formeln der physikalischen Wissenschaften nicht eingehen kann: eben der Dimension des Grundes. Nicht sowohl ihre Verneinung als einzig die Scheidung ihres wahren Gehalts von ihrer deduktionsphilosophischen Bestimmung vermag den Irrationalismus im traditionellen Verhältnis von Grund und Begründetem zu überwinden. Aus dieser Erkenntnis fordert Adorno – von Kants negativer Metaphysik inspiriert – ein intelligibles Ansichsein erscheinender Dinge. Es verkörpert für ihn die präsubjektive Ordnung, in der jedes Seiende die objektive Grundlage seiner Erkennbarkeit hat. Deren ontologischer Basis gegenüber sind die Wissensformen der Physik, die Kant im Begriff der transzendentalen Apperzeption zu absolutem Wissen erhoben sehen wollte, konstitutiv nur für den Modus der empirischen Erkenntnis: für ihr Wie und ihre Weite. Das erkennbare Etwas selber ist keine Modalität: sein Begriff nennt vielmehr die Voraussetzung subjektiven Bestimmens: das vermöge seines intelligiblen Ansichseins objektiv Gegebene. Seine ontologische Vermittlung, auf der seine Erkennbarkeit beruht, ist höheren Ranges als die von der Subjektivität ausgehende Bestimmung. Die subjektive Bestimmung eines Gegenstandes postuliert ein von ihr verschiedenes Etwas. Sie ginge sonst ins Leere – wäre ein Denken ohne Inhalt. Nicht ebenso bedarf das gegebene Etwas der subjektiven Bestimmung: nötig ist sie einzig für seine Erkenntnis – nicht für sein objektives Sein. Der essentielle Unterschied zwischen der ontologischen Vermitteltheit und der gnoseologischen Bestimmung eines Seienden läßt das Subjekt anders ins Objekt als das Objekt ins Subjekt fallen[465]. Ein denkendes Subjekt ist durch sein intelligibles Ansichsein immer auch Objekt. Als ein solches bleibt es dem eigenen Denken gegenüber stets ein in Denken nicht aufzulösendes Anderes. Somit gehört zum Sein von Subjekti-

465 l.c., S. 182.

vität denkbare Objektivität; keineswegs jedoch zum Sein von Objektivität denkende Subjektivität. Aus dem idealistischen Argument, es gäbe keine Erkenntnis über das Objekt ohne erkennendes Subjekt, folgt weder, daß ein Objekt erst durch seine Erkenntnis existiert, noch von daher ein »ontologisches Vorrecht des Bewußtseins«[466]. Im Gegenteil: das menschliche Subjekt vermag Objektivität nur zu fassen, weil es vermöge seines intelligiblen Ansichseins ein apriorisches Wissen von Seiendem besitzt. Dieses vorempirische Wissen ist nicht wie das aktuelle Erkennen ein entstehender und vorübergehender Akt, sondern ein Proprium seines Subjekts, des realen Menschen, der in der Bezogenheit auf sich a priori weiß, was Seiendes ist. Heidegger, dem wie Kant ein unerkennbares Ansichsein wegen seiner Unerkennbarkeit für die ontologische Beschaffenheit erscheinender Dinge bedeutungslos schien, mußte eben deshalb den Ursprung menschlichen Verstehens von Seiendem in der übermenschlichen Sphäre eines transzendentalen Seins ansiedeln. Die absolute Dunkelheit, die jene Sphäre umgibt, resultiert aus abstrahierendem Denken. Es hatte in der Seiendes verlassenden Erhebung zu reinem Sein, aus dem weder positiv noch negativ etwas erklärbar ist, sich selbst ein Mysterium geschaffen. Hier wird der spezifische Unterschied zwischen transzendentalem Sein und intelligiblem Ansichsein erscheinender Dinge greifbar. Die positiv nicht bestimmbare Sphäre des Intelligiblen ist keine Ersatzkonstruktion – vielmehr eine Forderung dessen, wovon philosophisches Denken ausgeht: der erscheinenden Dinge, die keine Erscheinungen von Nichts sein können. Sie bedürfen eines inneren Grundes. Unter ihm, dem intelligiblen Wesen erscheinender Dinge, ist jedoch nicht eine dinghafte Entität vorzustellen – aber auch nicht, wie bei Hegel und Heidegger, ein zuinnerst nichtiges

466 l.c., S. 184.

Sein. Das erkennende Subjekt verfehlt ihn, will es die übersinnliche Basis der Erscheinungen in Begriffe einfangen. Die mannigfachen Versuche der abendländischen Metaphysik, der Natur ihr Geheimnis durch Bestimmung der essentiae rerum zu entreißen, verleugneten es, indem sie Übersinnliches nach dem Bilde des Sinnlichen dachten. Nur dem Anspruch nach war prima philosophia ein Transzendieren in den Bereich intelligiblen Seins. In Wirklichkeit reduzierte sie Unbekanntes auf Bekanntes und befand sich damit auf dem Wege zur reinen Immanenz des Positivismus. Eine negative Metaphysik kann deshalb nicht die ontologische Grundlage empirischer Dinge mit dem Kunstgriff identifizierenden Denkens bei den faßbaren Aspekten entstehender und vergehender Phänomene suchen. Auf die alte Frage nach den Prinzipien der Genesis dessen, was ist, in Natur sowohl wie in menschlicher Sozietät, wird eine zureichende Antwort nur möglich sein, wenn es kritischer Vernunft gelingt, die Sphäre der Erscheinungen zu transzendieren.

VIII

Die abendländische Metaphysik hat gelebt von einem Glauben, den sie für Wissen hielt. Es war der von Platon inaugurierte Glaube an ideae rerum: Einzeldinge umgreifende Gattungen als die essentiae rerum. Der empirische Bereich wurde nicht sowohl in Richtung auf die Sphäre des Wesens transzendiert als vielmehr nur auf abstrakte Weise verdoppelt. Den höchsten Punkt in der Hierarchie der Abstraktionen bildete der Begriff des reinen Seins. In ihm glaubte Metaphysik, das Wesen des Göttlichen erkannt zu haben: reines Sein als die causa prima eines jeden Dinges. Reines Sein bedeutete reine Identität. Ihr hatte philosophisches Denken die erscheinende Natur durch Abstraktion von allem begrifflich nicht Faßbaren zu unterwerfen. Der als reine Identität gedachte Gott war eine Art Deus ex machina, vom Idealismus der Antike bis zu den idealistischen Systemen der Moderne benötigt für einen logischen Aufbau der Welt. Nur im Ausgang von reiner Identität sollte erklärbar sein, wie der Kosmos zu seiner Ordnung kommt. Die Einheit göttlichen Geistes war das Prinzip, das ihm zugrundelag. Eine positive Erklärung, wie sie die prima philosophia stets angestrebt hat, wäre einer Erkenntnis der Weltgenese gleichgekommen: einer Ableitung der kontingenten Dinge aus dem Absoluten. Doch seiner habhaft zu werden, um dann aus seiner Tätigkeit die »bewundernswürdige Einrichtung« der Welt zu begreifen[467], war gerade durch die via abstractionis erzeugte Einfachheit verwehrt. Sie machte das causare der causa prima zu einer Sache blinden Glaubens. Auf ihn gegründete Welterklärungen waren Pseudowissenschaft. Seine radikale Überwindung, die ausschlösse, daß er auf anderer Ebene wiederkehrt, konnte nur aus einer kritischen Analyse der Grundlagen von prima philosophia hervorgehen. Statt solcher Analyse unternahmen Fichte und Hegel seine Beseitigung durch erneute Versuche einer Deduktion der empirischen Mannigfaltigkeit aus höchster Einheit. Nicht entmutigt durch die vergeblichen Anstrengungen ihrer idealistischen Vorgänger suchten die Vollender des Idealismus zu verwirklichen, was metaphysisches Denken seit der Antike intendierte: die »Darstellung des Absoluten«[468]. Die Ursache für das von Generation zu Generation sich wiederholende Versagen der Philosophie vor dieser zentralen Aufgabe meinte Hegel in dem beschränkten Begriff von Identität aufgedeckt zu haben: der Freiheit

467 I. Newton, Mathematische Prinzipien der Naturlehre, Darmstadt 1963, S. 508.

468 J.G. Fichte, Die Wissenschaftslehre von 1804, WW Bd. IV, S. 172.

von allen Unterschieden. Zum Prinzip der Weltgenese wird im absoluten Idealismus das negative Verhältnis von reiner Identität zu sich. Gott muß sich entäußern: zur Welt werden, in der seine Aktuosität die kosmische Evolution bewirken soll[469]. Deren unsichtbare Innenseite besteht in der Perpe-

469 Die Nachwirkung von Hegels pantheistischer Weltkonstruktion reicht bis in die Gegenwart. Besonders deutlich erkennbar ist sie bei Teilhard de Chardin. Wie Hegel läßt auch er Gott in die Materie eintauchen, um in ihr die »Führung« dessen zu übernehmen, was »wir heute Evolution nennen« (P. T. de Chardin, Der Mensch im Kosmos, München 1959, S. 305). Der so gedachte Aufstieg von Niederem zu Höherem wird vorgestellt als ein Prozeß, in dem Gott die Materie zu sich als dem Omega der Evolution emporzieht. Nur deren Außenseite soll begrifflich fixierbar sein, das Entstehen immer komplexerer Gebilde, nicht der in ihr wirkende Gott. Diese kognitive Begrenzung menschlichen Denkens ist mit der metaphysischen Grundlage der Kosmologie von Teilhard de Chardin nicht verträglich. Sein dogmatisches Interesse als Angehöriger der katholischen Kirche zwingt ihn, auf eine Darstellung der Innenseite kosmischen Geschehens zu verzichten. Dann hätte er allerdings auch nicht im Geiste hegelscher Metaphysik sagen dürfen, das Universum sei der Leib der Gottheit, mit dem sie sich durch den Akt der Schöpfung umkleidete (l. c., S. 308). Einzig auf dem Boden jener Metaphysik wird die Welt zum »Kreuz« des inkarnierten Logos, das er trägt, um »die Totalität der Materie zu erheben und zu erlösen« (P. T. de Chardin, Die Zukunft des Menschen, Olten und Freiburg im Breisgau 1963, S. 128). Gleichwohl will Teilhard de Chardin keine Auflösung der Mysterien christlicher Schöpfungstheologie in Philosophie, sondern lediglich die Vereinbarkeit der zentralen Inhalte der Glaubenslehre mit solchen des Wissens zeigen. Doch um die Harmonie des Übernatürlichen und Natürlichen wirklich demonstrieren zu können, wäre es nötig gewesen, die in den Kategorien der Naturwissenschaften erscheinende Weltgenese auf den ihr immanenten Gott zu beziehen und jede ihrer Phasen aus seinem Wirken abzuleiten. Nicht weniger als dieses hatte Hegels Dialektik des Absoluten im Sinn.

tuierung des ersten Aktes idealistischer Schöpfungsdialektik, der ebensosehr negativen wie positiven Beziehung von reiner Identität auf sich: sichtbare Natur resultiert in allen Phasen ihrer Entwicklung aus einer Negativität, die nichts hat, das »sie negierte, sondern die nur ihr Negatives selbst negiert«[470]. Die physikalischer Erkenntnis unerreichbare Innenseite der Natur geht über an ein credo quia absurdum.

Hegel wollte durch bruchlose Ableitung der Welt aus Gott die abendländische Metaphysik zu höchster Rationalität entfalten. Entbunden hat er jedoch die Elemente ihrer Auflösung. In seinem absoluten Idealismus löst die Metaphysik sich selber auf, weil ihr oberstes Prinzip aufgedeckt wird: als Resultat einer Ausscheidung alles Konkreten. Die selbstwirkende Negation reinen Seins, mit der die deduktive Metaphysik endet, hat das menschliche Wissen von der Natur auf physikalische Aussagen ohne ontologische Grundlage, schließlich aufs positivistische System abgelöster Sätze reduziert. Es ist das System, in dem prima philosophia zu dem »absoluten« Wissen gelangt, das ihr immer vorschwebte. Ein rationales Überschreiten der Grenzen jenes Systems setzt die Aufklärung des Denkprozesses voraus, der zum modernen Positivismus führte. Ohne kritische Durchdringung des genetischen Zusammenhangs ihrer mannigfachen Gestalten bleibt Philosophie ohnmächtig gegenüber ihrem letzten Resultat. Sie sieht – unaufgeklärt – keine rationale Möglichkeit, aus dem Bannkreis positivistischer Wissenschaftslehre zu treten. Ihr selbst scheint nur noch ein irrationales Springen möglich. Dies Urteil über sich selbst formuliert Poppers kritischer Rationalismus. Wie positivistisches Denken bestreitet er ein intelligibles Ansichsein empirischer Dinge als ontologische Grundlage gesetzmäßiger Naturvorgänge. Auch den nihilistischen Folgerungen des Positivismus hätte

470 Hegel, Wissenschaft der Logik, 1. Teil, WW Bd. IV, S. 493.

er zustimmen müssen: insbesondere der Verneinung realer Gesetzmäßigkeiten, denn ihre Annahme ist nach Poppers eigenem Wissen nur innerhalb einer ontologischen Weltauffassung legitim[471]. Um gleichwohl die Idee einer kosmischen Ordnung wiederzugewinnen, postuliert der kritische Rationalismus den »unwissenschaftlichen Glauben« an die Existenz allgemeingültiger Naturgesetze. Vermöge des neuen Glaubens kehrt ein positivistisches Denken, das zu irrationalen Schritten bereit ist, aus der Immanenz reiner Aussagen zurück in die Welt, welche Gesetze ordnen. Auf dem Boden dieses Glaubens an die Gesetzmäßigkeit der Natur kann Popper wagen, was konsequentem Positivismus unmöglich ist: den Entwurf einer Kosmologie. Dem Interesse »aller denkenden Menschen«[472] gemäß soll die erscheinende Welt aus ihrer Genesis erklärt werden. Einer solchen Welterklärung stehen – wie jeder antimetaphysischen seither – nur die Mittel der vormetaphysischen zur Verfügung: Zufall und Notwendigkeit in der Bewegung von Materie.

Popper nimmt – frühesten Vorstellungen der Philosophie nachfolgend – eine kosmische Entwicklung an, die mit einfachsten Gebilden begonnen hat und sukzessiv zu komplexeren aufgestiegen ist. Zur Erklärung des Aufstiegs erscheinen ihm zwei Positionen untauglich: physikalischer Determinismus und eine Theorie, die in reinem Zufall das einzige Konstituens von kosmischer Ordnung sieht. Für den physikalischen Determinismus seit Descartes sind alle Ereignisse in der Welt einzig durch mechanische Naturgesetze bestimmt. Wie in Frankreich und England, wo er seine Grundlegung und Entfaltung erfahren hatte, wurde er nach dem Untergang der Transzendentalphilosophie auch in Deutschland zur Weltauffassung der Menschen, die sich in rebus naturae wahrhaft aufgeklärt dünkten. Sie meinten, die

471 K. Popper, Logik der Forschung, S. 226.
472 l.c., S. XIV.

von Newton entwickelte Mechanik reiche aus, schlechthin jedes Phänomen zu erklären: die elektrischen und thermischen Kräfte sowohl wie die Objekte der Biologie – den Menschen nicht ausgenommen. Danach würden alle makrophysikalischen Vorgänge ihre Explikation finden in der Rückführung auf ihre mikrophysikalische Basis: mechanische Vorgänge der kleinsten Teile von Materie. Die genaue Kenntnis der Lage und Bewegung jener Teile müßte, wie Laplace richtungweisend es formulierte, die Möglichkeit eröffnen, sämtliche Phasen des Weltprozesses vorauszuberechnen. Für diese Physik war jeder, der behauptete, der Weltprozeß sei nicht eine nach newtonschen Gesetzen laufende Uhr, ein animistischen Vorstellungen nachtrauernder Reaktionär. Keine wesentliche Differenz sollte zwischen der qualitativ Neues hervorbringenden Weltgenese und der gleichförmigen Planetenbewegung bestehen. Das kosmische Werden galt wie der Lauf von Sternen als ein System rein mechanischer Gesetzlichkeit. Diese Gleichschaltung entsprach Descartes – nicht Newton. Eben der Newton, dessen Mechanik die physikalischen Deterministen als universale Erklärungstheorie alles Seienden proklamierten, wußte: einmal angetreten, werden die Planeten nach den Gesetzen der Schwere in ihren Bahnen verharren. Ihre konstante Bewegung konnte aber weder eine Folge von physikalischen Gesetzen noch von mechanischen Ursachen sein[473]. Wie die in Raum und Zeit existierenden Dinge sind für Newton auch die regelmäßigen Bewegungen der Gestirne nur aus dem Willen und der Weisheit eines allmächtigen Wesens erklärbar[474]. Ohne dieses Wesen gebe es keine Veränderung und Verschiedenheit in der Welt. Die mannigfaltige Gestaltung des Weltganzen lasse sich nicht aus einer überall und stets gleichen mechanischen Gesetzlichkeit ableiten.

473 I. Newton, Mathematische Prinzipien der Naturlehre, S. 508.
474 l. c., S. 510.

Der newtonsche Rekurs auf einen göttlichen creator mundi war ein Rekurs auf Metaphysik, wie er für ein antimetaphysisches Denken nicht zulässig ist. Gleich den von ihm bekämpften Deterministen zielt Popper auf eine rein physikalische Welterklärung. Doch erkennt er ihnen gegenüber – genauer in Newtons Naturlehre eindringend – die Unmöglichkeit einer Deduktion der Welt aus mechanischen Gesetzen und Ursachen. Aber ebensowenig kann für ihn die Genesis neuer Entitäten in reinem Zufall gründen. Eine Kosmologie, welche die Entstehung alles Neuen auf zufällige Ereignisse zurückführt, wiederholt in entgegengesetzter Richtung den zentralen Fehler des physikalischen Determinismus: eine unerlaubte Überschreitung positiven Wissens. Der physikalische Determinismus hatte aus der starren Planetenbewegung auf einen Weltlauf ohne Platz fürs Unvorhersehbare geschlossen, also von der Struktur eines partikulären Resultats auf die Struktur des universalen Prozesses, in dem es nur ein Mittel zur Hervorbringung von genetisch Höherem war. Dieser illegitime Rückschluß konstituierte das »übermenschliche« Wissen des physikalischen Determinismus. Wie er selbst resultiert auch seine indeterministische Gegenthese aus einer inkohärenten Folgerung. Es ist eine Folgerung aus dem, worin deterministische Physik ihre total berechenbare Erscheinungswelt gründen ließ, aus atomaren Vorgängen. Deren neuere Erforschung führte – kurzschlüssig interpretiert – zu der heute dominierenden Vorstellung einer in ihren Fundamenten indeterminierten Welt. In dieser Vorstellung sieht Werner Heisenberg, ihr exponiertester Vertreter, ein Denken sich durchsetzen, das schon in der antiken Atomlehre annahm, gesetzmäßige Prozesse im Makrokosmos beruhten auf einer Vielheit »unregelmäßiger Vorgänge« im Bereich des stofflich Elementaren[475].

475 W. Heisenberg, Schritte über Grenzen, S. 130.

Die grundsätzliche Richtigkeit jener Annahme zeigen für ihn die Versuche der neuzeitlichen Physik, in mathematischer Strenge den Zustand sinnlich wahrnehmbarer Materie aus dem unsichtbaren und nur statistisch faßbaren Agieren ihrer Atome zu deduzieren. Angefangen von der kinetischen Gastheorie und der atomistischen Erklärung thermodynamischer Phänomene seien in immer größerem Umfang statistische Gesetzmäßigkeiten unbestimmbarer Einzelgeschehnisse zur Grundlage einer determiniert erscheinenden Welt gemacht worden. Den letzten und entscheidenden Schritt in dieser Entwicklung hätten die Erkenntnisse der Atomphysik seit Plancks epochaler Theorie über die Struktur der Materie bewirkt. Durch sie seien die exakt in jedem Einzelfall geltenden Gesetze des Makrokosmos zu bloßen Resultanten aus mikrokosmischen Ereignissen herabgesunken, deren Eintritt nur noch wahrscheinlich ist[476]. Alle physikalischen Bestrebungen, die je unternommen werden, durch genaue Bestimmung mikrokosmischer Einzelvorgänge den deterministischen Anspruch auf kausales Naturgeschehen zu erfüllen, müssen nach Heisenberg an der Eigenart atomaren Seins scheitern. Es existiert nicht in der gleichen Weise wie unmittelbar den Sinnen gegebene Dinge – in keiner Weise gleichgültig nämlich gegen den Prozeß seiner Beobachtung und Bestimmung[477]. Experimente ermöglichende Eingriffe in den atomaren Bereich der Natur haben die Phänomene, welche Gegenstand physikalischer Fragestellung sind, nicht nur zu isolieren, sondern auch wahrnehmbar zu machen. Erst die Wechselwirkung mit den technischen Mitteln des Eingriffs bringt die kleinsten Teile der Materie zur Erscheinung, jedoch nur indirekt: durch ihre Effekte. Die Einwirkung der Mittel verändert die atomare Wirklichkeit: sie ist »verschie-

476 Vgl. l.c., S. 130ff.
477 Vgl. l.c., S. 115.

den, je nachdem, ob wir sie beobachten oder nicht«[478]. Jeder neue Beobachtungsakt führt zu einer Veränderung der Lage und Bewegung ihrer Teile, jener Bestimmungsstücke also, deren gleichzeitige Kenntnis für die präzise Berechnung eines mechanischen Ablaufs unerläßlich ist. Aus diesem Grunde können – im Unterschied zur Makrophysik – auf der Basis gemachter Beobachtungen die Ergebnisse weiterer Beobachtungen niemals mit Sicherheit vorhergesagt werden. Die physikalische Untersuchung atomarer Vorgänge fixiert das Beobachtete und das von der Beobachtungssituation her wahrscheinliche Geschehen. Mehr als dessen Formulierung in statistischen Gesetzen vermag Atomphysik nicht zu erreichen.

Ihre generelle Beschränkung auf Statistik läßt für Heisenberg nur eine Konsequenz zu: die grundsätzlicher Distanzierung vom Determinismus[479]. Weil die bekannten makrophysikalischen Wirkungen aus einer unbegrenzten Anzahl kausal nicht bestimmbarer mikrophysikalischer Ereignisse hervorgehen, verwandeln sich ihm alle strengen Gesetzesaussagen in Häufigkeitsaussagen. Der gnoseologische Hintergrund seiner Distanzierung vom Determinismus ist also unvollständiges Wissen über die atomaren Prozesse. Es gewährt nur ihre statistische Beschreibung. Aber die erkenntnistheoretische Unmöglichkeit, eindeutige Kausalität im atomaren Bereich zu verifizieren, gestattet nicht den Schluß, daß die Kausalität selbst, als Prinzip der objektiven Bestimmung von Gegenständen, ihren Sinn eingebüßt hätte. Ohne die Voraussetzung eindeutiger Determination der atomaren Vorgänge, welche der Akt eingreifender Beobachtung lediglich stört, wären nicht einmal Befunde statistischen Charakters von ihnen zu erwarten. Heisenbergs unkritische Preisgabe

478 W. Heisenberg, Physik und Philosophie, Stuttgart 1959, S. 35.
479 W. Heisenberg, Schritte über Grenzen, S. 133.

deterministischer Gesetze steht in Widerspruch zu seiner kritischen Unterscheidung zwischen beobachteter und unbeobachteter Wirklichkeit. Sie legitimiert eine Physik, für die in den Fundamenten der Natur »ein blindes Ohngefähr«[480] herrscht. Ähnlich wie Heisenberg hat auch Popper der Differenz zwischen einer Natur, die von sich aus »strukturelle Regelmäßigkeiten«[481] aufweist, und dem, was an ihr physikalisch bestimmbar ist, keine Beachtung geschenkt. Er sieht einzig das logisch Unzulängliche: die Insuffizienz von reinem Zufall und, auf der anderen Seite, reiner Notwendigkeit als jeweiligen Prinzipien einer Welterklärung. So sucht er »etwas in der Mitte« zwischen den Extremen: ein »physikalisches System, das plastisch, gewissermaßen nachgiebig gesteuert wird«[482]. Gesetze sowohl wie Zufälle wären in ihm wirksam.

Der erkenntnistheoretische Ausgangspunkt von Poppers kosmologischen Überlegungen ist die belebte Natur. Ihr hierarchischer Aufbau gründe in einem Prinzip, das auch für die Organisation ihrer unbelebten Vorstufen zu supponieren sei, und das er als plastische Steuerung kosmischen Werdens bezeichnet. In direktem Gegensatz zur Starrheit deterministischer Systeme versteht Popper unter plastischer Steuerung eine, die nicht nur von berechenbaren Faktoren abhängig sein soll. Als Teile der Natur stehen alle stofflichen Phänomene in universalem Zusammenhang. Sie konstituieren die Dynamik des Ganzen, werden aber von ihr auch selber bestimmt. Daß diese Wechselbeziehung universal ist, trägt in das gesetzmäßige Verhalten der einzelnen materiellen Gebilde unberechenbare Einwirkungen. Unberechenbar für Menschen – nicht, daß ihnen an sich selber Unberechenbarkeit zukäme. Unberechenbar an sich selber wären sie Einwirkungen ohne Gesetzlichkeit. Gleichwohl werden sie

480 I. Kant, Kritik der reinen Vernunft, A 228.
481 K. Popper, Logik der Forschung, S. 392.
482 K. Popper, Objektive Erkenntnis, Hamburg 1974, S. 275.

dazu, wenn Popper aus ihrer subjektiven Unberechenbarkeit ableitet, daß es »eine Welt von absoluter mathematischer Präzision«[483] nicht gebe. Mit Unvollkommenheiten, Elementen des Zufalls, ist ihm jedes physikalische Ereignis behaftet[484]. Seine indeterministische Einschränkung des Determinismus wiederholt Heisenbergs unkritische Gleichsetzung von Beobachtung und Gegenstand – mit dem Resultat: kosmische Prozesse hängen von Zufälligem sowohl wie von Gesetzen ab[485]. Der untrennbare Einfluß beider Faktoren soll die Entstehung primitivster Lebewesen aus unbelebter Materie ebenso erklärbar machen wie die Genesis höherer aus niederen Organismen. Schon von den elementaren Bausteinen unbelebter Systeme wird ein Verhalten erwartet, das ihre plastische Steuerung ermöglicht. Aufeinander einwirkend sollen sie Informationen über ihre Struktur gewinnen, ja, Kenntnisse – zur Bildung eines Kommunikationsgefüges für entwicklungsträchtige Synthesen. Deren zugleich determinierte und indeterminierte Erzeugung tritt mit der Biosphäre in ein höheres – besser würde man sagen: in ein plausibleres – Stadium: alle »Organismen sind ständig, Tag und Nacht, mit dem Lösen von Problemen beschäftigt«[486]. Sie tun das in der Form von »Versuch-und-Irrtums-Schritten«[487]. Es kommt zu »vorläufigen Lösungen«, ersten »Fehlerbeseitigungen«,

483 l.c., S. 245.

484 l.c., S. 254.

485 Der physikalische Determinismus war einzuschränken – aber nicht durch einen physikalischen Indeterminismus. Es galt vielmehr zu erkennen, daß er sowenig ein Letztes ist wie sein Gegenteil. Das wahre Moment in ihm, der Gedanke, es könne in der Natur indeterminierte Vorgänge nicht geben, setzt für die Kosmogenese voraus, daß alle Einzelprozesse an einer universalen Ordnung partizipieren. Vgl. hierzu die entsprechenden Ausführungen im nächsten Abschnitt.

486 l.c., S. 268.

487 l.c., S. 268.

neuen »Situationen«, die neue »Probleme« präsentieren[488]. Bewußt sind diese Probleme der vormenschlichen Natur nicht – aber Probleme sind es. Auch die Suche nach Lösungen wird dem Unbewußten anvertraut. Das impliziert bis hinab in den Bereich primitivster Lebewesen die Möglichkeit von Versuch und Irrtumsbeseitigung. Auf ihr basiert für Popper die Entwicklung des Lebens[489]. Was aus der Vergangenheit in die Zukunft strebt, ist so ein Prozeß, in dem keine Entität bloß determiniert oder determiniert wird: ein Vorwärtsschreiten ohne jedes Telos. Nur ein Zuwachs an Komplexität ist physikalisch feststellbar – kein spezifisches Ziel.

Popper hat seine Evolutionsphilosophie auf die Explikation ihres Prinzips beschränkt. Wechselwirkungen in den Sphären des unbelebten und belebten Seins lenken plastisch die Naturprozesse. Eine »historische Ereigniskette« beim Aufbau immer komplexerer Gebilde kann mit Hilfe jener Wechselwirkungen »im Detail niemals rekonstruiert werden«[490]. Nämlich vorher noch mögliche Alternativen haben – wie Manfred Eigen unter dem wissenschaftstheoretischen Einfluß von Karl Popper konstatiert – im Fortgang jeglicher Genese ihre Falsifikation erfahren. Damit aber bleiben sie der physikalischen Forschung für immer unbekannt. Bekannt sind ihr nur die optimal den Umweltbedingungen angepaßten Synthesen: sie allein wurden »reproduzierbar selektiert«[491]. Jeder »Glückstreffer bedeutete Weiterspielen, und zwar auf einer neuen Gewinnebene«[492]. Sein vorläufiges Ende hat das evolutive Spiel in dem Gewinn des Menschen gefunden – einem offenkundig höchst ansehnlichen Gewinn. Daraus ist nach Eigen zu schließen, daß

488 l.c., S. 269f.
489 l.c., S. 282.
490 M. Eigen/R. Winkler, Das Spiel, München 1975, S. 195.
491 l.c., S. 195.
492 l.c., S. 194.

die »Selbstorganisation der Materie« bisher eher unterschätzt als überschätzt wurde[493]. Eigen visiert in »materieller Selbstorganisation« keine »apriorische dialektische Begabung der Materie«[494]. Gemeint – im Unterschied zu einer marxistischen Evolutionstheorie – ist vielmehr ein Resultat aus Wechselwirkungen und Verknüpfungen spezieller Materieformen: nämlich die Fähigkeit von Organismen und auch schon bestimmter Moleküle zur Hervorbringung selbstreproduzierender Gebilde von gleicher oder höherer Komplexität[495]. Aus der Perspektive dieser Definition von »Selbstorganisation« erscheint Eigen die marxistische Lehre, daß aller Materie eine Dialektik innewohne, als ein »Hineininterpretieren von Eigenschaften« späterer Entwicklungsstufen in die Anfänge der Natur[496]. Sein gegen Theoretiker des Marxismus gerichteter Vorwurf, sie hätten »animistische« Projektionen an Stehle von »objektiver Erkenntnis«[497] geboten, überträgt Poppers die Sache verfehlendes Urteil über Aristoteles auf moderne Denker[498]. Wie für Popper ist auch

493 l. c., S. 195.
494 l. c., S. 196.
495 l. c., S. 197.
496 l. c., S. 197.
497 l. c., S. 197.
498 Vgl. K. Popper, Die Zielsetzung der Erfahrungswissenschaft, S. 33. – Was rein naturwissenschaftlich denkende Theoretiker der Evolution über die Entstehung neuer Entitäten einzig zu sagen vermögen, ist dies: bei bestimmten quantitativen Veränderungen werden neue Qualitäten an der Materie hervortreten. Der begriffliche Zusammenhang von Quantität und Qualität bleibt unerklärt – mit ihm aber die Möglichkeit von Evolution. Schon vor seinen materialistischen Nachfolgern hatte Hegel darauf hingewiesen. In seiner Naturphilosophie heißt es: »Der Gang der Evolution, die vom Unvollkommenen, Formlosen anfängt, ist, daß zuerst Feuchtes und Wassergebilde waren, aus dem Wasser Pflanzen, Polypen, Mollusken, dann Fische hervorgegangen seien; dann Landtiere, aus dem Tiere sei end-

für Eigen jede Philosophie, die nach aristotelischem Vorbild den Dingen inhärierende Prinzipien behauptet, ein Animismus. Ausgenommen vom Verdacht animistischer Projektion wird allein die eigene Weltanschauung. Die Faszination, die ausgeht von der Vorstellung einer Natur, die sich selbst zu organisieren weiß, läßt Gedanken über den Begriff des »Selbst« und seinen legitimen Gebrauch nicht aufkommen. Fragen wie »wer organisiert« oder »wer informiert wen« gelten als ebenso »sinnlos« wie die metaphysischen Fragen nach formierenden und finalen Ursachen[499]. Für sinnlos hatte vor Eigen bereits Monod solche Fragen erklärt – auch er unter Berufung auf Poppers generelle Verwerfung metaphysischen Denkens »von Heraklit bis Hegel und Marx«[500]. Seine Folgerung aus der Negation ontologischer Prinzipien ist nihilistisch: »nichts als der Zufall, die absolute, blinde Freiheit«

lich der Mensch entsprungen. Diese allmähliche Veränderung nennt man Erklären und Begreifen, ... aber dieser quantitative Unterschied, wenn er auch am leichtesten zu verstehen ist, so erklärt er doch nichts« (G. W. Fr. Hegel, WW IX, S. 60). Es ist nach Hegel »völlig leer, die Gattungen vorzustellen, als sich nach und nach in der Zeit evolvierend« (l. c., S. 59). Zeit als solche, reine Quantität also, kann nicht das Werden von qualitativ Neuem erklären. Sie ist Bedingung der Entwicklung – nicht deren Prinzip. Entwicklung setzt ein Prinzip voraus, durch das Komplexeres in Einfacherem virtuell enthalten ist. Daher begann Hegel, der die Unmöglichkeit einer rein physikalischen Erklärung der Evolution sah, mit Metaphysik: die Weltgenese hat sich in ihrem Innern als ontologischer Vorgang zu erweisen. Diese richtige Einsicht scheiterte in der Ausführung am falschen Ansatz seiner Philosophie. Gleichwohl ist seine Naturphilosophie vermöge der richtigen Einsicht, welche sie motiviert, reinem Physikalismus überlegen. Dessen Rede von der »Selbstorganisation der Materie« oder einer Natur, die »spontan« Neues kreiere, ist schlechthin irrational.

499 M. Eigen/R. Winkler, Das Spiel, S. 296.

500 J. Monod, Zufall und Notwendigkeit, München 1975, S. 96.

sei die »Grundlage des wunderbaren Gebäudes der Evolution«[501]. Vor solchen – nahezu politischen – Konsequenzen schreckt Eigen zurück: er will – wie Popper – in den Produkten kosmischer Prozesse nicht die Auswirkung reinen Zufalls sehen. Die im realen Naturgeschehen herrschenden Gesetze sollen den Zufall zähmen – ihn auf »historisch bedingte Einzigartigkeit« reduzieren[502]. Doch physikalische Gesetze sind Gesetze von Sektoren der Natur: Einzelgesetze. Keines von ihnen hat den Charakter eines ebenso universalen wie fundamentalen Prinzips, das konstitutiv dafür sein könnte, welche partikulären Gesetze bei der Weltgenese zusammenwirken. Weil sie genötigt ist zu isolierenden Eingriffen in kosmische Prozesse, ist der naturwissenschaftlichen Methode die Erkenntnis eines solchen Prinzips grundsätzlich versagt. Einzig negativ ließe es sich bestimmen: als die physikalisch nicht fixierbare Voraussetzung jeglicher Evolution. Ohne dieses Prinzip wären in Naturprozessen die Zahl der Gesetze und ihr Zusammenwirken eine Sache reinen Zufalls. Das war schon dem physikalischen Determinismus entgangen. Die radikale Beschränkung seiner Naturerklärung auf mathematisch Faßbares impliziert einen Indeterminismus. Der menschliche Erfahrung transzendierende Gedanke einer in allen Einzelheiten determinierten Weltgenese erheischt zu seiner Erfüllung mehr, als im Begriff physikalischer Gesetze enthalten ist: er fordert ein gestaltendes Prinzip. Von ihm kann auch eine Kosmologie, die mit Hilfe physikalischer Gesetze den Zufall zähmen will, nicht abstrahieren. Weil Eigen das leugnet, behält der Zufall seine dominierende Stellung – in einer auf nominalistisches Denken aufgespannten Evolutionstheorie.

Um gleichwohl einer Preisgabe evolutiven Geschehens an den reinen Zufall zu entgehen, hat Erich Jantsch die Not, in

501 l. c., S. 106.
502 M. Eigen/R. Winkler, Das Spiel, S. 194.

die Eigen geraten ist, zur Tugend verklärt: statt von Zufall, wie Monod es tat, spricht er von der Offenheit »nicht-teleologischer« Evolution auf allen Ebenen[503]. Von ihm wird proklamiert, was in den Entwürfen von Popper und Eigen unausgesprochen blieb: der »logische Primat von Prozessen über Strukturen«[504]. Niemals sei »vorbestimmt, welche Struktur gebildet wird«[505]. Strukturen sollen »spontan« im Zusammenwirken vieler Prozesse entstehen[506]. Sie allein seien kreativ: schöpferisch wie ein Gott. Daher könne ihr »Sinn« auch einzig in ihnen selber liegen – nicht in ihren entstehenden und vergehenden Produkten[507]. Das ist ein von Metaphysik gereinigter Sinn: ein Sinn, der in der Sinnlosigkeit reinen Werdens aufgeht. Die Menschen, die ihn bejahen, leben in dem Glauben: »Wir sind nicht der Evolution ausgeliefert – wir sind Evolution«[508]. Das Verhältnis solcher Menschen zu sich und anderen wird zu einer Sache persönlicher »Einstellung«[509]. Die einzige, die Popper und seinen Anhängern »moralisch« erscheint, besteht in dem Postulat, die Menschen als »vernünftige Wesen zu behandeln«[510]. Selber nicht mehr rational begründbar, was nur innerhalb einer Metaphysik möglich wäre, ist jene Forderung, nach Poppers Vorstellung, ohne Einschränkung »irrational« zu nennen[511]. Ihre Erfüllung wäre ebenso kontingent wie ihre Verneinung. An der Entscheidung für Vernunft und

503 E. Jantsch, Die Selbstorganisation des Universums, München 1979, S. 21 f.
504 l.c., S. 35.
505 l.c., S. 38.
506 l.c., S. 60ff.
507 l.c., S. 253.
508 l.c., S. 35.
509 K. Popper, Die offene Gesellschaft und ihre Feinde, 6. Auflage, München 1980, Bd. II, S. 296.
510 l.c., Bd. II, S. 296.
511 l.c., Bd. II, S. 284.

Humanität aber hängt das Fortbestehen der Menschheit. Sie darf keine »irrationale Entscheidung«[512] sein, kein Produkt des Zufalls.

Das irrationalistische Verhältnis zu Vernunft und Humanität ist ein Krankheitssymptom der Moderne. Nominalistisches Denken in Funktionsbegriffen versperrte ihr den Blick, daß es nicht nur Prozesse gibt. Wie die Philosophie zeigt das auch die Ökonomie. Beide existieren nicht getrennt voneinander – vielmehr nur als zwei Seiten der ebenso Geistiges wie Materielles umfassenden Menschengeschichte. Physisch wie geistig haben die Menschen in der Natur die Voraussetzung ihrer geschichtlichen Aktivität. Diese Gebundenheit der Menschen an Natur resultiert aus ihrem Sein. Es verlangt stofflichen Austausch mit der Erde, die als locus standi der Menschen zugleich universaler Gegenstand ihrer Tätigkeit ist. Der Zwang zu solcher Wechselwirkung ist allen Epochen menschlicher Geschichte gemeinsam. Die späteren unterscheiden sich ökonomisch von den früheren in der Art und Weise, wie die Aneignung der Naturschätze durch und für die Menschen realisiert wird. In den vorbürgerlichen Epochen blieb reale Naturbeherrschung in hohem Maße zufällig. Was in der tautologischen Bestimmung von essentia und res intendiert war, restlose Bemächtigung des Besonderen durchs Allgemeine, ließ sich noch nicht verwirklichen. Wie in der Antike und im Mittelalter die theoretischen Begriffe, in denen die Natur und ihre Stoffe erscheinen, auf der abstrakten Imitation des sinnlich Wahrnehmbaren beruhen, so leben auch alle praktischen Formen der Aneignungen natürlicher Entitäten von einer Erfahrung, die in der Wahrnehmung des unmittelbar Gegebenen ihre Basis hat. Erst die Konstituierung der neuzeitlichen Physik machte jene Aneignungen von Natur möglich, die in der Geschichte des

512 l.c., Bd. II, S. 285.

Bürgertums zum integrierenden Bestandteil seiner Ökonomie werden. Im Aufstieg der bürgerlichen Ökonomie zum universalen gesellschaftlichen System löst sie die aus ihrer Sicht naturwüchsigen Produktionsweisen früherer Epochen ab. Die neuen Produktionsweisen gehen hervor aus der Entfaltung der wissenschaftlichen und technischen Mittel zur sukzessiven Aneignung der Natur. Dies ist der Weg der nach und nach entstehenden und ständig sich erweiternden Industrie. Der Stoffwechsel zwischen Mensch und Natur hört für die bürgerliche Ökonomie auf, etwas zu sein, dem ein Sinn an sich zukäme. Er wird zu einer Funktion der Kapitalvermehrung. Aus dem Zuwachs der wissenschaftlichen und technischen Mittel für die Naturbeherrschung werden also – in Übereinstimmung mit der nominalistischen Sinnentleerung von Welt – die allein für den Kommerz wesentlichen Konsequenzen gezogen. Die Produktion von Gebrauchswerten gilt als sinnvoll einzig dann, wenn sie materieller Träger des Tauschwerts von Waren sind. Ihr gesellschaftlicher Sinn ist mit ihrer wirtschaftlichen Funktion identisch: als Medium für die Produktion von Gewinn durch die Produktion von Waren. Das Ziel der auf Kapitalvermehrung ausgerichteten Ökonomie des Bürgertums ist die Entwicklung eines permanent sich erweiternden Systems von Produktionsarten, denen ein immer reicheres System von Bedürfnissen korrespondiert. In diesem Kontinuum der steten Ausweitung von Produktion und Konsumtion sinkt die seiende Natur immer mehr herab zum Objekt der allgemeinen und planmäßigen Exploitation. Pragmatisch wie zur Natur verhält sich das Kapital auch zu allem, was im Bereich der Kultur seiner Tendenz auf ständige Vermehrung entgegensteht. Zersetzt werden alle Formen menschlichen Lebens, die eine Hemmung bedeuten für Ertragssteigerungen mittels gesteigerter Produktivkräfte und erweiterter Bedürfnisse. Die Menschen sollen auch selber nur das noch sein, was sie produzieren: Waren, das heißt

»geeignet« und austauschbar. Ihre erste Natur wird einer zweiten, gesellschaftlichen unterworfen. Je mehr das gelingt, um so unmittelbarer erscheint die entsubstantialisierte Welt der Ökonomie als die einzig existente Welt.

Ihr hatte Hegel die Aura des Göttlichen verliehen. Das Absolute seines pantheistischen Weltsystems ist ein Gott der Sechstagewoche, der die Ruhe des siebten Tages nicht kennt, ein Gott, für den die Schöpfung an jedem Montag von neuem beginnt. Die Ewigkeit jenes Gottes ist die Kreisbewegung des Uhrzeigers, also der bürgerlichen Zeit, die keine Zäsur duldet. Es darf keinen Stillstand geben: kein Telos, das nicht durch seine eigene Negation ein Mittel für den Fortgang der Zirkulation wäre. Absoluter Zweck ist nur der Prozeß selber. Er realisiert sich durch die Interessen der Menschen hindurch »als selbständige Gewalt, in der die einzelnen Individuen nur Momente sind«[513]. Der Sinn menschlicher Existenz erschöpft sich in ihrer gesellschaftlichen Funktion. Wer seine Funktion nicht erfüllt, der hat nach Hegel – wie nach der bürgerlichen Ökonomie – kein Recht auf Dasein. Die bürgerliche Ökonomie funktioniert dadurch, daß die Dialektik von Produktion und Konsumtion keine Unterbrechung erfährt. Sättigung gilt als Sünde: sie würde Untergang bedeuten – darum darf es kein »Verweilen« geben. Mit der permanenten Negation des je Erzeugten verrät die hegelsche Philosophie das principium vitale der bürgerlichen Ökonomie. Sie erhebt in ihrer Dialektik des Absoluten die Existenzweise des Kapitals, das sich als Kreislauf von Produktion und Konsumtion zu erhalten und zu vermehren sucht, zum finis ultimus von Natur und Geschichte. Das Statische im traditionellen Begriff des Absoluten taucht wieder auf: aus ihm ist die kreisförmige Bewegung geworden, die sich selbst nicht transzendieren kann.

513 Hegel, Philosophie des Rechts, WW VII, S. 336.

Ein Sprung, der aus ihr herausführte, sollte der dialektische Schritt ins »wahre Reich der Freiheit« sein[514]. Unter dem Begriff einer Selbstauflösung der bürgerlichen Gesellschaft wurde er zum Hauptthema der Geschichtsphilosophie von Karl Marx. Was die »Menschengeschichte« von der »Naturgeschichte« unterscheidet, ist für ihn das unmittelbar einsichtige Faktum: daß die Menschen »die eine gemacht und die andere nicht gemacht haben«[515]. Die Menschengeschichte beginnt mit dem letzten und höchsten Resultat der Naturgeschichte: der Erzeugung des Menschen. Das Gesetz seiner Erzeugung – die »immanente Form« als die causa formalis des Prozesses – liegt in der Natur verschlossen. Bekannt sind nur die Stufen der Entfaltung von Natur auf die Menschengattung hin. Die Fixierung dieser Stufen als Stufen ist untrennbar von der Betrachtung der Natur durch die Menschen. Nur »wenn das Höhere selbst schon bekannt« ist, können die »Andeutungen auf Höheres in den untergeordneten Tierarten verstanden werden«[516]. Das historisch Spätere ist der Schlüssel zum Verständnis des Früheren. Genetisch ein principiatum ist es erkenntnistheoretisch der Ausgangspunkt zur Bestimmung der Medien seiner Genesis. Ebenso wie für die Naturgeschichte soll das auch für die Geschichte der Menschen gelten. Die »historische Entwicklung« der von ihnen selbst begründeten ökonomischen und politischen Verhältnisse läßt sich nicht ablösen von der »letzten Form« dieser Verhältnisse: nicht davon, daß in ihr das geschichtliche Subjekt der Erkenntnis »die vergangenen als Stufen zu sich selbst betrachtet«[517]. Durch solche Betrachtung wird die Menschengeschichte zum System:

514 K. Marx, Das Kapital, Bd. III, S. 873 f.
515 K. Marx, Das Kapital, Bd. 1, S. 389.
516 K. Marx, Zur Kritik der politischen Ökonomie, Berlin 1951, S. 262.
517 l. c., S. 263.

zu einem Prozeß, der einem finis ultimus zustrebt. In ihm erhalten die »untergegangenen Gesellschaftsformen« den Sinn vermittelnder Momente in der Genesis der »entwikkeltsten und mannigfaltigsten historischen Organisation« des Stoffwechsels zwischen Mensch und Natur[518]. Dieses Ziel war für den bisherigen Gang der Menschengeschichte erreicht mit der Entstehung und Entfaltung der bürgerlichen Gesellschaft. Sie hatte in Hegels idealistischer Dialektik ihre Apotheose erfahren. Sein absoluter Idealismus war absoluter Positivismus: eine Theologie, deren göttliches principium mundi aufging im kosmisch-geschichtlichen Prozeß. Durch die Erkenntnis, daß dieses göttliche Weltprinzip in sich nichts ist, mußte wie die Natur so auch die Geschichte für Marx eine neue Bedeutung gewinnen: ein Sein an sich. Ihr Gang wurde abhängig von der eigenen Gesetzlichkeit der ökonomischen und politischen Veränderungen, die ihr Inhalt sind: von deren immanenter Wesenheit, die es zu bestimmen galt. Als die innere Form von etwas, das die Menschen selbst gestiftet haben, sollte das Wesen jener Veränderungen – im Unterschied zur inneren Form der Naturprozesse – positiv bestimmbar sein. Marx wähnte es zu erkennen in der Dialektik der Produktivkräfte und Produktionsverhältnisse. Vermöge dieser Dialektik mußte auch die bürgerliche Gesellschaft – gleich den Gesellschaftsformen vergangener Äonen – mit der »Notwendigkeit eines Naturprozesses ihre eigene Negation«[519] erzeugen.

Marx ging es nicht – wie der politischen Ökonomie des Bürgertums – um die bloße Analyse wirtschaftlicher Phänomene, sondern in erster Linie um das, was aus diesen Phänomenen folgen sollte: die Auflösung der bürgerlichen Gesellschaft und die Genesis eines Reiches freier Individuen.

518 l.c., S. 262.
519 K. Marx, Das Kapital, Bd. 1, S. 803.

Der Zwang zur Auflösung war ihm zufolge der bürgerlichen Gesellschaft selber immanent durch den Mechanismus der kapitalistischen Produktion. Was diese Produktionsweise von jeder vorangegangenen essentiell unterscheidet, ist ihr Sinn und Zweck: die »Produktion von Kapital durch Kapital«[520]. Jede Erweiterung des Kapitals enthält die Möglichkeit »neuer Akkumulation«[521]. Wie diese Möglichkeit sich konstituiert auf dem Boden der Konkurrenz voneinander unabhängiger Warenproduzenten, so ist sie auch nur auf ihm realisierbar. Das Verhältnis der Konkurrenz gehört zum Wesen des Kapitals, als dessen Agenten die Warenproduzenten fungieren: zu seiner Tendenz auf dauernde Vermehrung. Diese Tendenz fordert die permanente Erhöhung der Produktion durch eine permanente Steigerung der Produktivkräfte: der industriellen Mittel der Produktion, vermöge der die »größeren Kapitale« die »kleineren« im ökonomischen Wettstreit schlagen. Die kleineren gehen »teils in die Hand des Siegers« über, teils unter[522]. Daher erwartete Marx von der konkurrenzwirtschaftlichen Notwendigkeit einer fortwährenden Steigerung der Produktivkräfte den Untergang der bürgerlichen Ökonomie. Ihre unaufhaltsame Steigerung sollte ein Doppeltes bewirken: nämlich ebenso wie die Expropriation vieler Kapitalisten durch wenige auch die Verelendung der Massen, deren Arbeit überflüssig würde durch die gesteigerte Leistung der Produktionsmittel. Alle Vorteile aus der Steigerung der Produktivkräfte gingen also über an eine beständig abnehmende Zahl der Kapitalmagnaten. Proportional zu ihrem Reichtum wüchse »die Masse des Elends, des Drucks, der Knechtschaft, der Entartung, der Ausbeutung«[523]. Die eine wie die andere Konsequenz hatte

520 K. Marx, Das Kapital, Bd. 1, S. 657.
521 l.c., S. 658.
522 l.c., S. 659.
523 l.c., S. 803.

ihre erfahrbare Grundlage in der geschichtlichen Tendenz der bürgerlichen Ökonomie. Sie signalisierte ein Stadium, in dem die Interessen eines Monopolkapitalismus unverträglich würden mit den vitalen Interessen der Menschheit. Auf dem Wege zu ihm hin hätte sich der durch den »Mechanismus des kapitalistischen Produktionsprozesses selbst geschulten, vereinten und organisierten Arbeiterklasse« die Erkenntnis aufzudrängen, daß die zentralisierten und ins Gigantische gesteigerten Produktivkräfte von ihrer kapitalistischen Hülle zu befreien und in den Dienst der Menschheit zu stellen sind. Die »Stunde des kapitalistischen Privateigentums« hätte geschlagen: die Stunde seiner Expropriation[524].

Die marxsche Theorie von der Selbstauflösung der bürgerlichen Gesellschaft hat ihr Argumentationszentrum im Mechanismus der kapitalistischen Produktion. Er sollte nur die Möglichkeit enthalten, die Bedingungen ihres Untergangs zu erzeugen, nicht aber solche ihres Fortbestehens. Der Übergang von ihrer Position zu ihrer Negation war als notwendiger Prozeß im Sinne der hegelschen Dialektik von Wesen und Erscheinung gedacht. Die Vernichtung »des individuellen, auf eigene Arbeit gegründeten Privateigentums« durch die »kapitalistische Produktionsweise« war für Marx die »erste Negation«[525]. Sie fand sich vergegenständlicht in ihrem Resultat: dem kapitalistischen Privateigentum. Von der Produktionsweise, der es seine Existenz verdankte, der kapitalistischen, aber wurde erwartet, daß sie – viele Kapitale auf immer wenigere reduzierend – mit der »Notwendigkeit eines Naturprozesses« auch die »Negation« ihres eigenen Resultats erzwinge: schließlich jene der bürgerlichen Ökonomie als Totalität[526]. Deren Negation, die als die zweite die »Negation der Negation« wäre, stellt nach Marx nicht das

524 Vgl. l. c., S. 803.
525 l. c., S. 803.
526 Vgl. l. c., S. 803.

zersplitterte »Privateigentum« vergangener Epochen wieder her, sondern inauguriert das »individuelle Eigentum auf Grundlage der Errungenschaft der kapitalistischen Aera: der Kooperation und des Gemeinbesitzes der Erde und der durch die Arbeit selbst produzierten Produktionsmittel«[527]. Im Maße der wissenschaftlichen und technischen Entfaltung dieser Produktionsmittel würde die »notwendige Arbeit der Gesellschaft«[528] sich reduzieren auf ein Minimum. Es könnte durch die für alle Individuen freigewordene Zeit und geschaffenen Mittel jene »menschliche Kraftentwicklung« beginnen, die »sich Selbstzweck ist, das wahre Reich der Freiheit«[529]. Wie das »System der bürgerlichen Ökonomie« eine Genesis hat, so war auch seine Selbstauflösung nur denkbar als ein »Resultat«[530]. Beide Prozesse standen für Marx in untrennbarem Zusammenhang: jeder Schritt in der Entfaltung des Systems der bürgerlichen Ökonomie sollte zugleich ein Schritt sein, der es hinführte zur »Negation seiner selbst«[531]. Dadurch nämlich, daß es durch gigantische Steigerung aller »Mächte der Wissenschaft und der Natur« ebenso wie »der gesellschaftlichen Kombination und des gesellschaftlichen Verkehrs«[532] die Mittel seines Reichtums ständig zu erhöhen suchte, schien es selber die »materiellen Bedingungen« hervorzubringen, um sich »in die Luft zu sprengen«[533]. Marx hat nicht erwogen, daß die bürgerliche Ökonomie das zur Basis ihrer Existenz machen könnte, was sie durch die permanente Steigerung der Produktivkräfte intendierte: wachsenden Reichtum durch wachsende Unab-

527 l.c., S. 803.
528 K. Marx, Grundrisse, S. 593.
529 K. Marx, Das Kapital, Bd. III, S. 874.
530 K. Marx, Grundrisse, S. 600.
531 l.c., S. 600.
532 l.c., S. 593.
533 l.c., S. 594.

hängigkeit von der Arbeit der Massen. Wohl stand für ihn fest, daß die Arbeitszeit nicht mehr das Maß des Austauschs zwischen Kapital und Lohnarbeit sein kann, wenn diese aufhört, in unmittelbarer Form die Quelle des Reichtums zu sein. An ihre Stelle tritt dann die »Macht der Agentien, die während der Arbeitszeit in Bewegung gesetzt werden«[534], also vor allem der Maschinen. Ein solches Wertmaß der Arbeit, das von der veränderten Produktion des Reichtums ausgeht, glaubte Marx, wäre erst jenseits der »bornierten« Ökonomie denkbar. Ausgeschlossen blieb die Möglichkeit, daß diese bürgerliche Ökonomie sowohl vorm Untergang sich retten wie zu höherer Perfektion ihres Systems gelangen kann, wenn sie – den gesteigerten Produktivkräften entsprechend – die arbeitende Masse am Reichtum partizipieren läßt, damit sie als Konsument des Produzierten zum Agenten des Fortgangs der Produktion wird. Was die Wahrnehmung dieser wie jener Möglichkeit verwehrte, war die Betrachtung der »kapitalistischen Gesellschaft in ihrer Immanenz«[535]. Marx sah nicht die Notwendigkeit, die wirtschaftliche Entwicklung auf der Erde als ganzer zu analysieren[536]. Sie führte zu einer Verlagerung der Klassenunterschiede: zu einer völlig neuen Konstellation von ökonomisch Starken und Schwachen. Gegen ihre Ausbeutung wehrlose Völker und eine scheinbar noch wehrlosere Natur wurden in die Rolle des Proletariats der Industriestaaten gedrängt. In der aprioristischen Überzeugung, die bürgerliche Ökonomie werde keine Alternativen zur radikalen Ausbeutung der Arbeiterklasse erfinden, hat Marx – realem Geschehen vorgreifend – seine Analyse des beginnenden Hochkapitalismus absolut gesetzt. Er ernannte ein historisch begrenztes Phä-

534 l.c., S. 592.
535 M. Horkheimer, Gesellschaft im Übergang, Frankfurt am Main 1972, S. 157.
536 Vgl. l.c., S. 157 und S. 165.

nomen zum alleinigen Grund künftiger Entwicklung. Sein Schluß vom Gegenwärtigen auf das Zukünftige hat die Struktur des ontologischen Gottesbeweises: weil die Selbstauflösung zum Wesen des von ihm analysierten kapitalistischen Systems gehört, deshalb sollte sie mit Notwendigkeit in die Existenz treten. In Hegels absolutem Idealismus produzierte die Bedingungen des Übergangs vom Wesen in die Existenz das Wesen selber. Seine Dialektik war pantheistische Metaphysik. Marx wollte keine pantheistische Metaphysik, aber seine Argumentation bewegte sich auf dem Boden ihrer Logik. Wie nach den Vorstellungen der metaphysischen Theologie das Wesen des Göttlichen seine Existenz einschließt, so nach Marx die tendenzielle Auflösung des kapitalistischen Systems dessen reale Auflösung. Die Dialektik der bürgerlichen Ökonomie wurde über ihr geschichtliches Substrat hinaus verlängert. Damit ist Dialektik zu einem abfragbaren naturgesetzlichen System ernannt: die geschichtliche Tendenz wurde zur Bewegung des reinen Begriffs. Ihre realen Konstituentien sinken herab zum Sekundären: zu bloßen Momenten des logischen Prozesses, der in ihnen sich realisiert. Der Unterschied zur hegelschen Dialektik reduziert sich auf die Negation des Geistes als ihres Prinzips. Selbst an der von absolutem Geist untrennbaren – weil nur in ihm fundierbaren – Gesetzmäßigkeit der Geschichte hielt Marx fest. Den Tendenzen der bürgerlichen Ökonomie, die dem Bereich seiner Erfahrung angehörten, sollte die Notwendigkeit von Naturprozessen innewohnen. Sie sollten unwandelbar sein, wie das gesetzmäßige Verhalten der Natur, das Hegel in der Einheit des göttlichen Geistes gründen ließ. In der Erhebung empirischer Prozesse zu Manifestationen der göttlichen Idee hatte Hegels idealistische Ontologie bestanden. Ohne eine solche Ontologie wären Einheit und Notwendigkeit in Natur und Geschichte bloße Behauptungen gewesen. Der Verzicht auf affirmative

Metaphysik, der bei Marx aus der Erkenntnis der Nichtigkeit dessen resultierte, was für Hegel das Absolute war, hätte zugleich den Verzicht auf Einheit und Notwendigkeit gefordert. Es gab kein ontologisches Apriori mehr: keine göttliche Idee, die sich im geschichtlichen Prozeß entfalten und ihn zu seinem vorherbestimmten Ziel führen konnte. Dadurch verboten sich Aussagen sowohl über den künftigen als einen notwendigen Verlauf der Geschichte wie über deren letztes Telos. Beides aber wollte Marx deduzieren aus den ökonomischen Tendenzen der bürgerlichen Gesellschaft. Er nahm an, daß Einheit und Notwendigkeit dem geschichtlichen Prozeß an sich zukämen. In dieser Annahme bestand sein Rückfall hinter die eigene erkenntnistheoretische Position: die Überwindung von unkritischem Idealismus und Positivismus in seinem Begriff der Natur. Was er für realgeschichtliche Dialektik hielt, ist in Wahrheit nur ein um seine theologischen Prämissen verkürzter Idealismus. Für den Gang der Geschichte erhalten die Produktivkräfte die konstitutive Bedeutung, die im hegelschen System der absolute Geist besitzt. Ihre permanente Steigerung sollte einerseits maßlose Konzentration des Kapitals und andererseits enorme Verelendung der Massen erzeugen: also den hegelschen Gegensatz von Sein und Nichts. Marx hat daraus in eins das Ende des kapitalistischen Systems und der bürgerlichen Gesellschaft abgeleitet. Was sich konstituieren sollte, war eine neue Form von Unmittelbarkeit: die Aufhebung menschlicher Selbstentfremdung durch immer geringeren Aufwand an Zeit und Kraft für Leistungen, die notwendig sind zur Erhaltung des menschlichen Daseins. Der Geschichtsverlauf galt als vernünftig, weil in ihm ein Anwachsen der Bedingungen gesehen wurde, den Menschen die Freiheit vom Fluche der Arbeit zu gewähren: die Rückkehr ins verlorene Paradies. Darin besteht – geschichtsteleologisch gesehen – die Differenz zwischen Marx und Hegel. Sie stellt sich dar als Gegensatz von Unmittelbarkeit und Vermittlung als dem jeweils Letzten. Für Hegel ist endlose Vermittlung das Telos der Geschichte. Sie erscheint im Gewande der Metaphysik: als in sich kreisendes Leben des göttlichen actus purus. Ihre gesellschaftliche Gestalt ist die kapitalistische Ökonomie: der Kreislauf von Produktion und Konsumtion. Die Theorie von Marx war demgegenüber der Versuch einer positiven »Aufhebung« des göttlichen Bereichs. Seine Bestimmung der Geschichte als »Vorgeschichte« enthält eine unverkennbare Reminiszenz an die christliche Eschatologie. Wie diese begreift auch er das Ende der Geschichte als ihr Ziel. Die Erlösung der Menschheit vom Elend der Geschichte, die im Christentum als ein Jenseits der irdisch-geschichtlichen Welt erscheint, proklamiert Marx als ihr diesseitiges Telos. Der geschichtliche Prozeß soll nicht – wie bei Hegel – in die Natur zurückführen: nicht Phase sein in der ewigen Wiederkehr des Gleichen, sondern terminieren in einem Reich freier Individuen.

Wie jede Gesellschaftsformation vor ihr wird auch die bürgerliche untergehen. Darin hat Karl Marx recht – nur führt ihr Untergang nicht in das Reich der Freiheit. Rationalität bestimmt seine Geschichtskonstruktion bis zu der Phase der Selbstauflösung bürgerlicher Ökonomie: des Übergangs aller Produktionsmittel in den Besitz der arbeitenden Klasse. An die Stelle privater Wirtschaft träte die kommunistische. Eine zentrale Verwaltung regelt sämtliche Prozesse der Produktion und Distribution von Gütern. In dieser »Diktatur des Proletariats« sahen Marx und seine Anhänger die politische und ökonomische Grundlage für die volle Entfaltung der vergesellschafteten Menschen. Dank einer fortschreitenden Ersparung von Arbeitszeit, wie sie durch permanente Steigerung der Produktivkräfte ermöglicht würde, sollte auf der Basis des Notwendigen wahre Freiheit der Individuen erblühen: Freiheit zu höherer Tätigkeit[537]. Höher steht für Marx, präzis im Sinne der abendländischen Tradition, eine künstlerisch ebenso wie wissenschaftlich und philosophisch vorgebildete Tätigkeit[538]. Für sie entstünde Raum im gleichen Maß, in dem die materielle Produktion nicht mehr des Menschen bedürfte. Aber mehr als eine Erwartung vermochte Marx nicht zu setzen. Das dialektische Prinzip der Genesis von Höherem durch Selbstnegation des Niederen versagt bei der Frage, wie freie Zeit konstitutiv werden könnte für eine Tätigkeit, die wahre Autonomie der Einzelnen zum Telos hat. Aus der Verkürzung der Arbeitszeit entsteht unmittelbar nur ein Leerraum. Zu seiner Ausfüllung durch höhere Tätigkeit enthält weder er selbst noch die verbleibende Arbeit ein Motiv. Wissenschaft und Kunst und Philosophie standen in der abendländischen Tradition über den zu menschlicher Subsistenz notwendigen Arbeiten durch ihr oberstes Thema: die Erkenntnis des wahren Seins. Ihr hierarchischer Rang resultierte aus der Beschäftigung mit dem Ewigen. Vermöge der Intention auf es war ihr Vollzug höhere Tätigkeit – letztlich glorificatio dei. Daher mußten Wissenschaft und Kunst und Philosophie zu Medien bloßen Zeitvertreibs herabsinken, als sie die Aura einer Beschäftigung mit Göttlichem verloren. Seit dem Ausgang der klassischen deutschen Philosophie, mit der abendländische Metaphysik endete, straft sich die unreflektierte Rede von höherer Tätigkeit selbst Lügen. Marxens argloser Glaube träumt von einer Tätigkeit in der freien Zeit, deren höhere Dignität gegenüber bloßem Zeitvertreib über allen Zweifel erhaben ist. Das ist die Folge davon, daß Marx an dieser Stelle die Entwertung von Metaphysik nicht reflektiert hat. Die fundamentalen Irrtümer modernen Denkens sind in Erinnerung zu bringen: alle gehen sie zurück auf jenen nominalistischen, der Natur

537 K. Marx, Grundrisse, S. 599.
538 Vgl. l. c., S. 593.

und Mensch ein Ansichsein bestreitet. Gegen ihn waren die Gedanken von Marx über die ontologische Beschaffenheit natürlicher Substanzen gerichtet. Seine nachhaltige Insistenz auf einer inneren Form stofflicher Entitäten, in der er das immanente Gesetz ihres Werdens erblickt, entstammte der Einsicht in die Unmöglichkeit mechanistischer oder auf reine Negativität gegründeter Welterklärung. Die metaphysische Annahme von formae rerum aber enthält Konsequenzen: sie führt in ihrer subtilsten Entfaltung, welche sie durch Kant erfahren hatte, zu einer »Physikotheologie«[539]. Dieser theologischen Folge seines naturphilosophischen Ansatzes hat Marx sich verschlossen: daß gestaltende Formen endlicher Substanzen eine forma formarum voraussetzen – ein göttliches Prinzip ihres Seins und Wirkens. Für seine Konzeption der Menschengeschichte ist das von entscheidender Bedeutung gewesen. Wie in die kosmische ragte auch in die menschliche Geschichte kein transzendenter Sinn hinein. Ihr Sinn sollte erst aufgehen in einer weltlichen Transzendenz: durch Hervorbringung von freier Zeit für höhere Tätigkeit. Sie jedoch, die in freier Zeit nur die äußere Bedingung ihres Vollzugs hat, ist ohne einen transzendenten Sinn weder vernünftiger noch erstrebenswerter als primitivster Zeitvertreib. Jede rationale Forderung, die auf Höheres zielt, verlangt eine metaphysische Grundlage. Das gilt analog für alle Postulate, welche Marx im Namen der Humanität erhob. Die metaphysischen Erbteile in seiner Theorie der Natur haben seine orthodoxen Anhänger – Georg Lukács und vor ihm Lenin und Engels – durch ihre eigenen Entwürfe aus ihrer bestimmenden Funktion verdrängt. Damit wurde eine Leerstelle in der marxistischen Theorie der Geschichte sichtbar.

Für Engels war die dynamistische Auffassung, daß die Welt erscheinender Dinge zuinnerst ein riesiger »Komplex

539 I. Kant, Kritik der reinen Vernunft, A 816.

von Prozessen« sei, die wahrhaft »revolutionäre Seite der hegelschen Philosophie«[540]. Er feierte sie als die entscheidende Widerlegung der kantischen Doktrin vom unerkennbaren Ansichsein stofflicher Phänomene[541]. Sein eigenes Verdienst sah er in der Ausweitung des revolutionären Gehalts jener Philosophie: ihrer Befreiung von der idealistischen Vorstellung einer Selbstentwicklung des Göttlichen im Weltprozeß. Der Gedanke eines Absoluten, das in der Kosmogenese wirksam ist, verband Hegel mit der metaphysischen Denktradition. Während Marx deren Lehre von den bestimmenden Prinzipien erscheinender Dinge in seine Naturphilosophie aufnahm, ließ Engels sie fallen. Das Universum wurde zu einem Komplex von Prozessen ohne final wirkende Formen: einer blinden Dialektik. Diese verhängnisvolle Tendenz zum Positivismus ist Lukács bei seinen Reflexionen auf die philosophiegeschichtlichen Fundamente des dialektischen Materialismus entgangen. Wie Engels übernimmt auch er unkritisch die hegelsche Verwerfung von Kants unerkennbaren Dingen an sich. Hegel hatte in seinem System der Philosophie unterstellt, die kantische Annahme eines unerkennbaren Ansichseins empirischer Dinge basiere auf einer Abstraktion: dem Absehen des Subjekts von den mannigfaltigen Beziehungen seiner Objekte. Erst durch solche Abstraktion werde das erkennbare Objekt zu einem unerkennbaren Ding verselbständigt – einem Ding an sich. Gegenüber dieser Supposition verstand Kant unter dem Ding, wie es an sich selber ist, das erscheinende Ding von seinem Wesen her gesehen. Was erscheinende Dinge in ihrem Ansichsein sind, wäre insofern nur sagbar, wenn sich positiv bestimmen ließe, worin ihr Wesen besteht: nicht nur die Gesetzmäßigkeit ihrer wechselseitigen Beziehungen,

540 Fr. Engels, Feuerbach und der Ausgang der klassischen deutschen Philosophie, S. 355.

541 l. c., S. 340.

sondern vor allem das Prinzip ihrer Genesis. Hegel ignoriert, daß beide Sphären radikal verschieden sind. Mit dem Anspruch auf totale Welterkenntnis behauptet er gegen Kant: das »Ding an sich« sei keine unerkennbare Realität – es sei nichts weiter als der von allem Inhalt konkreter Gegenstände abgeschiedene »Schatten«[542]. Nur gedankenloses Philosophieren könne ein solches »caput mortuum« für die intelligible Grundlage der Phänomene halten. Genetisches Begreifen erkenne in ihm ein bloßes Produkt des Denkens[543]. In dieser idealistischen Zersetzungsgeschichte des Dinges an sich, die es auf leere philosophische Spekulation zu reduzieren suchte, erblickt Lukács, der sie gläubig wiederholt, das begriffliche Schema aller gesellschaftlichen Verdinglichungen.

Die theoretische Voraussetzung, von der Lukács bei seinem Versuch einer philosophischen Grundlegung marxistischer Geschichtsbetrachtung ausgeht, beruht auf einem Pseudos. Es definiert sich durch die These, Hegels dialektische Methode weise über die bürgerliche Gesellschaft hinaus: sie enthalte die Möglichkeit, die in der Ära kapitalistischer Ökonomie verdinglichten Menschen von ihrer Verdinglichung zu befreien[544]. Verdinglichung ist für Lukács eine Folge der vom Kapitalismus betriebenen Produktionsweise, in immer höherer Potenz seit dem Aufkommen der Industrie. Fußend auf der genauen Berechenbarkeit menschlicher Arbeit fördert sie die Spezialisierung: den radikalen Bruch mit einer für die Individuen überschaubaren Produktion. Die arbeitenden Subjekte verlieren den Blick aufs hervorgebrachte Objekt in seiner Totalität. Das »einheitliche Produkt als Gegenstand des Arbeitsprozesses« verschwin-

542 Hegel, Wissenschaft der Logik, 1. Teil, WW IV, S. 42.
543 Hegel, System der Philosophie, 1. Teil, WW VIII, S. 133.
544 Vgl. G. Lukács, Geschichte und Klassenbewußtsein, Neuwied und Berlin 1968, S. 267 und 297-300.

det[545]. Der Prozeß selber wird zur mechanischen Zusammenfassung rationalisierter Teiloperationen, deren Einheit rein kalkulatorisch bestimmt ist. Dadurch erscheint der produzierende »Mensch weder objektiv noch in seinem Verhalten zum Arbeitsprozeß als dessen eigentlicher Träger«[546]. Er ist vielmehr »als mechanisierter Teil in ein mechanisches System eingefügt, das er fertig und in völliger Unabhängigkeit von ihm funktionierend vorfindet«[547]. Im Maße der Rationalisierung und Mechanisierung jeglicher Produktion besitzt seine Arbeit nicht mehr den Charakter einer Tätigkeit. Dies impliziert eine Umgestaltung des menschlichen Bewußtseins. Der Mensch, dessen Arbeit sich auf eine Ausführung vorgeschriebener Griffe oder Formeln beschränkt, verhält sich kontemplativ: alles ist schon vorgegeben. Sein Bewußtsein ist verdinglicht durch sein passives Hinnehmen dieser Situation. Das gilt von menschlicher Arbeit schlechthin. Gleich vernunftlosen Dingen ist das menschliche Bewußtsein eingegrenzt: es ist nicht mehr quodammodo omnia, sondern blind, selbst wenn es auf das gesellschaftliche Ganze und seine Teile reflektiert. Es durchschaut nicht, daß die ökonomischen Verhältnisse, denen die Menschen beim Verkauf ihrer Arbeitskraft sich unterwerfen, von ihnen selbst geschaffene Verhältnisse sind. In den frühen Stadien des Kapitalismus wird die menschliche Arbeitskraft zwar brutaler ausgebeutet, aber der Verdinglichungsprozeß der Arbeit selbst war noch durchschaubar. Die Warenproduktion mußte erst in das Stadium der Maschinenindustrie getreten sein, um die Individuen in permanenter Steigerung auf das automatische Triebwerk partieller Arbeit zu reduzieren[548]. Wie das »kapitalistische System sich ökonomisch

545 l.c., S. 178.
546 l.c., S. 178.
547 l.c., S. 178 f.
548 l.c., S. 192.

fortwährend auf erhöhter Stufe produziert und reproduziert, so senkt sich im Laufe der Entwicklung des Kapitalismus die Verdinglichungsstruktur immer tiefer, schicksalhafter und konstitutiver in das Bewußtsein der Menschen hinein«[549]. In ihrem falschen Bewußtsein, das verdinglichte Resultate des Geschichtsprozesses für etwas Ungewordenes hält, sieht Lukács die gnoseologische Ursache menschlicher Unfreiheit. Die reale Befreiung der Individuen erscheint ihm nicht möglich ohne eine vorgängige oder simultane Umwandlung ihres Bewußtseins. Reflexionsloses Hinnehmen müsse der Einsicht in die Genesis vorhandener Produktionsverhältnisse weichen. Die Erfüllung dieses Postulats soll die arbeitenden Massen befähigen, ihre geschichtliche Aufgabe zu erkennen: ihre Aufgabe in der Entwicklung des späten Kapitalismus. Sie kann Lukács zufolge nur darin bestehen, die Gewalt verdinglichter Strukturen zu brechen – durch kontinuierliches Bewußtmachen ihrer Vermitteltheit. Solange es nicht bewußt wird, wie wenig jene Strukturen etwas Natürliches sind, vielmehr im höchsten Grade durch menschliches Tun vermittelt, solange bleibt die Veränderung gesellschaftlichen Seins illusionär. Zugespitzt: wenn die Endphase des Kapitalismus anbricht, so hängt der Übergang ins Reich der Freiheit von der »ideologischen Reife des Proletariats« ab[550]. Es muß wissen, was die Schritte aus der »Vorgeschichte der Menschheit« zu ihrem Telos haben. Nämlich vor allem, daß die Beziehungen der Individuen zueinander künftig nicht mehr die Existenz der Menschen bestimmen, sondern einmal ausschließlich von ihnen gestaltet werden. Geplant ist aber von Lukács sowenig wie von Marx eine Rückkehr zu vorbürgerlicher Ökonomie – vielmehr setzt auch für ihn das Reich der Freiheit den letzten technischen Stand des kapitalistischen Zeitalters voraus. Verdinglichungen menschlicher

549 l.c., S. 185.
550 l.c., S. 154.

Arbeit sind jedoch nicht zu trennen von dessen Produktionsweise. Um geistig und real ihre Macht zu brechen, wäre ein Wissen notwendig, welches den menschlichen Intellekt über sie erhöbe. Ein solches Wissen glaubte Lukács in Hegels dialektischer Wirklichkeitsauffassung zu besitzen: seiner Philosophie vom »Werden als der Wahrheit des Seins, dem Prozeß als der Wahrheit der Dinge«[551]. Er war überzeugt, daß sie den Menschen die theoretischen Mittel böte, um alle Verdinglichungen geistig und real zu überwinden. Geistig durch eine Ontologie, für die Dinge an sich stillgestellte Momente von Prozessen sind, und real durch eine Geschichtsbetrachtung, die der arbeitenden Klasse den Auftrag erteilt, das aus dem Untergang des Kapitalismus erwachsende »Positive und Neue«[552] zu entfalten.

Was falsch ist in Hegels absolutem Idealismus, bleibt falsch auch im dialektischen Materialismus von Lukács. Es resultiert hier wie dort aus einer nihilistischen Auflösung des »Ding-an-sich-Problems«[553]. Von der Verneinung eines unerkennbaren Ansichseins empirischer Dinge war Hegel zur Apotheose des philosophierenden Denkens fortgeschritten. Vergöttlicht zu reinem Geist hatte es durch seine Entäußerung die materielle Welt zu stiften. Das prozedierende Leben des Göttlichen in ihr bestand in der Erzeugung der kosmischen und geschichtlichen Bedingungen seiner Rück-

551 l.c., S. 314.
552 l.c., S. 349.
553 l.c., S. 342. Auch die Kenntnis der marxschen Frühschriften ändert beim späten Lukács nichts an seiner Stellung zu Kant und Hegel. Die ontologische Position von »Geschichte und Klassenbewußtsein« bleibt unverändert. Es kommt zu keiner Auseinandersetzung mit der Idee eines irreduziblen Seins, wie man sie in einer Ontologie wohl doch erwarten müßte. Man vergleiche hierzu: G. Lukács, Zur Ontologie des gesellschaftlichen Seins (Hegels falsche und echte Ontologie), Neuwied 1971.

kehr zu rein geistigem Dasein. Der bei sich selber angelangte Gott aber ist zu erneuter Entäußerung gezwungen. In seiner Reinheit verliert sich seine Identität. Er kehrt in den Prozeß zurück, aus dem er herkam. Kosmische und menschliche Geschichte triumphieren also über Gott. Suspendiert von ihrem idealistischen Ursprung werden sie für Lukács zum »wahren Wesen« der Wirklichkeit[554]. Das ist seine materialistische Konsequenz aus Hegels pantheistischer Metaphysik. An die Stelle der Gottheit läßt er das Proletariat als Subjekt der Geschichte treten. Es soll in sich selber den Schöpfer all dessen erkennen, was in menschlicher Geschichte erscheint[555]. Die methodische Grundlage solcher Erkenntnis sieht Lukács einerseits in der Beschränkung der Wirklichkeit auf reine Immanenz, die aus der Entmythologisierung der hegelschen Philosophie unmittelbar folgt, und andererseits in der Genesis des Proletariats zur produzierenden Klasse, von der jede gesellschaftliche Dynamik ausgeht. Als der wahre Produzent kann es nicht mehr nur unterste Schicht der Gesellschaftspyramide sein. Vielmehr reklamiert es durch sein Produzieren den Anspruch auf eine Beseitigung sozialer Stufen. Die über die Produktionsmittel verfügende Klasse, die das verdinglichte Dasein des Proletariats als Basis ihrer ökonomischen Macht begreift, sucht die bestehenden Verhältnisse zu konservieren. Ihr gegenüber erfahren die arbeitenden Massen in jenen Verhältnissen die Realität einer unmenschlichen Existenz. Das treibt sie, die verdinglichten Strukturen des eigenen Daseins politisch zu durchbrechen. Gelingen soll dieser Durchbruch dann, wenn das Proletariat die geschichtlichen Tendenzen erkennt, die im Auflösungsprozeß der kapitalistischen Gesellschaft zu essentiell Neuem führen können. Aus ihrer Erkenntnis hat es seine Handlungen zu bestimmen: die revolutionären Schritte zur Rettung der Humanität. Präzi-

554 l.c., S. 347.
555 Vgl. l.c., S. 261 f.

ser: um seine »geschichtliche Sendung«[556] zu erfüllen, muß das Proletariat die Tendenzen erkennen, die zu ökonomischen Verhältnissen führen, von denen keine verdinglichenden Einflüsse ausgehen. Diese Tendenzen wären durch revolutionäres Eingreifen der arbeitenden Klasse ins Bewußtsein aller Menschen zu heben. Ohne ihr Eingreifen wird der Weg ins Reich der Freiheit nicht sichtbar – und es kommt erneut zu Verdinglichungen des menschlichen Daseins. Die Annahme von Tendenzen innerhalb der bürgerlichen Ökonomie, die essentiell neue Verhältnisse implizieren, ist das principium vitale der Revolutionstheorie von Lukács. Nur was implizit schon vorhanden ist, kann sich mit Hilfe des Proletariats »aus einer abstrakten Möglichkeit zu einer konkreten Wirklichkeit« entfalten[557].

Doch eben die Möglichkeit von Verhältnissen, die Verdinglichungen arbeitender Menschen ausschlössen, bleibt von der bürgerlichen Ökonomie her undenkbar. Wohl läßt die realgeschichtliche Dialektik zwischen dem jeweiligen technischen Stand der wirtschaftlichen Produktion und der gesellschaftlichen Organisation der gleichen Zeit neue ökonomische Verhältnisse entstehen – aber immer nur Verhältnisse der Verdinglichung von menschlicher Arbeit. Das würde auch für das nachbürgerliche Zeitalter einer »Diktatur des Proletariats« gelten. Weil ihre wirtschaftliche Basis aus der bürgerlichen Ökonomie hervorginge, an der Steigerung der Produktivkräfte also festgehalten würde, produzierten die ökonomischen Verhältnisse auch im Reiche der Freiheit permanente Verdinglichungen menschlicher Arbeit. Zu ihnen ist durchs bloße Bewußtsein vom Wandel jener Verhältnisse keine Distanz zu gewinnen. Hegels dialektische Methode, von der Lukács annahm, sie könne den Menschen helfen, alle Verdinglichungen geistig und real zu

556 l.c., S. 154.
557 l.c., S. 349.

überwinden, setzt die empirisch gegebene Welt absolut. Sie duldet nichts essentiell Neues – nicht einmal den Gedanken eines Transzendenten. Einzig von ihm aus aber könnte sich menschliches Denken über die verdinglichten Faktizitäten der Empirie erheben. Wie bei Marx ein transzendenter Sinn in Natur und Geschichte fehlt, ein Sinn, der mächtig wäre, die Individuen auf höhere Tätigkeit zu beziehen, so fehlt er auch bei Lukács, um sie gegen Verdinglichungen ihres Bewußtseins zu schützen. Seine philosophische Grundlegung marxistischer Geschichtsbetrachtung reduziert alles Seiende auf reine Prozesse. Statt mit ihnen die »struktive Voraussetzung« für ein gegen Verdinglichungen gerichtetes Handeln zu nennen, wird durch ihre Erhebung zur »wahren Wirklichkeit«[558] menschliches Tun jeglicher Orientierung beraubt. Es gibt objektiv keinen Punkt mehr, bei dem eine Argumentation im Namen der Humanität einsetzen könnte, sondern nur noch Bewegung – wie im bürgerlichen Rationalismus und Positivismus.

Der wesentliche Unterschied zwischen Marx und Lukács liegt in ihrer Konzeption stofflicher Phänomene. Von ihm wird auch alles Gemeinsame bestimmt: so besonders die Auffassung vom Ziel menschlicher Geschichte, das Marx wie Lukács im Reich der Freiheit sehen. Lukács ontologisiert das funktionalistische Denken der Positivisten und Rationalisten, indem er reine Bewegung als das Wesen von Mensch und Natur deklariert. Konsequenterweise hieße das: Menschen leben ihrem Wesen gemäß, wenn sie in ihren gesellschaftlichen Funktionen aufgehen – in der freien Zeit ebenso wie während der Arbeit. Das ist freilich das Gegenteil von dem, was Lukács mit seiner Kritik verdinglichter Strukturen des menschlichen Daseins intendierte. Aber es entspricht seiner Ontologie. Durch die radikale Erklärung

558 l.c., S. 347.

aller Dinge als Prozesse wollte er Verdinglichung geistig überwinden: ihr ontologisch die Basis entziehen. Solche Dissolution nimmt jedoch auch den Menschen das, wodurch sie mehr sind als ihre gesellschaftliche Funktion. Sie verlieren ihr Ansichsein: permanenter Zeitvertreib wird zum einzigen Sinn, man könnte auch sagen: Fluch ihrer Existenz. Ohne es zu ahnen, propagiert Lukács die Abschaffung des autonomen Menschen. Sein theoretischer Kurzschluß von einer Ontologie, die alles Seiende als Prozeß sieht, auf eine Kritik der kapitalistischen Ökonomie dient dem bekämpften Schema: der Kreisbewegung von Produktion und Konsumtion. Für Marx waren Produktion und Konsumtion nicht alles. Außerhalb des totalen Prozesses steht die »immanente Form« stofflicher Dinge, das Wesen ihres substantiellen Seins[559]. Vermöge dieser Ontologie ist sein Denken – von der Sache her gesehen – Transzendentem offen, während jene von Lukács eine Dimension ausschließt, welche mehr enthielte als bloße gesellschaftliche Prozesse. Distanz zum ökonomischen Getriebe setzt die Annahme eines Ansichseins empirischer Dinge voraus. Die in philosophiegeschichtlichen Reflexionen gewonnene Erkenntnis seiner Notwendigkeit führte Marx in die Nähe von Kants negativer Metaphysik. Gleich diesem begreift er, daß eine kritische Absetzung gegen den Konzeptualismus in der Philosophie ihren Halt verlieren muß, sofern sie nicht auf einem intelligiblen Substrat der Natur besteht. Über die ontologische Grundlage der Naturphänomene können die physikalischen Wissenschaften nichts ausmachen. Ihre methodischen Mittel gestatten einzig die Bestimmung gesetzmäßigen Verhaltens. Daraus hat antimetaphysisches Denken von Ernst Mach an die Konsequenz gezogen, daß nichts als Phänomene gegeben seien, Gegenstände, deren Empirie sie aufs Phänome-

559 K. Marx, Grundrisse, S. 265.

nale schrumpfen läßt. Menschliche wie außermenschliche Phänomene haben in ihrer wissenschaftlichen Formel aufzugehen. Sie dürfen keine Erscheinungen von etwas mehr sein, das nicht erscheint, keine Erscheinungen immanenter Wesenheiten[560]. Deren kritische Fassung durch Kant ist der Punkt, von dem aus allein es wahren Fortschritt geben kann: Fortschritt jenseits reduzierenden Denkens. Kants negative Bestimmung der essentiae rerum verbietet einerseits, die reale Welt reinem Sein als ihrer causa prima zu unterwerfen: opponiert also auch gegen dieses als den Ursprung und das Ziel der Menschen und ihrer Geschichte. Andererseits widerspricht sie nicht weniger radikal der nominalistischen Verflüchtigung metaphysischer Wesenheiten: ihrer Zurücknahme ins Subjekt, die Mensch und Natur herabsetzt zu bloßen Mitteln der ökonomischen Bewegung von Produktion und Konsumtion. In solcher Frontstellung zu den Hauptströmungen der abendländischen Philosophie statuiert Kants negative Metaphysik für das konkrete Tun der Menschen: es ist nur dann wirklich human, wenn es seinen personalen Träger primär als Zweck an sich selbst und niemals bloß als Mittel behandelt[561]. Mit dieser Maxime ist die subjektive Bedingung benannt, die es ermöglicht, die Menschen aus ihrem verdinglichten Dasein zu befreien. Lukács, der solche Befreiung intendierte, war dem Pseudos verfallen, daß jeder Verdinglichung geistig der Boden entzogen sei durch das Bewußtsein: Dinge an sich gebe es nicht. Wegen seiner Leugnung eines Ansichseins empirischer Dinge konnten die Ansätze zu einer Ontologie im kantischen Sinne, die Marx entwickelt hatte, für ihn keine Bedeutung erlangen. Einzig jene Ontologie – entfaltet und in einer Theorie der Gesellschaft verarbeitet – zeigt menschlichem Handeln den Weg,

560 Vgl. K. Popper, Zielsetzung der Erfahrungswissenschaft, S. 33.
561 Vgl. I. Kant, Grundlegung zur Metaphysik der Sitten, BA 66ff.

an dessen Ende ein sittliches Reich der Individuen denkbar wäre. Die Basis ihres intellektuellen Lebens bildete die Erkenntnis, daß die erscheinende Welt nicht das Letzte ist. Vorstellungen über die letzten Dinge verbietet die negative Metaphysik, die zu ihnen hinführt. Als kritische Philosophie kann sie keine inhaltliche Beschreibung liefern: weder vom Inneren der Natur noch gar von einem Göttlichen oder von einer Endsituation der Menschheit.

Das ist kein antilogisches Denken – kein philosophischer Irrationalismus. Ein solcher entsteht immer nur dort, wo menschliche Vernunft die Supposition eines Zweiten für ein Erstes betreibt. So war die Metaphysik der via antiqua zuinnerst irrational durch ihre Erhebung abstrakter Nachbilder empirischer Dinge zu essentiae rerum. Wider die Gesetze der Logik aber ist es auch, wenn aus der Unmöglichkeit, das Wesen von Seiendem positiv zu bestimmen, der Schluß gezogen wird, Wesen sei ein sinnloser Begriff. Was diese nominalistische Folgerung zum absolut Ersten machen will, nämlich eine Welt reiner Singularitäten, wäre das Chaos. Die geistige Überwindung der einen wie der anderen Form von philosophischem Irrationalismus, zu denen alle späteren Systeme bloße Variationen darstellen, verlangt die Erkenntnis, daß der Schritt in die Sphäre des metaphysischen Grundes von sich aus kognoszibler Dinge nur negativ vollziehbar ist. Auf ihn, den negativen Schritt ins Metaphysische, kann ein Denken, das kritisch sein möchte, nicht verzichten. Seine »rationalistische Einstellung« zur erfahrbaren Wirklichkeit bliebe ohne jenen Schritt sachlich unmotiviert: sie würde unverbindlich – reduziert auf eine Weltanschauung, die in allen Entschlüssen »eine gewisse Priorität des Irrationalismus anerkennt«[562]. Dies zu demonstrieren, war das leitende

562 K. Popper, Die offene Gesellschaft und ihre Feinde, Bd. II, S. 285.

Interesse der Untersuchung über den Fortschritt in der Philosophie. Sie wurde niedergeschrieben in der Überzeugung, daß einzig Aufklärung des Gewesenen eine Zukunft ermöglichen kann, in der freiere Menschen leben.

* * *

Das vorliegende Buch über den Fortschritt in der Philosophie ist in der Zeit von 1971 bis 1982 entstanden. Es war nicht eine Geschichte der Philosophie geplant – auch keine im Grundriß. Seine Intention ist vielmehr eine systematische: Philosophie wird betrachtet unter dem Gedanken, daß Natur nur auf dem Hintergrund einer negativen Metaphysik sich begreifen läßt. Deren Notwendigkeit war anhand der historischen Philosopheme darzutun – durch genaue Analyse ihrer Weltkonzeption. Das bedingte ein Absehen von Zusammenhängen des philosophischen Denkens mit außerphilosophischen Vorstellungen und Motivationen: vom theologischen Disput bis zum privatwirtschaftlichen Interesse. Für den Autor galt es ausschließlich, an den Knotenpunkten der philosophischen Entwicklung sichtbar zu machen, wie sie verlaufen ist – und wie sie anders hätte verlaufen können.

Namenregister

Karl Heinz Haag

Metaphysik als Forderung rationaler Weltauffassung

120 Seiten, kartoniert, 16,–
ISBN 978-3-941743-75-5
E-Book (PDF) 12,–
www.humanities-online.de

Wie von den Menschen die Möglichkeit physikalischer Forschung gedacht wird, davon wird in künftigen Äonen es abhängen, wie sie selber sich begreifen – ob in ihr Dasein ein transzendenter Sinn hineinragt oder nicht. Dies gilt für alle Menschen. Die religiösen Bekenntnisse werden der Entmythologisierung verfallen – durch eine ebenso unaufhaltsame wie universale Ausbreitung der physikalischen Weltvorstellungen. Deshalb ist es nicht gleichgültig, was die Menschen über die ontologischen und gnoseologischen Voraussetzungen realer Naturerkenntnis wissen. Dieses Wissen, entfaltet zu einer negativen Metaphysik, könnte die Grundlage bilden für ein wahrhaft intellektuelles und gesittetes Leben der Menschen. Was einem Denken auf nominalistischem Boden nicht gelingen kann, erscheint möglich: die geistige Überwindung des modernen Nihilismus.